U0723593

世界历史

双色配图版

1000问

主编　胡小溪　谢　婷

编者　陈　钗　宋新泉　陈则道

中国地图出版社
北京

图书在版编目（CIP）数据

世界历史1000问 ／ 胡小溪，谢婷主编．－－ 北京：中国地图出版社，2012.5

ISBN 978-7-5031-6476-7

Ⅰ．①世… Ⅱ．①胡… ②谢… Ⅲ．①世界史－通俗读物 Ⅳ．①K109

中国版本图书馆CIP数据核字（2012）第061590号

SHIJIE LISHI WEN

世界历史1000问

出版发行	中国地图出版社	邮政编码	100054
社　　址	北京市西城区白纸坊西街3号	网　　址	www.sinomaps.com
电　　话	010－83543907　83543902		
印　　刷	北京一鑫印务有限责任公司	经　　销	新华书店
成品规格	170mm×240mm	印　　张	14
版　　次	2012年5月第1版	印　　次	2020年8月北京第10次印刷
定　　价	28.00元		

书　　号　ISBN 978-7-5031-6476-7

审图号　GS（2012）533号

本书中国今国界线系按照中国地图出版社1989年出版的1：400万《中华人民共和国地形图》绘制
如有印装质量问题，请与我社发行部联系调换

目录

青少年不可不知 ● 世界历史 **1000** 问

世界中古史卷

世界近代史卷

世界现代史卷

世界历史 1000 问

世界上古史卷

人类是如何进化的

现代科学研究证明，人类是由古猿经过漫长岁月进化而来的。古猿经过长期的进化，演变为能直立行走的人类。

南方古猿中的一支是人类的始祖，它处于从猿到人的进化过程中，是"正在形成中的人"。经过长期的进化和劳动，"正在形成中的人"在使用天然工具的过程中，学会了制造工具，约三四百万年前，成为"完全形成的人"。"完全形成的人"经过早期猿人、晚期猿人、早期智人和晚期智人四个阶段，终于进化成为现代人。

人类的形成

人到底是怎么来的

约350万年前，不少地区的森林由于干旱而逐渐消失。丧失森林的古猿，为了求得生存而从枯树上下到地面。面对新的生存环境，它们不得不使用前肢获得食物、抵制侵略，使用后肢支撑身体和行走，完成了从猿到人的具有决定性意义的一步。

古猿不仅能使用工具，而且能制造简单工具，人类的主要特征就是经常地使用和制造工具。古猿逐步直立，为头部变化和大脑发展提供了条件。人手、人脚、人脑、思维和语言及最初的社会组织，也是通过劳动才形成的。因此，劳动创造了人类本身，劳动创造了人类社会。

人类最早的祖先是什么

南方古猿是现代公认的最早的人类祖先。南方古猿处于从猿到人的进化过程中，最早出现在非洲大陆南部，是最早的人科动物。此后，原始人类逐渐从猿类分离出来。

南方古猿的头骨比人类短，其脑容量也比人类小，约为现代人的35%，但脑结构已与人类相近。他们已经能够直立行走并使用天然工具。

南方古猿有四种，即南方古猿非洲种、南方古猿粗壮种、南方古猿鲍氏种和南方古猿阿法种。研究南方古猿，对于探索人类的起源问题具有重要意义。

你知道最早使用天然工具的古猿吗

腊玛古猿约出现于1 400万—900万年前，被认为是最早使用天然工具的古猿。腊玛古猿化石最早于1932年发现于北印度的西瓦立克山地，其他地方也发现了同类化石，如肯尼亚的特南堡、希腊的庇尔哥斯、土耳其的安那托利亚及我国云南禄丰、开远小龙潭等地。

根据所发现的化石和当时的地层资料可以推测，腊玛古猿主要生活在森林地带。腊玛古猿以野果、嫩草为食，同时也吃一些小动物。它们把石头作为工具，用它来砸开兽骨、吮吸骨髓。

世界上各色各样的人种是怎么形成的

人种是具有形态上和生理上的特点和语言习俗等历史文化因素组成的有区域性特点的群体。根据体貌特征，现代人类可分为三大主要人种：黄色人种、黑色人种和白色人种。

现代各人种的自然进化过程仍然受基因突变、变异的随机扩散、迁移和自然选择四个基本因素控制。各人种的体质形态一般来说与他们的生活环境是相适应的。人种的形成是长期自然和历史条件影响的结果，人种的差别只是表现在体质形态的外表，而并不影响到智力的优劣。人种并无优劣之分。

黄种人　　　　黑种人　　　　白种人

人种的形成与其生活的地理环境是否有关

人种所有遗传特征的形成都是人类长期适应周围自然环境的结果，每一遗传特征都能在地理环境中找到它存在的理由。

以主要分布在非洲的黑色人种为例：非洲地区常年受到太阳直射，气温高，紫外线强烈。长期居住在此的人群，经自然长期选择，逐渐形成一系列适应性特征：皮肤黑色素含量高，以吸收阳光中的紫外线，保护皮肤免遭损害；体表汗腺密度特别大，以便在极度炎热时迅速恢复正常体温；体毛稀少，便于散热；须发卷曲，以留有空隙，起到隔热作用，保护头脑不受伤害等。

什么是血缘家族

血缘家族时期即前氏族公社时期，目前人类对这段历史知之甚少。血缘家族起于能人时期，止于氏族的出现，持续时间应在百万年以上。

这一时期的婚姻状态，大致存在几种可能：族内有限制的群婚、族内外杂婚、严格族外婚。但考虑到当时人类平均寿命不到30岁，不同辈之间的婚姻关系事实上是很困难的。血缘家族时期，人类已经有简单的劳动分工；人与人之间的关系是平等的；实行公有制。血缘家族是氏族社会产生的基础。

什么是氏族公社

早期人类生活想象图

氏族公社是早期人类的社会单位，是由出自一个共同祖先且彼此不能通婚的人们组成的血缘亲属集团。氏族的本质特征是实行族外婚制，两个相互通婚的氏族组成了最初的部落。

生产资料的集体所有制和平均分配劳动产品是氏族社会生产活动的基础，但私有制的萌芽已经出现。到父系氏族公社时期，出现了贫富贵贱分化，私有制和阶级也逐渐产生。阶级的形成和由此产生的阶级矛盾，氏族部落权力组织对此无能为力，氏族社会开始向国家组织转化。

原始人群中的婚姻状态是怎样的

摩尔根在《古代社会》一书中提出，人类婚姻状态的先后顺序为：杂婚、血缘婚、普那路亚婚、对偶婚、一夫一妻制。

血缘家族时期，婚姻按照辈数来划分。母系氏族公社初期，禁止族内婚制，形成了族外婚制；后期，婚姻制度由群婚转向了对偶婚。这是一种相对稳定的夫妻关系，它标志着家庭婚姻关系和血缘关系出现了脱离氏族社会的趋势。父系氏族社会时期，家庭关系从对偶婚上升到专偶婚，逐渐向一夫一妻制过渡。

原始人绘身和文身是为了什么

最迟约在数万年前的旧石器时代，绘身和文身的习俗就已经产生。究其原因存在多种猜想。

绘身和文身或许是出于图腾或祖先崇拜，最常见的绘身和文身便是将部落的图腾绘制或文刺到身上。另一个原因是出于某种巫术或宗教目的，如澳大利亚的土人出发打仗前会把全身绘成红色，以求得天神庇护。不同的绘身和文身还能反映出各人在社会中的不同地位，如年轻的巴布亚人一般用红色绘身，并刺面部，老年人则用黑色绘身，加刺手臂、腿部或胸部。还有人认为，原始人绘身和文身是出于人类爱美的天性。

你知道最早使用火的原始人类吗

晚期猿人阶段，人类已经认识了火的功效并掌握了控制天然火的技能。中国的元谋人已经能使用火。元谋人发现于云南元谋县上那蚌村，其生活年代距今约170万年。

在元谋人化石的地层中发现许多炭屑，常与哺乳动物化石伴生。火对人类历史的发展具有重要意义，人类从此摆脱了茹毛饮血的时代。火被用来加工食物，不仅味道更好，也更利于消化吸收和人体的进化。火还被用来驱赶野兽、加工木材。火还给人以温暖，使人在寒冷的冰期也能求得生存。

人类最早的文明是从什么时候开始的

19世纪初，英国人詹姆斯·丘吉沃德提出——约距今12 000年前，东起现今夏威夷群岛，西至马里亚纳群岛，南临斐济、大溪地群岛和复活节岛的广阔土地是一块美丽富饶之地，即"姆大陆"，曾有过高度文明。

姆文明创造了世界上第一个大帝国，名为"姆帝国"，定都喜拉尼布拉。"姆帝国"航海业发达，拥有广泛的殖民地。其时已有统一的宗教，信仰太阳神和宇宙的创造神——七尾蛇"娜拉亚娜"。12 000万年前，"姆大陆"沉没于太平洋，随着母国的丧失，各殖民国也走向衰落。其遗迹包括南玛塔尔岛、努克喜巴岛石像等。

原始农业是怎样产生的

农业约产生于公元前8000年。农业的产生是人类长期从事生产实践并不断总结经验的结果。考古界一般把农业的出现作为新石器时代的开端。

新石器时代，人类已经学会制作精细的磨光石器，生产力显著提高，人类在实践中积累了有关植物和动物的生产知识。气候的剧烈变化破坏了人类和自然界间的平衡，为适应这一变化，人类不得不运用自己所掌握的有关植物生长的知识来生产食物。获得成功之后，农业因此被发明出来。

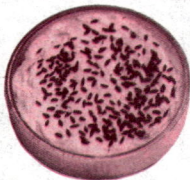

河姆渡出土的距今约7 000年的稻谷

为什么原始社会有图腾崇拜

图腾崇拜是原始宗教最古老的形态之一。图腾崇拜约产生于旧石器时代晚期北美印第安人的阿尔昆琴部落。"图腾"意为"他的亲族"或"他的氏族"。

图腾崇拜的出现，是由于原始人认定，每一个部族都源于某一种植物或动物，因而将特定的植物或动物视为本族的祖先、保护者，作为氏族的标志和象征，乃至作为整个部族的标记。此外，图腾也具有团结群体、密切血缘关系、维系社会组织和互相区别的职能。

原始人是如何计数的

原始人在共同劳动和平均分配产品的过程中，逐渐形成了数学知识。

原始人已经能够直观地识别出两三个具体事物，但缺乏抽象的观念。人们普遍使用的计数和度量工具是脚和手，有的原始人还利用结绳、刻痕等方法计数。原始人计算距离时用路途、天数，或者标枪、箭飞出的距离，或者步、叉等方法来计算。原始工具和用具一般都有固定的几何形状，原始人制作时还考虑到力学因素和比例问题。

此外，原始社会已有初等数学的萌芽。

你知道军事民主制是怎么产生的吗

军事民主制时期又称"王政时期""英雄时代"，其组织机构包括军事首长、氏族长老组成的议事会、氏族成年男子组成的人民大会。

军事民主制的产生与部落间频繁的战争密切相关。各部落或部落联盟出于掠夺和自卫的目的，选举领袖率领本部人员作战，于是便出现了勇敢善战、威望极高的军事酋长。他们平时主管宗教祭祀活动、解决部落内部或联盟内纠纷，战时则负责指挥打仗。军事民主制是原始人走向国家阶级压迫机关的过渡形式，在国家产生的过程中发挥了极大作用。

什么是安诺文化

安诺文化指的是土库曼斯坦铜石并用时代的彩陶文化。安诺文化因最初发现于阿什哈巴德附近的安诺而得名，分布于土库曼斯坦南部科佩特山北麓平原。

安诺文化年代为公元前5世纪初—公元前3世纪初，其时社会处于母系氏族公社阶段。居民主要经营农业，主要作物有小麦和大麦；家畜饲养业发达，居民饲养牛、羊、骆驼和猪等。安诺文化时期已有手制彩陶、动物和人的陶塑像及金银铜和宝石装饰品。安诺文化还与阿富汗、伊朗、美索不达米亚等地存在联系。

为什么说国家的产生是人类历史发展的转折点

国家的产生标志着原始社会的结束和阶级社会的开始，是人类历史发展的转折点。国家产生之后，人类社会才真正进入了文明阶段。

私有制和阶级出现是国家产生的重要前提。在原始社会，社会第一次大分工时就已经出现奴隶，第二次社会大分工时，奴隶更是成为农业、手工业的主要劳动力。阶级的形成，对立阶级的矛盾不可调和时便出现了国家。

国家是阶级矛盾不可调和的产物。氏族以血缘关系来维系其成员，国家则按地域来划分国民。

为什么埃及有个泛滥节

泛滥的尼罗河

每年6月16日或18日，尼罗河开始变绿，这是尼罗河即将泛滥的预兆。埃及人民此时举行的欢庆活动，称为"尼罗河泛滥节"。8月，洪水漫过河床堤坝、淹没土地，此时人们还要欢庆一次，庆祝泛滥的河水为两岸的田地带来沃土。

尼罗河的泛滥给埃及人民带来了丰收，直到现在，埃及人民每年都要对此事进行隆重的庆祝，以感谢尼罗河的恩典。对埃及人民而言，尼罗河的泛滥不仅不是灾难，反而是一种赐福。正如古希腊历史学家希罗多德所言："埃及是尼罗河的赠礼。"

古埃及国家是怎样形成的

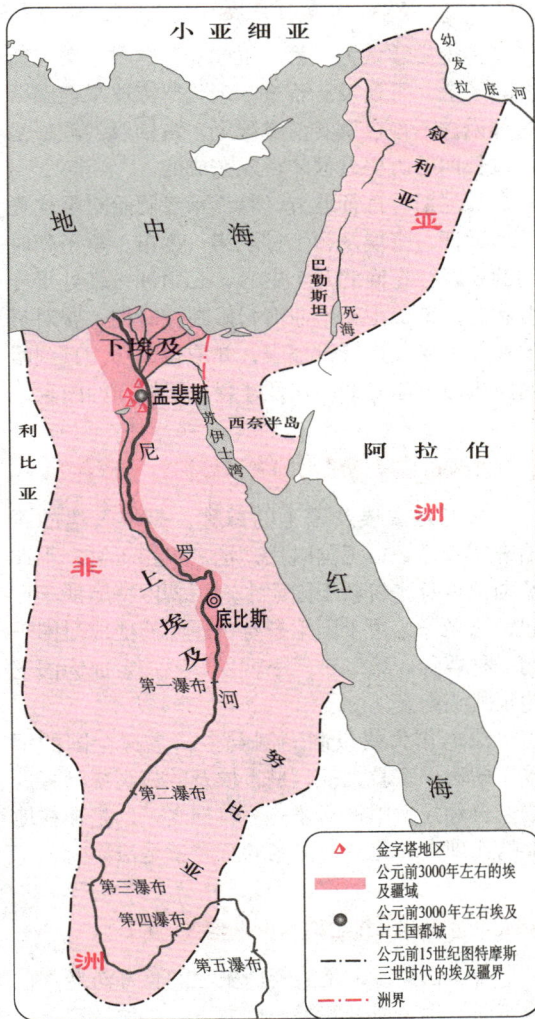

古代埃及

埃及是世界上历史最悠久的文明古国之一。古埃及国家出现于格尔赛时期。这一时期，随着私有制、阶级、等级的出现，埃及形成了若干小国家，多为面积不大、人口不多"小国寡民"的国家。

早王朝时期埃及出现了统一的国家和君主专制。根据曼涅托的记载，上埃及国王美尼斯远征北方三角洲，征服了下埃及国王。他是埃及国家的建立者，第一王朝的建立者，也是埃及国家的统一者。从那时起至公元前332年亚历山大征服埃及，埃及历经了31个王朝。

谁统一了埃及，建立了国家

传统史学认为，第一王朝的开国君主美尼斯统一了上、下埃及。不过，现代研究成果表明，这种说法不符合事实。实际上，古埃及的统一是经过长期的历史过程才得以完成的。

美尼斯曾远征北方，其继承者阿哈对努比亚发动远征，将埃及领土扩至第一瀑布。早王朝时期的埃及存在南北两个中心，三角洲一带处于分散状态。第二王朝哈谢海姆威在位时期，曾对努比亚和下埃及进行过征服，并取得成功。直到哈谢海姆威统治时期，埃及才建立了统一的国家。

为什么古埃及的最高统治者被称为"法老"

法老是古埃及国王的尊称，是埃及语的希伯来文音译。古王国时代，法老仅指王宫，不涉及国王本身。自新王国第十八王朝图特摩斯三世起，法老开始用于国王自身，逐渐演变成对国王的一种尊称。第二十二王朝以后，法老成为国王的正式头衔。

法老作为奴隶制专制君主，掌握全国的军政、司法、宗教大权，是古埃及的最高统治者。法老自称是太阳神阿蒙——赖神之子，是神在地上的代理人和化身，法老的意志就是法律。

你知道埃及历史上的长寿法老是谁吗

拉美西斯二世是埃及历史上的长寿法老。拉美西斯二世是法老塞提一世之子，古埃及第十九王朝法老，其执政时期是埃及新王国最后的强盛年代。

为争夺叙利亚巴勒斯坦地区，埃及曾与赫梯长期争霸。为此，拉美西斯二世进行了一系列远征，以恢复埃及对巴勒斯坦的统治。拉美西斯二世与赫梯新王缔结和约，结束了这场争霸战争。在埃及历史上，没有哪个法老兴建的城市规模比拉美西斯二世更大。拉美西斯二世在位67年，死时约90岁，被称为"历史上第一个伟大的征服者"。

为什么要建造狮身人面像

埃及最大的金字塔——胡夫金字塔的东侧有一座狮身人面像，距今有4000多年历史。据说石像完成时，高20米，长57米，脸长5米，头戴"奈姆斯"皇冠，额上刻着圣蛇浮雕，下颌有帝王的标志——下垂的长须。

古代神话中，狮身人面像是巨人与妖蛇所生的怪物，它长有人头、狮身和一对翅膀，名叫斯芬克司。在古埃及神话里，狮子乃是各种神秘地方的守护者，也是地下世界大门的守护者。由于法老死后要成为太阳神，所以就建造这样一个狮身人面像为法老守护门户。

哈夫拉金字塔和狮身人面像

为什么称狮身人面像是"斯芬克司"

古代神话中，狮身人面像是"斯芬克司"的雕像。斯芬克司是巨人与妖蛇所生的怪物，它长着美女的脑袋和狮子的躯体，还长着两只翅膀。斯芬克司生性残酷，常常守在大路口。行人若想通过，必须猜谜，猜错则会被它吃掉。斯芬克司之谜最后被俄狄浦斯猜中，斯芬克司羞愤跳崖自尽。

为了记住这个恶魔，人们修建了狮身人面像。雕像脸长5米，头戴奈姆斯皇冠。在阿拉伯文中，它被称为"恐惧之神"，是君主威严与权力的象征。

斯芬克司为什么没有鼻子

狮身人面像自诞生之日便迷雾重重，它的鼻子也令人产生过种种猜想。

一种说法认为，1798年拿破仑侵略埃及时，看到它庄严雄伟，仿佛向自己"示威"，一气之下，便命令部下用炮弹轰掉了它的鼻子。还有一种说法认为，500年前，狮身人面像曾经被埃及国王的马木留克兵当作大炮轰射的"靶子"，鼻子在那时已经负伤。还有记载，风沙掩住了狮身人面像的正面，一名反对崇拜偶像的人拿着镐头猛凿露出沙面的鼻子，致使其容貌受损。

古埃及人为什么要建造金字塔

古埃及是世界历史上最悠久的文明古国之一。金字塔是古埃及文明的代表作，是埃及国家的象征，也是世界七大奇迹建筑之一。

金字塔是古埃及法老的陵寝，主要流行于埃及古王国时期。古代埃及人充满了对神的虔诚信仰，很早便形成根深蒂固的"来世观念"。受"来世观念"的影响，古埃及人活着的时候，就诚心备至、充满信心地为死后作准备。历经马斯塔巴墓、阶梯金字塔两个阶段后，真正的金字塔开始出现。坐落在埃及首都开罗郊外的胡夫金字塔，是世界上最大的金字塔。

埃及的金字塔是怎样建造的

关于金字塔的建造，有种种传说。根据希罗多德的记载，胡夫关闭了所有的神庙，强迫所有埃及人为他做工，每10万人为一批，每批3个月，先后用了30年时间才建成了大金字塔。

但事实似乎并非如此。埃及文化部2010年1月10日发表声明，埃及考古队在开罗近郊的吉萨金字塔区发现了金字塔建造工人的坟墓群，证明金字塔是由工人而不是由奴隶建造的，工人们享有很高程度的人身自由，并且能够获得报酬。

为什么埃及的金字塔是世界七大奇迹之一

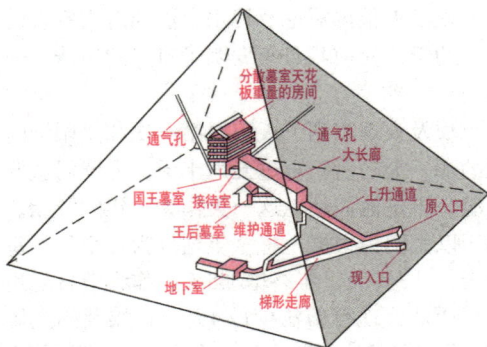

胡夫金字塔结构示意图

金字塔外观巍峨，设计严密，结构复杂，工程坚固，为世界建筑史上所罕见。

金字塔规模之大，十分罕见。第四王朝法老胡夫的金字塔规模最大，它高146.5米，每边底长约232米，由230万块巨石搭成。金字塔的建筑技艺十分高超，搭建石块的砌缝据说紧密得连一片锋利的刀刃都插不进去。金字塔内部结构也令人惊叹，塔内不仅有墓室、通风道、走廊和阶梯，还有装饰精美的绘画和雕刻等艺术品。修建金字塔十分艰巨，仅石料运输的艰难程度便难以想象。

因此，金字塔被誉为世界七大奇迹之一。

为什么木乃伊能保存至今

木乃伊一词并非埃及文，而是来源于波斯文，原意为沥青或是焦油。

古埃及人相信灵魂不灭，死后仍会依附在尸体或雕像上。因此，古埃及人不论贫富贵贱，死后都要被制成木乃伊。法老、达官贵人和富翁制造木乃伊的方法较为昂贵：用铁钩从死尸鼻孔中掏出脑髓，然后注入药料清洗，然后从侧腹上切口，将内脏完全取出，填充香料后缝好，再将尸体在泡碱粉里放置40天、吸净水分，最后用细麻布绷带包裹全身，以树胶涂裹全身。穷人制作木乃伊的办法较为简单，他们直接将尸体葬于沙土中。

古埃及人根据什么制定出第一部太阳历

埃及人根据对尼罗河水上涨和对天狼星的观察，约于公元前4241年发明了自己的历法——太阳历。

埃及人观察到，天狼星第一次和太阳同时升起的那一天之后，再过五六十天，尼罗河就开始泛滥，于是他们就以这一天作为一年的开始。太阳历以太阳为根据，将全年划分为12个月，每月30天，共360天，年终增加5天，作为节日之用。这种历法比现行历法少1/4天。古埃及的太阳历对古代世界其他国家曾产生过影响，古罗马根据埃及太阳历法，取利去弊，制定出"儒略历"。

你了解埃及文字的最初书写形式吗

埃及文字最初的书写形式被称为象形文字。埃及的象形文字产生于公元前4000年左右。它最初仅仅是一种图画文字，后来才发展成象形文字——由表意、表音和部首三种符号组成。

古埃及象形文字

埃及象形文字在演变过程中出现不同的书写形式。一种是中王国时期的祭司体文字，另一种是后期埃及出现的民书体，罗马统治期间还出现了科普特文字。随着古埃及的灭亡，复杂的象形文字逐渐变成死文字。罗塞达石碑被发现和商博良解读埃及象形文字成功之后，才找到了打开古埃及文字之谜的钥匙。

谁被后人誉为"古埃及的拿破仑"

图特摩斯三世是埃及第十八王朝法老，被认为是古埃及最伟大的法老之一。其统治时期是古埃及延续时间最长、版图最大、国力最鼎盛的朝代。

图特摩斯三世使埃及完成了从地域性王国向洲际大帝国的转变。经过长期征服，埃及南部边界扩展至尼罗河第四瀑布，利比亚、亚述、巴比伦、赫梯及克里特岛的统治者们都向其纳贡。远征的胜利促进了奴隶制经济的进一步繁荣和古埃及文化的传播。图特摩斯三世武功赫赫、政绩卓著，被誉为"古埃及的拿破仑"。

图特摩斯三世

阿蒙霍特普四世为什么要进行宗教改革

阿蒙霍特普四世是埃及新王国第十八王朝国王。改革前，阿蒙神庙僧侣集团势力渐长。僧侣贵族物质财富雄厚，时常左右政事，甚至与法老公开抗衡。

阿蒙霍特普四世即位后进行了全面的社会改革，以打击僧侣集团势力和世袭权贵，加强中央集权：宣布阿吞神为全国的唯一神，禁止对阿蒙神的崇拜，封闭阿蒙神庙，没收庙产；从一切纪念物上抹掉阿蒙的名字，阿蒙霍特普改名为埃赫那吞，意为"对阿吞有益的人"。由于阿蒙僧侣集团的破坏，改革遭到失败。

传世最早的国际条约是什么

公元前1283年，埃及与赫梯签署的《赫梯国王哈吐什尔与埃及法老拉美西斯二世的和平条约》是传世最早的一部国际条约。

此前，埃及第十九王朝的统治者对亚洲推行扩张政策，进军叙利亚以维持第十八王朝的疆界，与日益强大、同样图谋叙利亚的赫梯发生了战争。拉美西斯二世调集三万大军与赫梯军队大战，双方都未取得决定性胜利。战争以和约结束，和约内容包括：瓜分叙利亚领土；双方在军事上互相支援以应对第三国威胁和本国内部危险等。

你知道比苏伊士运河早20多个世纪的古运河吗

连接地中海与红海的尼科运河开凿于苏伊士运河之前的20多个世纪。

埃及中王国时期，埃及法老尼科二世企图延长运河，通过红海到苏伊士湾，以实现从红海到地中海环航非洲的计划。尼科运河从帕托莫斯的尼罗河起，东经沙石散布的平地到达俾特湖，南折流经苏伊士港，注入红海。后来尼科担心水位发生变化，便放弃开凿。公元前518年波斯帝国君主大流士一世征服埃及后，这一宏伟工程才得以完成。尼科运河可说是近代苏伊士运河的前驱。

为什么亚历山大港的灯塔被誉为世界奇迹

亚历山大灯塔位于埃及亚历山大港对面的法罗斯岛上，是古代世界七大奇迹之一。灯塔建造于托勒密王朝时期，由小亚细亚建筑师索斯特拉特设计。

埃及海岸平坦，缺少用于航海的地标，此即灯塔设计之初所具有的功能。灯塔总高度约135米，是当时世上最高的建筑物。灯塔内部结构先进，顶部有一面巨大的镜子和常年不灭的火焰。火炬发出的光在距离60千米的海面上都可看见，保护着海上的船只。亚历山大灯塔屹立近千年，毁于796年的一场大地震。

法罗斯灯塔想象图

你听说过"埃及艳后"吗

埃及艳后即克丽奥佩托拉七世，是古埃及托勒密王朝的最后一位法老。

公元前51年，她与自己同父异母的弟弟托勒密十三世结婚，共同执掌政权，后在争权斗争中失败外逃。凯撒追赶庞培来到埃及，掉入克丽奥佩托拉的美人计中，助其打败托勒密十三世，重

登王位。凯撒被刺身亡之后，克丽奥佩托拉又对安东尼发动美色攻势。安东尼与妻子离婚，与克丽奥佩托拉结婚，还助其毒死托勒密十四世，巩固王位。后来，屋大维杀死安东尼，克丽奥佩托拉亦服毒而死。

为什么说古埃及是人类远古文明中一颗灿烂的明珠

延续3 000多年的古埃及是人类远古文明中一颗灿烂的明珠。早在几千年以前，生活在尼罗河畔的埃及就已经创造出了令人惊叹不已的发达文明。

远古时代，埃及人建立了国家，创造了发达的农业和手工业。埃及人创造的文字对后来腓尼基字母的影响很大。众所周知的金字塔、亚历山大灯塔、狮身人面像等，也是埃及人的杰作，体现了埃及人高超的建筑技术和数学知识。埃及人在几何学、历法等方面也有很大的成就。埃及文明对后世影响深远。

为什么说"呆板"是古埃及雕刻艺术的特色

古埃及雕刻人物造型程式化：坐像多为正襟危坐，臀部和膝部成直角转折，双脚并拢，左手放在胸前，右手按于膝盖，或双手抚膝；立像则双臂紧贴，一脚稍向前迈一步。人物面相总是与身体正面保持同一个方向，面部毫无表情。

在1 000多年的时间里，古埃及雕像几乎没有什么明显变化。这构成了古埃及雕刻艺术的独特风格：庄严稳重，雄伟大方。这种"呆板"与古埃及宗教、风俗、雕刻题材及审美观密切相关，是艺术上的一种风格特点。

古埃及的雕刻艺术

古代苏美尔人为什么要在泥版上书写

早期定居两河流域的苏美尔人发明了楔形文字。这是已知最古老的文字。苏美尔人书写的楔形文字都留在了泥版上，称为泥版文书。

泥版文书是两河流域特有的书写材料。当时，两河流域缺少适合刻画的书写材料，却有着取之不尽、用之不竭的泥土。两河流域的泥土土质好、有黏性，苏美尔人将其制成特殊的书写材料——泥版。泥版制作造价低廉，简单方便，可泥版容易破碎、十分笨重，但当时的人能够找到这种书写形式，已经十分不易。

你听说过乌尔城吗

上古西亚是人类文明的发源地之一。20世纪初，考古学家发掘出了古代城市遗址——乌尔城。

乌尔城位于古代两河流域南部，今伊拉克的穆盖伊尔。公元前4000—公元前3000年，乌尔形成城市。最初的乌尔城规模不大，人口也不多，后来发展成为强盛的城邦国家。公元前2113年，乌尔纳木获取了"乌尔之王、苏美尔和阿卡德之王"的称号，建立乌尔第三王朝，定乌尔城为都城。他加强了乌尔城的防卫建设，在城中修建了许多层级塔。乌尔城是犹太人始祖亚伯拉罕的出生地。至今这里仍保留着精美绝伦的神庙等历史遗迹，是世界上最早诞生的城市。

乌尔城邦是如何从强盛走向灭亡的

乌尔始建于公元前30世纪上半叶。乌尔第一、第二王朝属于苏美尔早王朝时期。后来，阿卡德人统一美索不达米亚地区的苏美尔人城邦，征服乌尔第二王朝，建立阿卡德王国。

阿卡德王国后期，中央集权趋于崩溃，蛮族古提人入侵，摧毁阿卡德王国。后乌鲁克城邦国王乌图赫加尔赶走古提人。约公元前2113年，奉命镇守乌尔城的乌尔纳姆在乌尔建都，统一美索不达米亚，建立乌尔第三王朝，称霸美索不达米亚南部诸城邦。公元前2006年，乌尔在埃兰人和阿摩利人的联合进攻下覆亡。

古巴比伦王国是怎样兴起的

古巴比伦王国是美索不达米亚南部的奴隶制城邦。最初，巴比伦只是幼发拉底河边一个不

知名的小城市。公元前3000年，苏美尔人在此建立了众多城邦。为争夺土地和水源，各邦征战不断。公元前2300年，阿卡德人建立阿卡德王国。古提人摧毁阿卡德王国之后，乌尔纳姆建立了乌尔第三王国。

公元前1894年，阿摩利人灭掉乌尔第三王朝，建立了以巴比伦城为首都的古巴比伦王国。公元前18世纪国王汉谟拉比统治时期，古巴比伦王国达到鼎盛。

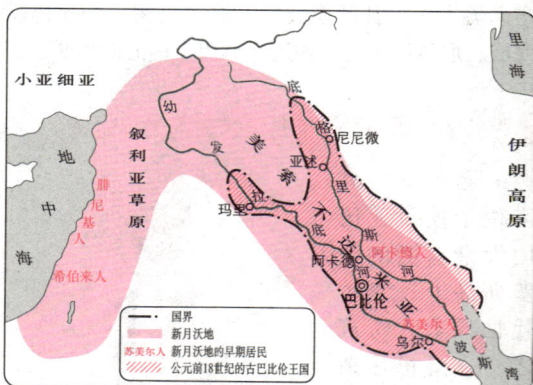

新月沃地和古巴比伦王国

谁统一了两河流域

汉谟拉比是巴比伦第一王朝的第六代国王，也是古巴比伦最伟大的国王之一。通过一连串的战争，汉谟拉比击败邻国，将巴比伦的统治区域扩展至整个两河流域。

公元前1792年，汉谟拉比继承王位。即位后汉谟拉比致力于发展

太阳神向汉谟拉比授予象征帝王权力的权标

经济，还制订了雄心勃勃的征服计划。他采取灵活务实的外交手段，一个时期集中力量攻灭一国，先后灭了伊新、拉尔萨、马里等城邦。公元前1755年，汉谟拉比征服了埃什努那。经过30年的征战，汉谟拉比基本统一了两河流域。

《汉谟拉比法典》是世界上最早的成文法吗

为统治庞大的帝国，汉谟拉比颁布了《汉谟拉比法典》，这是迄今为止世界上第一部比较完备的成文法典。法典刻在一块高2.25米，上周长1.65米，底部周长1.90米的黑色玄武岩上，共3 500行。

法典分为序言、正文和结语三部分。正文共282条，内容包括诉讼程序、保护私产、租佃、债务、高利贷和婚姻家庭等。法典竭力维护不平等的社会等级制度和奴隶主贵族的利益，是后人研究古巴比伦社会经济关系和西亚法律史的珍贵材料。

《汉谟拉比法典》为什么很出名

《汉谟拉比法典》是世界上现存的古代第一部比较完备的成文法典，在世界法制史上占有重要地位。《汉谟拉比法典》从各个方面反映了古巴比伦社会的面貌。法典公开承认奴隶主阶级的统治地位，保护奴隶主贵族、僧侣、大商人和高利贷者的利益，对处在社会最底层的奴隶则实行残酷的经济剥削和政治压迫。

《汉谟拉比法典》不仅对研究巴比伦早期的历史和社会十分重要，而且对后世法典的制定产生了深远影响，对西亚诸多国家的成文法典都产生过重大影响。

为什么会有古巴比伦遗址

古巴比伦遗址位于伊拉克首都巴格达以南约90千米的地方。公元前6世纪，尼布甲尼撒二世对古巴比伦城进行大规模建设，使其成为当时世界上最繁华的城市和中东最重要的工商业城市。

古巴比伦城内有三道墙围绕，街道纵横。城中有《圣经》中的巴别塔，镶嵌着釉彩动物图案的女神门和被称为世界七大奇迹之一的空中花园，以及人与狮子搏斗的石刻雕像。公元前4世纪后期，古巴比伦城慢慢衰败。2世纪，古城开始化为废墟。

古代新巴比伦王国都城复原图

你知道亚述帝国的兴衰吗

亚述帝国位于底格里斯河中游。公元前3000年，亚述人在此建立亚述尔城。

约公元前9—公元前7世纪，进入鼎盛时期的亚述发动了一系列对外战争。从那西尔帕二世统治时期起，亚述开始了对外征服，亚述曾雄踞亚洲一个多世纪，首都尼尼微乃是当时的国际大都市。公元前8世纪前后，亚述成为西亚全境的主人。然而，帝国内部十分虚弱，各地经济联系微弱，被征服部落、民族不断反抗。公元前7世纪末，亚述为米堤亚人和巴比伦人所败，加速了灭亡的步伐。

世界古代史上有哪些著名的战争

古代世界曾爆发过多次意义重大、影响深远的战争：希波战争（古希腊诸城邦对波斯帝国）、伯罗奔尼撒战争（伯罗奔尼撒同盟对提洛同盟）、亚历山大东侵（希腊—马其顿联军对波斯和印度东部）、布匿战争（古罗马对迦太基）、十字军东征（西欧封建主、商人和天主教会对地中海东部诸国）、英法百年战争、三十年战争（哈布斯堡王朝集团对反哈布斯堡王朝集团）、北方战争（俄国对瑞典）、七年战争（英国—普鲁士同盟对法国—奥地利—俄国同盟）等。

什么是"巴比伦之囚"

公元前597—前538年期间，新巴比伦王国国王尼布甲尼撒二世两次攻占耶路撒冷，灭亡了犹太王国。他下令将所有的犹太贵族、祭司、商贾、工匠作为俘虏，押解到巴比伦城，这就是犹太历史上的"巴比伦之囚"。此后，耶路撒冷成为一片废墟，城墙被毁，许多建筑被烧，城中所有金、银、铜器皿也全都带到了巴比伦。

公元前538年，波斯国王居鲁士攻陷巴比伦城，释放了被囚掳的犹太人，允许其重返耶路撒冷。

铁列平政治改革的主要内容是什么

铁列平是公元前16世纪时的一位赫梯国王。他在位期间曾主持一场影响深远的改革运动，史称"铁列平改革"。

当时，为争夺王位，赫梯帝国陷入长达十年的内战。改革确定，王位首先由长子继承，无长子则由其他王子按照年龄大小顺序继承，没有王子则由长女婿继承。改革还规定，王室内部纠纷应由公民会议裁决，国王不得任意杀戮兄弟姐妹。改革有效制止了王族仇杀和滥杀无辜，调整了王室内部关系，巩固了王权，有利于赫梯国家的团结和强大。

紫红色国度是指哪个王国

腓尼基位于地中海东岸，因特产紫红色染料而得名，腓尼基的希腊语意为"紫红色国度"。

公元前十四五世纪，腓尼基人建立了许多城邦。公元前15世纪，它处于埃及控制之下，公元前14—公元前13世纪成为埃及与赫梯争夺的对象。约公元前10世纪前后，各邦一度统一。公元前8世纪后，腓尼基相继遭到亚述和新巴比伦的入侵。公元前6世纪，腓尼基为波斯所灭，后又附属于马其顿和罗马。腓尼基人是著名的航海民族和商业民族，在地中海建立了多处移民点。

腓尼基人为什么被称为"地中海上的马车夫"

腓尼基地靠地中海东岸，位于西亚海陆交通枢纽地带，很早便有发达的商业和航海造船业。腓尼基人善于航海与经商，因而被称为"地中海上的马车夫"，马克思称其为"商业民族"。

腓尼基人至少在地中海沿岸活动了两三千年之久，全盛期曾控制西地中海的贸易。腓尼基创造了灿烂的文化，其环绕非洲的航行是人类的航海壮举。腓尼基人的经商活动促进了地中海沿岸各城邦文明的发展。

首创拼音文字的是哪个民族

世界上最早的拼音文字是腓尼基字母。腓尼基字母约出现于公元前1000年。现在的希伯来字母、阿拉伯字母、希腊字母、拉丁字母等，都可追溯至腓尼基字母。

腓尼基人有着发达的航海和国际商业贸易，需要及时编制商业文件，而当时流行的象形文字和楔形文字太过繁琐，客观要求一套普遍易懂、简单方便的文字体系。腓尼基人在借鉴前人成果的基础上，发挥自己聪明才智，利用埃及的象形文字和巴比伦的楔形文字，发明了简便的22个字母。

波斯帝国从兴到衰经历了多长时间

波斯帝国兴起于伊朗高原西南部。公元前2000年左右，波斯人从中亚细亚迁居至此。公元前6世纪初，波斯人受到米堤亚的统治。前6世纪中期，波斯首领居鲁士起兵发动起义，建立阿契美尼德王国。

此后，波斯人继续向外扩张。冈比西斯二世在位时，波斯征服埃及，成为西亚、北非最强大的国家。大流士在位时，波斯帝国盛极一时，发动了对希腊的战争。希波战争持续将近半个世纪，以波斯的失败而告终。公元前331年，亚历山大打败大流士三世，波斯帝国从此灭亡，前后共220年。

祆教是如何形成、发展及衰亡的

祆教亦称"拜火教""火祆教"或"索罗亚斯德教"。祆教起源于古伊朗部落的宗教信仰，阿黑门时期形成统一的宗教仪式。

萨珊王朝时期，祆教占据统治地位，被奉为国教。其理论为二元论，主张世界上光明与黑暗两个元素不断斗争。祆教认为明暗善恶之争，光明必胜。祆教徒必须恪守三戒：善思、善言、善行，且终生帮助光明。阿拉伯人击败萨珊王朝后，教徒东迁。公元516—公元519年间，祆教传入中国；13世纪后，祆教在中国的活动基本停止。

谁宣布自己是"宇宙四方之王"

居鲁士大帝

居鲁士大帝是古代波斯帝国的缔造者。公元前559年，居鲁士成为波斯人的首领，统一了波斯十部落，起兵反抗米堤亚。公元前550年，居鲁士攻克米堤亚都城，正式建立波斯帝国。不久，居鲁士灭吕底亚王国，征服小亚细亚沿海的希腊城邦。

公元前539年，居鲁士进攻巴比伦城，释放了城中的犹太人，并决定迁都巴比伦城——当时世界上最繁华的城市。居鲁士向全世界宣布自己为"宇宙四方之王"。公元前529年，居鲁士在出兵里海的过程中，战死疆场。

居鲁士是怎样称雄西亚的

居鲁士灭亡米堤亚王国之后，建立了波斯帝国，随后开始了称雄西亚的霸业。居鲁士派兵攻打西亚强国吕底亚，乘势灭掉与吕底亚结盟的各希腊城邦。公元前539年，居鲁士将矛头指向新巴比伦王国，很快占领巴比伦城，并迁都于此。

居鲁士在被征服地区实行宽松的自治政策，尊重各地的风俗习惯和宗教信仰，还释放了"巴

比伦之囚"。居鲁士不仅赢得了波斯人的尊敬，还赢得了敌人的尊敬。波斯人将居鲁士尊称为"居鲁士大帝"。

温泉关血战是怎么回事

温泉关战役是希波战争中的一次著名战役。大流士一世死后，其子薛西斯登上王位。薛西斯为实现父亲的遗愿，发誓踏平雅典，征服希腊。

温泉关背山靠海，地势极为险要，是通往中希腊的门户。公元前480年，薛西斯率海陆军侵入中希腊，斯巴达国王列奥尼达率领300名斯巴达勇士扼守温泉关抵抗。因内奸出卖，列奥尼达和300名勇士全部壮烈牺牲。波斯人死伤数千。温泉关虽失陷，但战争为雅典海军争取了宝贵的时间，此后的萨拉米斯海战从根本上扭转了战局。

波斯人不可战胜的神话被谁击破了

波斯王大流士自称曾出征19次，俘虏9个王，号称战无不胜。大流士征服的最终目的是征服繁华富庶的希腊。西征之前，大流士先行北上征服赛西亚人，以解除后顾之忧。大流士计划只用一两个月的时间就打败对方，结果反被对方拖垮，战争以大败收场。这是大流士和他的波斯帝国遭遇的第一次大败仗，动摇了波斯人战无不胜的信念。

由于某种不明原因，塞西亚人消失于历史之中，但他们在东欧草原击败波斯王大流士这一仗却永垂史册。

摩尼教是如何形成、发展及衰亡的

摩尼教，又称作牟尼教或明教，发源于古代波斯萨珊王朝，3世纪中叶由波斯人摩尼所创立。摩尼受到基督教与祆教思想的影响，声称自己是神的先知。摩尼教自始至终受到祆教的反对。277年，摩尼被钉死在十字架上，摩尼教徒受到迫害，开始流落各地。7世纪时，摩尼教传入我国新疆地区，明代走向衰败，清代从朝野记载中消失。

摩尼教思想的核心是二宗三际说，二宗指的是光明与黑暗，也即善与恶；三际指的是边际、中际、后际，也即过去、现在和将来。

为什么说所罗门是智慧的化身

所罗门王是大卫与拔示巴之子，以色列王国的第三任君主，被后人誉为"和平的象征"和"智慧的化身"。

据《圣经》记载，所罗门王是耶路撒冷第一圣殿的建造者，拥有大量的财富和超人的智慧。所罗门继承王位以后消灭政敌，在军队、政府和宗教机构中安插亲信，还通过联姻的办法加强自己的地位。他大力加强国家机器，在全国划分12个行政区，以便于行政统治和收取中央赋税。所罗门统治时期，以色列王国达到繁荣的顶点。

犹太教是怎么形成的

犹太教崇拜单一的主神耶和华。原居住于两河流域的希伯来人不堪忍受汉谟拉比的迫害，在亚伯拉罕的带领下来到迦南地。为了防止希伯来人被强盛的迦南人征服和同化，亚伯拉罕便借助宗教的力量团结部众。他坚称：耶和华是万能的神，希伯来人是神的选民；耶和华与希伯来人之间订立了契约，将赐福保佑他们。

亚伯拉罕为犹太教奠定了基础。500年后，摩西在西乃山领受"摩西十诫"，确认了以色列人和上帝之间的牢不可破的契约关系，标志着犹太教的正式形成。

为什么会有楔形文字

楔形文字也叫"钉头文字"或"箭头字"，是古代西亚所用的文字，多刻写在石头和泥版上。

两河流域可用于书写的材料十分匮乏，却有一种优质的黏土。苏美尔人将其

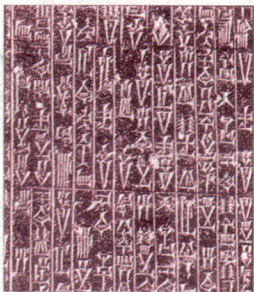
用楔形文字写成的《汉谟拉比法典》(局部)

制成泥版作为书写材料，将芦苇和骨棒削成三角形尖头，趁泥版还湿的时候在上面刻画出各种符号，然后将泥版晒干或用火烤干。泥版上留下的一道道刻痕呈现出上宽下窄的楔形，这种文字被称为楔形文字。楔形文字是公元前2000年到公元前1000年中期中亚的通用文字。

你知道太阴历和星期的来历吗

古代两河流域的人们在观察月亮运行规律的基础上编制了太阴历。他们将一年分为12个月，6个月30天，另外6个月29天，每年共354年。

公元前7至前6世纪，巴比伦人便有了星期制。他们把一个月分为4周，每周有7天。古巴比伦人建造七星坛祭祀星神。七星坛分7层，每天各由一个星神主管：太阳神主管星期日，月亮期一，火星神星期二，水星神星期三，木星神星期四，金星神星期五，土星神星期六。这便是通行的七天一星期的来历。

十进制和六十进制是什么人发明的

古巴比伦时代的苏美尔人很早就采用了十进制和六十进制的双重计数法。现存的公元前3000年的一大批符号反映了当时较发达的计数制。当时人们以小圆筒垂直压进黏土中形成的圆形符号，来表示10个单位数。六十进制则以楔形文字表示，分"个位"和"十位"：1以Y代表，2为YY，如此类推，直至9；10则为<，20为<<，直至50<<<<<。

十进制是当代文明广泛使用的一种计数方式，六十进制则用作时间、角度和地理坐标的单位。两河流域的文明在世界史上占有重要地位。

为什么时间和角度的单位都用六十进制

六十进制源于公元前3世纪的古代闪族人，流传至今，仍用作记录时间、角度和地理坐标。

数字60有12个因子，即1、2、3、4、5、6、10、12、15、20、30和60。由于因子较多，六十进制的数可被较多数整除，可被分拆成多种不同

的时间长度，例如1小时可以被看作2个30分钟、3个20分钟、4个15分钟等。十进制有其固有的缺陷，如不能被3、4、6整除，而六十进制则不存在这样的问题，因而一直沿用至今，在数学、物理、航运等科学技术中广泛使用。

为什么说空中花园是人间奇迹

空中花园修建于新巴比伦王国尼布甲尼撒二世时期。据说，王妃安美依迪丝怀念故乡山水，终日郁郁寡欢。为解其思乡之情，国王下令工匠按照米堤亚的景色，在宫殿里建造了这座别具风格的花园。

花园采用立体造园手法，将花园放在四层平台之上，支撑平台的柱子高达25米。花园的灌溉系统尤为令人称奇。园中种植各种花草树木，远看犹如悬在半空中一般。空中花园建筑精巧华贵，成功采用了防止高层建筑渗水的方法，被誉为古代世界七大奇迹之一。

空中花园复原图

为什么把印度远古文明称为"哈拉巴文化"

1922年，考古学家最早在印度哈拉巴地区发掘出远古文明遗址，印度文明因而被称为"哈拉巴文化"。

哈拉巴文化的年代约在公元前2500～公元前1750年。当时居民主要从事农业，已经使用青铜制农具，并且学会了筑坝和引水灌溉。手工业种类繁多，商业发达。哈拉巴文化代表了一种城市文明，当时的城市规划和建筑已经达到相当高的水平。哈拉巴和摩亨佐·达罗是当时最大的两个城市。哈拉巴文化兴旺发达了几个世纪，公元前18世纪才消亡。

古代印度的哈拉巴文化突然消失了，这到底是什么原因

印度史学家根据遗址和遗物，提出种种假说解释哈拉巴文化消失的原因，影响最大的有两种假说。

一些学者认为外族入侵是哈拉巴文化消失的主要原因。公元前1750年左右，印度河流域的一些城市遭到了很大的破坏，尤其是摩亨·佐达罗这样的大城市，街巷和房屋还留下了不少像是被杀戮的男女老幼的遗骨。一些学者则根据印度河床的改造、地震及由此而引起的水灾，认为地质和生态变化是该文化消失的主要原因。古老文明消失的原因至今仍是未解之谜。

孔雀王朝是怎样兴盛起来的

孔雀王朝是古印度摩揭陀国著名的奴隶制王朝。

公元前6世纪初，北印度有16个奴隶制小国，以摩揭陀国最为强盛。摩揭陀国不断向外扩张。公元前4世纪中叶，其统治地域扩展至整个恒河流域。公元前4世纪末，摩揭陀国建立起了孔雀王朝的统治。公元前3世纪中叶，阿育王在位时国势强盛，征服了除南亚次大陆南端以外的整个印度，建立起印度历史上第一个统一的奴隶制国家，定佛教为国教。约公元前187年，孔雀王朝为巽加王朝所取代。

谁创建了孔雀帝国

旃陀罗笈多（月护王）是印度孔雀帝国的建立者。

旃陀罗笈多的青年时代，适逢马其顿国王亚历山大入侵印度西北部之时。当地人民虽奋起反抗，但终因缺乏统一指挥、力量分散而失败。旃陀罗笈多建立军队，以打击马其顿占领军。公元前324年，他自立为王，率军攻打难陀王朝都城，创立了孔雀王朝。旃陀罗笈多统一印度北部地区，建成中央集权国家，为建立印度历史上第一个统一帝国奠定了基础。据说，他晚年笃信耆

那教，按该教习俗绝食而死。

印度的"种姓制度"是怎么回事

公元前2000年中后期，雅利安人来到印度河中上游流域。随着原始社会的解体和社会分化的加剧，雅利安人内部出现了等级划分，社会分裂为四大种姓集团，即"种姓制度"。

第一种姓婆罗门主要是僧侣贵族，第二种姓刹帝利是军事贵族和行政贵族，第三种姓吠舍是雅利安人自由平民阶层，第四种姓首陀罗是被征服的土著居民，属于非雅利安人。各等级职业世袭，世代相传，实行同一等级通婚。各等级在法律上是不平等的，首陀罗没有参加宗教生活的权利。

"种姓制度"在印度历史上产生了什么影响

几千年来，印度社会一直流传着一种"种姓制度"。

为了维护种姓制度，古印度婆罗门教僧侣宣称，造物神用自己身体的不同部位创造了人：嘴演化成了婆罗门，双臂造出刹帝利，双腿变成吠舍，双脚生出首陀罗。不同种姓的男女所生的子女被看成是贱民，称为"不可接触者"。贱民不包括在四个种姓之内，在社会上最受歧视。印度宪法虽明令取消种姓制度，但种姓制度对印度社会的影响至今仍然存在。

释迦牟尼出于什么原因创建佛教

释迦牟尼在菩提树下彻悟成佛

释迦牟尼，原名悉达多·乔达摩，是佛教的创始人。释迦牟尼本是古印度迦毗罗卫国的太子，属刹帝利种姓。

公元前6世纪，古印度社会环境十分复杂。当时，政治上，以种姓制度为特点的阶级矛盾十分尖锐；军事上，群雄争霸，互相割据；思想上，百家争鸣。释迦牟尼感到了当时社会对宗教的需要。29岁时，他离开妻儿，舍弃王族生活，出家修道，来到伽耶城外的菩提树下，苦思冥想，终于大彻大悟，觉悟成佛。释迦牟尼创立了一个新的宗教——佛教。

佛教创始人释迦牟尼这个人物历史上是否真实存在过

释迦牟尼被认为是佛教的创始人，而其真实身世却蒙着一层神秘面纱。

据佛教经典记载，释迦牟尼下凡之前是菩萨，其母萨摩耶夫人熟睡时受仙气怀孕。释迦牟尼长大后意识到，人有生老病死的烦恼，唯有出家修行才能摆脱人间烦恼。他29岁出家，35岁成佛，收了众多门徒。释迦牟尼生平活动虽无史料记载，但1898年发现于迦毗罗卫遗址的舍利壶上铭刻着："此为佛陀世尊之舍利壶"。历史上可能存在过释迦牟尼这个人，只不过后人在传教的过程中将其神化了。

佛教描绘的世界是怎样的

佛教描绘的世界由三大部分——净土(天堂)、世俗世界(人间)和地狱组成。

净土是佛居住的世界。世俗世界又称三色，从低到高分欲界、色界、无色界三层。欲界是普通人居住的地方；居住在色界的人们已经消除了各种欲望，但还离不开物质；居住在无色界的人们已经不需要物质，但还无法摆脱三界轮回。地狱是佛教虚构的惩罚恶人的地方。佛教信徒只有一步一步不断修行，才可以到达净土，成为佛陀，永享安乐、颐养。

鹿野苑为什么会成为佛教圣地

鹿野苑位于印度北方邦瓦拉那西以北约10千米处，是古印度佛教的四大圣地之一。

在一个佛教典故中，菩萨化现为鹿王，为保护鹿群而将自己献给了国王，国王被感动，因而建立公园以保护鹿群。释迦牟尼在伽耶菩提树下顿悟后，向西步行300里来到此处，寻找当年的五位同修者。释迦牟尼向他们阐述了生死轮回、善恶因果及修行超脱之道。

鹿野苑被尊为法轮初转之地而举世闻名。鹿野苑现存遗址主要包括答枚克佛塔、阿育王石柱、乔堪祇塔等。

印度史诗《罗摩衍那》描绘了些什么

印度长篇史诗《罗摩衍那》在印度文学史、宗教史上占据崇高地位，对南亚地区也产生了深远影响。史诗主要描绘罗摩和妻子悉多悲欢离合的故事及自然景色、战斗场面等。

罗摩是阿逾陀城国王十车王的长子，理应继承王位。但因奸人陷害，罗摩偕妻子悉多和弟弟罗什曼那流放14年。继任的婆罗多得知真相后，亲自去森林寻找罗摩，让他继位。但罗摩坚决要等流放期满才肯回去。罗摩3人在森林中历尽艰险。期满后，罗摩回国登基为王。但罗摩怀疑悉多的贞洁，悉多伤心无奈，投入大地怀抱。罗摩兄弟最后升入天国，复化为毗湿奴神。

何为印度梵剧

梵剧是印度古典戏剧。

公元前2000年，印度处于原始公社制社会，当时的诗集中已经包含着戏剧胚芽。进入奴隶社会后，民间夜神赛会时出现的戏剧性表演，是印度戏剧的正式萌芽。公元元年前后，印度古典戏剧步入成熟期。1—2世纪，佛教戏剧家马鸣创作出《舍利弗传》等剧本，标志着古典戏剧的成熟。4～7世纪是古典梵剧发展的鼎盛期。7世纪后，印度古典戏剧开始衰退。

印度梵剧或取材于史诗和传说故事，或取材于现实生活，或以宗教宣传为宗旨。

阿拉伯数字是阿拉伯人发明的吗

阿拉伯数字是当今世界通用的计数方法。但阿拉伯数字并不是由阿拉伯人首创的，而是起源于印度。

古代印度在数学方面取得了不少成就。约公元前800—公元前200年，印度人民创造出了原始数字。公元前3世纪后，出现了1～9的计数符号。4世纪后，他们发明了数字"0"的符号，这是数学史上的重大贡献。后来，印度数字传入阿拉伯地区，并经由阿拉伯人传入欧洲，"阿拉伯数字"故名。

阿拉伯数字

佛教的四次结集是怎么回事

释迦牟尼去世后，佛教僧众在迦叶的主持下在七叶窟举行第一次结集。佛灭后110年，由于教徒对戒律理解不一致，耶舍召集僧众举行第二次结集。这次结集导致佛教分裂为上座部和大众部。

佛灭后235年，阿育王举行佛教第三次结集。阿育王广派高僧弘扬佛教，佛教从此冲出国界，变成世界性宗教。佛教的第四次结集是在贵霜国王迦腻色迦时期举行，召集了印度500名高僧。这次结集对佛教的经、律、论作出了最完备的汇编和注释，这也是佛教的最后一次结集。

阿育王对佛教的最大贡献是什么

阿育王是印度孔雀王朝的第三代君主，是印度历史上最伟大的一位君王。

阿育王本是不折不扣的"暴君"，后来皈依佛教。他宣布佛教为国教，向佛教僧团捐赠大量的财产和土地，在全国各地兴建佛教建筑。阿育王还在华氏城举行佛教大结集，即佛教史上的第三次大结集，驱除了外道，整理了经典。此外，他还向边陲地区和周边国家派遣佛教使团传播佛教。由于阿育王的努力，佛教得以越过印度国境，传播到异国他乡，最终发展成为一大世界性宗教。

《摩奴法论》是一部什么样的法典

《摩奴法论》，又译《摩奴法典》，是印度教伦理规范的经典著作，也是印度第一部正统的权威性法典。相传该法乃是人类始祖摩奴所编，故名。

该书成书于约公元前2世纪—公元2世纪之间。全书分十二章。前半部分以婆罗门为主要对象，论述印度教徒一生四个阶段的行为规范；后半部分着重论述国王的行为规范和国家的职能。《摩奴法论》构成以四种姓制度为基础的印度阶级社会的一种法治模式和理论执法依据。

你知道贵霜帝国吗

贵霜帝国是兴起于中亚细亚的奴隶制国家，创始者是大月氏的贵霜部落首领丘就却。

该国最初位于中国青海地带，后向西迁徙，占领了中亚西亚地区与波斯等地。在迦腻色伽一世及其继承者统治之下，帝国达到鼎盛，人口百万，士兵二十多万，疆域辽阔，与汉朝、罗马、安息并列为当时欧亚四大强国。贵霜帝国崇信佛教，对早期传播佛教有巨大的贡献。贵霜王国经济发达，地处丝绸之路的枢纽位置，其艺术融合了古印度、伊朗、希腊成分。

高句丽人是如何建立国家的

高句丽人主要分布在中国辽东地区和朝鲜半岛北部。

公元前后，高句丽人原始公社制度趋于解体，进入阶级社会，产生了国家。氏族部落的管理机关转化成国家政权机关，部落联盟的军事首领变成了拥有特权的世袭国王，贵族议事会则握有对平民的生杀予夺大权。在几个世纪中，高句丽人进行了一系列战争，领土不断扩大。4世纪时，其领土扩展至朝鲜半岛北部。427年，高句丽迁都平壤，势力日益扩大。

668年，高句丽为唐朝与新罗所灭。

3世纪时的日本叫什么

3世纪末，日本本州中部出现了一个统一政权——"大和国"。4世纪初，大和国征服了包括北九州在内的许多地区，至5世纪，大体统一日本列岛。统治者最初称"大王"，后改称"天皇"。大和国家积极与中国发展关系，中国文化陆续传入日本。大和国实行部民制，导致各级奴隶主贵族为争夺部民不断斗争，削弱了国家实力。不断的对外战争则加剧了国内的政治危机。

645年，大化改新确立了天皇的统治，日本进入封建时代，大和时代结束。

什么是爱琴文明

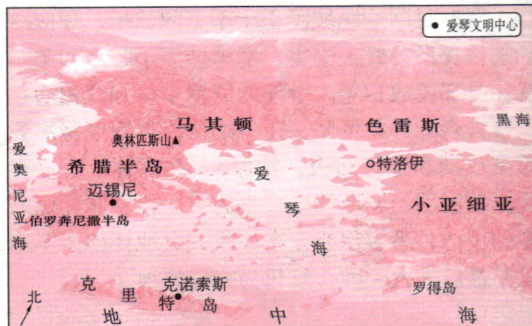

爱琴文明

爱琴文明是希腊及爱琴地区史前文明的总称。它指的是公元前20—公元前12世纪，存在于地中海东部的爱琴海各岛、希腊半岛及小亚细亚西部的欧洲青铜时代的文明。爱琴文明是最早的欧洲文明，是西方文明的源泉。

爱琴文明最早起源于克里特岛，然后传播到希腊大陆和小亚细亚。公元前1700～公元前1400年，克里特文明发展到它的全盛时期，不久突然衰落，爱琴文明的中心随之转移到希腊半岛的迈锡尼。人们通过19世纪末的考古发掘才知道爱琴文明的存在。

爱琴文明是怎样被发现的

海因里希·施里曼是一位传奇的德国考古学家。施里曼相信荷马史诗中所描述的特洛伊战争等故事都是事实，决心有朝一日找出化为废墟的特洛伊古城。1870年，施里曼按照史诗所描述的特洛伊城的特征确定了发掘位置，果然发现了一座远古城邦遗址。

1900年，英国考古学家伊文思在克诺索斯发现了传说中的米诺斯王宫和刻有图形文字、线形文字A和线形文字B的泥版。考古学家所取得的举世瞩目的成就，证实了荷马史诗所说的特洛伊和迈锡尼古国的真实存在。

为什么罗得岛的太阳神巨像被誉为世界奇迹

罗得岛位于爱琴海最东部，是希腊佐泽卡尼索斯群岛的最大岛屿。

罗得岛太阳神巨像铸造于公元前302年，相传是为了纪念一场反侵略战争。公元前305年，亚历山大国王的后裔进攻罗得岛。罗得人民英勇奋战，打败了侵略者，取得了战争的胜利。为了纪念这次保卫战的胜利，罗得人用缴获的12.5吨青铜武器，用时12年，铸造了这尊高达32米的太阳神赫利俄斯巨像。

太阳神巨像是罗得人雕刻艺术的珍品。公元前224年，巨像毁于一场地震。

罗得岛的太阳神巨像想象图

你听说过神秘的米诺斯迷宫的故事吗

据说，雅典人杀死了米诺斯的爱子。为了复仇，米诺斯打败雅典，要求雅典每年选送童男童女供奉怪物米诺陶洛斯。怪物是王后与一头公牛所生，被米诺斯关在一座结构复杂的迷宫中。

雅典王子忒修斯自愿前往克里特宰杀怪物。他告诉父亲，如果成功，返航时他将挂上白帆。克里特公主爱上忒修斯，送给他白色线球，帮助他杀死了怪物。但忒修斯恩将仇报，返航时将公主扔在孤岛上。他为此遭到了惩罚——他忘记更换船上的黑帆。父亲看到黑帆，以为儿子已死，便投海自尽。

为什么会出现迈锡尼文明

迈锡尼文明是希腊青铜时代晚期的文明，影响远达爱琴海诸岛与小亚细亚，还有西部的意大利。

公元前2000年左右，希腊人开始在巴尔干半岛南端定居。公元前16世纪上半叶起，逐渐形成一些奴隶制国家。这一时期，生产力进步，金属冶炼和手工业制造已经达到甚至超过克里特的技术水平。希腊人已经使用青铜器，并且有了文字。迈锡尼人的海外扩张和特洛伊人利益发生冲突，最终导致了历时十年的"特洛伊战争"。希腊人虽取得战争的胜利，可是不久之后，迈锡尼文明却遭到了毁灭。

迈锡尼狮子门想象图

是谁毁灭了古希腊的迈锡尼文明

关于迈锡尼文明毁灭的原因众说纷纭。这些解释中，通过气候变化和自然灾害来解释的尝试已经为人放弃，现存主要有两大理论：人口流动和内部冲突。

第一个理论将迈锡尼城市的摧毁归因于入侵者。有人认为，北方游牧民族的南下入侵导致了迈锡尼文明的毁灭，多利安人更是罪魁祸首。第二个理论将迈锡尼文明的陨落归因于社会内部冲突。如社会最底层日益贫困，不断反抗宫廷制度。

若想揭开迈锡尼文明灭亡之谜，还有待于更多考古资料。

为什么把《荷马史诗》那个时代称为"英雄时代"

《荷马史诗》是古代希腊最权威和创造最早的作品。它是由出生于公元前9—公元前8世纪时的希腊盲人诗人荷马所创作，但一般认为，它可能并非一人一时之作，而是流传民间多年，至公元前7世纪或公元前6世纪才最终编定。

《荷马史诗》中曾称特洛伊战争时代为"英雄时代"。它主要叙述英雄远征特洛伊的故事，集中反映了"英雄时代"的文化。史诗极力描绘的是英雄武士们在战场和社会上的种种活动，描述的根本是一个英雄和武士的世界。

盲诗人荷马吟诵史诗

雅典的政体怎样体现了民主

公民大会

雅典国家实行直接民主制，所有公民都有权利和义务直接参与政治。公民大会、五百人议事会和民众法庭是民主政治特征的充分体现。

公民大会是最高权力机关，年满20岁的公民都是大会成员，凡是重大的事情都由公民大会来决定。五百人议事会是公民大会的附属机构，在公民大会休息期间，议事会是最高权力的代表。民众法庭是日常司法机关，陪审员由30岁以上的公民抽签产生。

雅典民主政治是建立在奴隶制基础上的奴隶主自由民阶级的民主。

梭伦是怎样进行改革的

梭伦

梭伦改革前夕，雅典社会矛盾尖锐。贵族实行专横统治，新兴工商业者十分不满，普通民众更是苦不堪言，很多人沦为债务奴隶。

公元前6世纪初，贵族出身的梭伦当选执政官后推行了一系列改革：颁布"解负令"，废除公私债务；实行限田措施，防止土地集中；依据财产多寡划分公民等级，并规定相应义务和权利；设置新的政府机关四百人议事会和新的司法机构。改革动摇了旧氏族贵族世袭特权，缓和了社会矛盾，扩大了国家统治基础，为雅典民主政治奠定了基础。

谁领导雅典进入"黄金时代"

伯利克里

伯利克里是古希腊奴隶主民主政治的杰出代表。在他的领导之下，雅典民主政治发展到顶峰，进入了"黄金时代"。

当时，所有成年男性公民可以担任除十将军委员会以外的一切官职。他们可以参加公民大会，商定城邦重大事务。五百人议事会的职能进一步扩大。陪审法庭成为最高司法与监察机关。伯利克里向担任公职、参加政治活动的公民发放工资以鼓励公民积极参政。他还重视文化教育，特意为公民发放"观剧津贴"以吸引公民观赏戏剧。伯利克里死后，雅典的繁荣景象一去不复返。

古希腊人为什么以雅典娜的名字命名首都

在古希腊传说中，雅典娜是天神宙斯和聪慧女神墨提斯所生。雅典娜是智慧女神，是奥林匹斯十二主神之一。她是女战神，被认为是乌云和雷电的主宰者。她也是农业与园艺的保护神，据说她传授纺织、绘画、雕刻、陶艺、畜牧等技艺给人类。她还是科学的庇护者，赐予人间法律，维护社会秩序。

雅典娜智慧英勇，被古希腊人视为偶像。因此，古希腊人就以她的名字命名首都——雅典娜。雅典娜在希腊化的世界中亦得到广泛崇拜。

谁记录了雅典的瘟疫

公元前430年春天，时值伯罗奔尼撒战争第二年，一场瘟疫突然降临在希腊世界的文明重镇——雅典。天灾人祸，雅典似乎末日将至。

这场瘟疫十分可怕。强壮的年轻人突然发起高烧，充血的咽喉和舌头散发着异常的恶臭；不幸患病的人打着喷嚏，声音嘶哑。所有的药物都无济于事，医生也成为受害者。

雅典城里死了很多人，连雅典"第一公民"伯利克里也未幸免于难。然而，这场灾难却被一位幸存的学者——修昔底德记录了下来，传给了后人。

谁奠定了斯巴达国家的基础

斯巴达位于希腊半岛南部的拉哥尼亚平原。约公元前11世纪，多利亚人的希腊部落南下侵入拉哥尼亚，在此定居，建立了斯巴达城。

不过，斯巴达国家基础并不牢固，阶级矛盾尖锐。公元前830年左右，一位名叫来库古的政治家出现在斯巴达历史舞台上，着手进行了一系列改革。斯巴达国家设立两位王，与元老院共同执掌政权。改革规定了斯巴达的政治体制、立法制度、份地制度、教育制度、共餐制度乃至社会生活方式，奠定了斯巴达奴隶制国家的基础。

斯巴达人为什么特别尚武好斗

斯巴达教育的目的是培养忠于统治阶级的强悍的军人。斯巴达男孩一出生便要接受考验，父母用烈酒为他擦洗，长老还要检查他们的体质是否健康。经受不住考验或被长老认为不够强壮的男孩会立刻被抛弃。七岁时，男孩离家接受严格的体育和军事训练。孩子不仅要从体力、胆量、纪律、性格等方面成为合格的战士，思想上还要热爱国家、忠于国家。男子20岁时参加军队，60岁时才退役。

正是在这些思想观念的长期熏陶下，斯巴达人形成了尚武好斗的民族品格。

勇猛善战的斯巴达士兵

为什么会发生特洛伊战争

公元前12世纪前后，小亚细亚西北部发生了一场长达十年之久的大战，称为"特洛伊战争"。据《荷马史诗》记载，为争夺世上最漂亮的女人海伦，阿伽门农及阿喀琉斯为首的希腊联合远征军进攻以帕里斯及赫克托耳为首的特洛伊城。希腊联军以"木马计"攻陷了特洛伊城。

现代考古和历史研究证实，特洛伊和特洛伊战争的确存在过。但并非荷马笔下的复仇战争，而是希腊联合赫梯发动的一场侵略战争，目的是争夺特洛伊的重要地理位置和贸易权益。

历史上的"木马计"是怎样的

"木马计"的故事最初来自于古希腊诗人荷马的史诗《伊利亚特》。为了争夺海伦，希腊人联合起来攻打特洛伊城。但特洛伊城十分坚固，希腊人攻打了九年也没有成功。

特洛伊木马

第十年,希腊将领奥德修斯想出一条妙计。希腊人佯装撤军,留下一只巨大的木马。特洛伊人将木马作为战利品拉进城里。当晚,特洛伊人欢天喜地,庆祝胜利。趁特洛伊人酒酣沉睡之际,藏在木马中的希腊战士跳了出来,杀死守军,打开了城门。大批希腊军队如潮水般涌入城中,一举攻陷特洛伊城。

奥林匹克运动是如何起源的

奥林匹克运动的产生与希腊当时政治、经济、文化和宗教有着密切的关系。

当时希腊战争不断,各城邦都利用体育锻炼来培养身强力壮的武士,体育运动发展起来,逐渐形成了有组织的运动竞赛,为奥运会的产生打下了基础。每逢重大祭祀节日,各城邦都举行盛大的宗教集会,唱歌、舞蹈和竞技等方式来表达对神的敬意,这也促进了奥运会的产生。

奥运会举办期间,古希腊人以神的名义实行休战。可见,奥运会是在战争背景和祭礼形式中产生,同时也表达了人民对和平的美好愿望。

马拉松长跑运动是怎么来的

马拉松之战

马拉松长跑是国际上非常普及的长跑比赛项目,全程42.195千米。

公元前490年第二次希波战争中,波斯军队在马拉松登陆,雅典人以少胜多获得了反侵略的胜利。为了让故乡人民尽快知道胜利的喜讯,"飞毛腿"菲迪皮得斯回去报信。菲迪皮得斯一个劲地快跑,当他跑到雅典时,只说了一句"我们胜利了!"就倒在地上牺牲了。

为了纪念这场战争和菲迪皮得斯,1896年举行的现代第一届奥林匹克运动会上,设立了马拉松赛跑这个项目。

希波战争是怎样爆发的

希波战争是古代波斯帝国为了扩张版图而入侵希腊的战争。大流士一世统治时期,波斯已经成为地跨欧亚非三洲的大帝国,并且早有西侵野心。公元前492年,波斯借口雅典和埃雷特里亚曾帮助米利都,发动了第一次战争。公元前490年,波斯人发动第二次希波战争,在马拉松战役中再次失利。公元前480年的第三次希波战争中,波斯军队在萨拉米斯海战中死伤惨重。

希波战争持续数十年之久,战后雅典一跃成为爱琴海地区的霸主,而波斯帝国则从此一蹶不振。

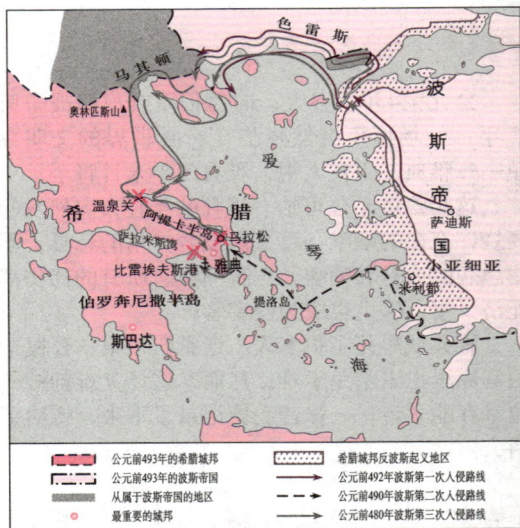

希波战争

希腊城邦之间为什么会发生伯罗奔尼撒战争

伯罗奔尼撒战争是以雅典为首的提洛同盟与斯巴达为首的伯罗奔尼撒联盟之间的一场战争。

希波战争胜利之后,雅典势力急剧扩张,开始强迫同盟国向其纳贡,并利用提洛同盟建立霸权。雅典的霸权引起了其他希腊城邦的不满,斯巴达联合其他一些城邦结成"伯罗奔尼撒同盟"抗衡雅典的霸权。战争的触发事件是米加腊退出伯罗奔尼撒联盟,投靠雅典。

伯罗奔尼撒战争从公元前431年一直持续到公前421年,战后雅典走出了全盛时期,结束了希腊的民主时代。

古希腊的三大数学难题是什么

希腊是几何学的故乡。约公元前6世纪到前4世纪之间，古希腊人在使用尺规作图的过程中，遇到了令人百思不得其解的三个作图问题：

1．三等分角。三等分任意角。

2．立方倍积。求作体积是已知正方体体积二倍的正方体的棱长。

3．化圆为方。求作面积和已知圆面积相等的正方形。

古希腊人提出的三大几何难题成为世界性难题，延续了两千多年才得以解决。其实，局限在尺规作图的范围内，真正的三大难题是不能求解的。而抛开限制，三大难题就成为数学游戏。

《伊索寓言》是哪个民族的故事

《伊索寓言》是世界上最早的寓言故事集，相传为伊索所作，是流传于古希腊民间的讽喻故事经后人加工集结而成。

伊索是公元前6世纪古希腊著名的寓言家。相传，伊索是萨摩斯岛雅德蒙家的奴隶，曾被转卖多次，但因知识渊博，聪颖过人，最终获得自由。此后，他便四处去讲一些小寓言、小故事，揭露统治者的残暴。

书中共包括300多个小故事，大多故事以动物为喻，教人处世做人的道理。《伊索寓言》文字凝练，故事生动，饱含哲理，对后代影响很大。

何为古希腊悲剧和喜剧

希腊是欧洲戏剧的发源地。希腊的戏剧是从古代迎神赛会里的合唱、朗诵和舞蹈演变而成，酒神道尼苏斯的节日起了特别重要的作用。

希腊悲剧取材于神话和历史，揭示命运主题，借引起怜悯和恐惧使得感情得到升华。"悲剧之父"埃斯库罗斯最著名的作品是《被缚的普罗米修斯》。

喜剧更多取材于现实生活，大多是政治讽刺剧和社会讽刺剧。"喜剧之父"阿里斯托芬，擅长以喜剧讽刺当时的政治、宗教和伦理道德。

最早的悲剧作家是谁

公元前525年，埃斯库罗斯出生于希腊阿提卡埃琉西斯的一个贵族家庭。希波战争期间，他曾参与马拉松战役和萨拉米斯战役。其作品多取材于希腊神话，长期的战争生活也为诗人提供了大量的文学素材。

埃斯库罗斯

相传，埃斯库罗斯创作70多部悲剧，其中只有7部传世：《阿伽门农》《奠酒人》《复仇女神》《乞援人》《波斯人》《七将攻忒拜》和《普罗米修斯》。埃斯库罗斯是世界上最早的悲剧作家，古希腊三大悲剧作家之一，有"悲剧之父"的美誉。

杀父娶母谁之过

杀父娶母的故事源于古希腊悲剧作家索福克勒斯的悲剧《俄狄浦斯王》。古希腊人认为世界的主宰是劫数，人类难逃命运的安排。杀父娶母正是这一观念的反映。

俄狄浦斯是忒拜国王的儿子。他出生后，国王受到神的警告：新生儿将会杀父娶母。国王让猎人杀死儿子，但猎人只将婴儿丢弃。多年后，国王在朝圣的路上与一位青年发生争执，并被他杀死。这位青年正是俄狄浦斯。俄狄浦斯破解了斯芬克斯之谜，被忒拜人民推举为王，并娶了王后。杀父娶母预言成真。

世界有文字记载以来的第一位科学家是谁

泰勒斯是古希腊时期的思想家、科学家、哲学家，他是希腊七贤之一，是世界上第一位真正的科学家。

泰勒斯对天文很有研究，他不仅了解日食的成因，还成功预言了月食。

泰勒斯

他对太阳的直径进行了测量和计算，其结果与现在所测得的太阳直径相差很小。他在数学方面也有很深的造诣，提出了不少几何学定理，还引入了命题证明的思想。据说，泰勒斯还利用影长测出了埃及大金字塔的高度。

泰勒斯几乎涉猎了当时人类的全部思想和活动领域，被尊为"科学的始祖"。

柏拉图是怎样一个人

柏拉图是古希腊伟大的哲学家和思想家，他和苏格拉底、亚里士多德并称为古希腊三大哲学家。

柏拉图出身雅典贵族，自幼受到良好的教育。青年时师从苏格拉底学习。他曾游历四方，到过埃及、小亚细亚和意

柏拉图

大利南部。公元前387年，柏拉图返回雅典，创办了柏拉图学院，此后执教40年，直至逝世。

柏拉图是西方客观唯心主义的创始人，在自然观、认识论、辩证法、伦理观、政治观及美学、教育等许多方面都提出了比较系统的理论。柏拉图一生著述颇丰。

古希腊哲学大师柏拉图哲学的核心是什么

"理念论"是柏拉图哲学的核心。

柏拉图认为，万物的本原是超感觉的"理念"。理念是事物的共相，是通过对事物的抽象而形成的事物本质。理念是事物存在的根据，正是由于有了理念，个别事物才得以成为这一事物。理念是事物模仿的模型，事物是理念的不完满的摹本。理念是事物追求的目的，理念是事物的本质，事物存在的目标就是实现它的本质。

柏拉图的唯心哲学体系由其门徒代代相传，在欧洲产生了深远的影响。

柏拉图学院建在哪里

公元前387年，柏拉图在雅典西北郊的阿卡德米建立了"柏拉图学院"。

柏拉图建立学院致力于对概念、理论、宇宙及认知等相关问题的研究。柏拉图特别重视数学，院中一块牌子上写着："不懂数学者不得入内"。柏拉图学院是欧洲历史上第一所综合学校，它集传授知识、学术研究、政治咨询、培养学者和政治人才于一体，开设课程有算数、几何、天文等。

柏拉图学院维持了长达9个世纪之久，直到公元前529年，罗马皇帝查士丁尼大帝将其关闭。

柏拉图学院（油画）

智者欧底姆斯是如何诡辩的

智者学派是古希腊哲学史上的一个哲学学派，以善辩著称。这些"智者"不仅同别人论辩，而且招收门徒，传授论辩之道。智者欧底姆斯就是一个善于使用诡辩术的人。

有一次，欧底姆斯向一个初次见面的青年人提了一个问题："你学习的是已经知道的东西，还是不知道的东西？"青年回答："只有不知道的东西才需要学习。"

"据我所知，字母是你知道的东西吧？"

"不错。"

"你认识所有的字母吗？"

"认识。"

"那么老师教你的时候，不正是教你认识字母吗？"

"是的。"

"你既然认识字母，那么老师教你的不就是你已经知道的东西了吗？"

"是呀。"

"学习字母只是那些不知道字母的人，而你早已认识字母了，这说明你并不在学习。"

"不，我也在学习。"

"如果你认识字母、那你就是学习你已经知

道的东西了。"

"是的。"

"你要我相信这个事实，那么就必须推翻你刚才所说的话！"

"我刚才说的话？……"

"你刚才说，只学习不知道的事，这样的断言显然被你后来的话推翻了。"

"……"青年人不知所措了。

雅典法庭为什么判处苏格拉底死刑

苏格拉底是古希腊著名的唯心论哲学家、思想家，被认为是西方哲学的奠基者。

公元前399年，苏格拉底被雅典法庭以藐视传统宗教、引进新神、败坏青年和反对民主等罪名判处死刑。尽管他曾获得逃亡雅典的机会，但苏格拉底仍选择饮下毒堇汁而死，终年70岁。苏格拉底拒绝逃跑，因为他必须遵守城邦的法律，服从城邦的公民和法官及陪审团所审判的结果，否则便违反了他与这个城邦的"契约"，也就违背了自己所提倡的原则。

苏格拉底之死

哲学家伊壁鸠鲁是怎样看待世界的起源的

伊壁鸠鲁是古希腊著名哲学家，是伊壁鸠鲁学派的创始人。

伊壁鸠鲁出生于萨摩斯，曾在雅典接受两年军事训练。他继承、修正和发展了德谟克利特的哲学，建立起一个思想上统一的完整体系。公元前306年，他来到雅典，在一所花园里办学，伊壁鸠鲁学派因此也被称为花园学派。

伊壁鸠鲁认为，世界上不存在混沌或者虚无的东西，世界是由原子组成的，而原子是不能被分裂成更小粒子的物质性微粒。他还认为，宇宙中除了我们这个世界，还存在着其他世界。

古希腊神话和古罗马神话的区别是什么

古希腊神话是欧洲最早的文学形式。它最初产生于民间，经过几百年的口头流传，在《荷马史诗》和赫西俄德的《神谱》及古希腊的诗歌、戏剧、历史、哲学等著作中记录下来。古希腊神话包括神的故事和英雄传说两部分。

罗马人没有传统的、像希腊神话中那样的传说。一直到罗马共和国末期，罗马诗人才开始模仿希腊神话编写自己的神话。与古希腊神话相比，古罗马神话简单、简朴得多。古罗马神话吸收了很多古希腊神话的成分，还增加了古埃及神话中的部分内容。

谁被尊为"数学之神"

阿基米德

阿基米德是古希腊著名的哲学家、数学家、物理学家。阿基米德是数学与力学的集大成者，享有"数学之神"和"力学之父"的美称。

阿基米德出生于西西里岛的叙拉古。在数学方面，他测定了圆周率和圆的面积。在物理学方面，他发现了"杠杆定律"，他还在洗澡的时候发现了阿基米德定律。阿基米德曾有一句名言："给我一个支点，我将撬动整个地球"。

公元前212年，罗马军队占领叙拉古，75岁的老科学家丧生于一名无知士兵的剑下。

阿基米德为什么能判断金皇冠掺了假

相传，叙拉古国王让工匠替他做了一顶纯金的王冠。但国王疑心工匠掺了假，便请来阿基米德检验。阿基米德苦思冥想。一天他在家洗澡时，看到水往外溢，突然意识到：可以通过测定固体在水中的排水量来确定金冠的比重。他来到王宫，把王冠和同等重量的纯金放在盛满水的两个盆里，发现放王冠的盆里溢出来的水比另一盆多。这就证明皇冠掺了假。

就这样，阿基米德发现了浮力定律，为了纪念他，人们把浮力定律命名为"阿基米德定律"。

毕达哥拉斯的数学成就有哪些

毕达哥拉斯是古希腊著名数学家、哲学家。

毕达哥拉斯出生在爱琴海中的萨摩斯岛，自幼聪明好学，曾在名师门下学习几何学、自然科学和哲学。毕达哥拉斯和毕达哥拉斯学派在数学上有很多创造，对整数的变化规

毕达哥拉斯

律尤其感兴趣。他们还发现了勾股定理。几何学方面，毕达哥拉斯学派证明了"三角形内角之和等于两个直角"的论断；研究了黄金分割；还证明了正多面体只有5种。毕达哥拉斯认为数学可以解释世界上的一切事物，对数字痴迷到几近崇拜。

谁最早发现了"黄金分割"

黄金分割，又称黄金比、黄金律，是数学上的一种比例关系。公元前4世纪，古希腊数学家欧多克索斯第一次系统研究了黄金分割的问题，并建立起比例理论。他最早提出，黄金分割的比值为0.618。公元前300年前后，欧几里得撰写《几何原本》时吸收了欧多克索斯的研究成果，进一步系统论述了黄金分割，是最早的有关黄金分割的论著。

黄金分割具有严格的比例性、艺术性、和谐性，蕴藏着丰富的美学价值，在音乐、美术、建筑等方面起着不可忽视的作用。

谁是"几何之父"

我们现在学习的几何学是由古希腊数学家欧几里得所创立的。欧几里得是古希腊最负盛名、最有影响的数学家之一，被称为"几何之父"。

欧几里得生于雅典，活跃于托勒密一世时期的亚历山大里亚，很有可能曾在柏拉图学院学习。他最著名的

欧几里得

著作是《几何原本》。《几何原本》的主要对象是几何学，也处理了数论、无理数理论等课题。

欧几里得汇集前人研究成果，将其整理在严密的逻辑系统之中，使几何学发展为一门独立的、演绎的科学。

第一个算出地球周长的人是谁

埃拉托色尼是古希腊博学的哲学家、诗人、天文学家和地理学家，也是第一个算出地球周长的人。

此前曾有不少人试图计算、测量地球的周长，但由于缺乏理论基础，计算结果不甚精确。埃拉托色尼结合天文学和测地学，提出在夏至日那天，分别在两地同时观察太阳的位置，并根据地物阴影的长度之差异，加以研究分析，从而总结出计算地球圆周的科学方法。他精确地测量出地球周长为39 360千米。这一测量结果出现在两千多年前，的确十分了不起。

为什么说托勒密是古代天文学的权威

托勒密是古希腊天文学家、地理学家和光学家，是"地心说"的集大成者。

约90年，托勒密生于埃及。他根据喜帕恰斯的研究成果写成《天文学大成》。书中主要论述宇宙的地心体系，认为地球居于中心，日、月、行星和恒星围绕着地球运行。托勒密提出的数学图景，较为完满地解释了当时观测

到的行星运动情况，并取得了航海上的实用价值，被人们广为信奉。中世纪，此书被尊为天文学标准著作。

直到16世纪哥白尼"日心说"的发表，"地心说"才被推翻。

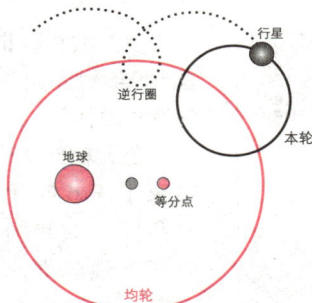

托勒密的行星运行模型

为什么奥林匹亚的宙斯雕像被誉为世界奇迹

奥林匹亚宙斯雕像位于希腊奥林匹亚宙斯神庙中，是古代世界七大奇迹之一。宙斯雕像建造于公元前约457年，是古希腊雕刻家菲迪亚斯的作品。

宙斯雕像高约14米，身体由乌木雕成，身体部分贴着象牙，衣服则覆以黄金。雕像的眼睛由宝石做成，头顶上的橄榄枝花环和毛发则是由黄金制成。宙斯右手和左手分别握着象牙、黄金制成的女神像和权杖。这座雕像塑造了一个典型的奴隶主形象，在古代世界获得巨大成功。

雕像毁于5世纪的一场大地震。

为什么哈利卡纳苏斯的摩索拉斯王陵墓被誉为世界奇迹

摩索拉斯王陵墓坐落于小亚细亚西南部哈利卡纳苏斯。埋于陵墓内的人是公元前4世纪中叶波斯帝国卡里亚省的总督摩索拉斯。

相传，摩索拉斯王的遗孀为了凭吊其夫在天之灵，于公元前350年前后建造了摩索拉斯王陵墓。陵墓是一座神庙风格的建筑，共分四层，基坛为六阶，高约40米。屋顶还有一座小型金字塔，上面立着摩索拉斯夫妇的大理石雕像。陵墓内许多雕刻作品都出自希腊名家之手，造型栩栩如生、惟妙惟肖。

摩索拉斯王陵墓被誉为陵墓建筑的典范。

为什么阿耳忒弥斯神庙被誉为世界奇迹

阿耳忒弥斯神庙想象图

阿耳忒弥斯神庙位于土耳其的爱奥尼亚海滨的以弗所。以弗所经济发达，文化繁荣，是希腊人崇拜阿耳忒弥斯的中心。阿耳忒弥斯庙始建于公元前约550年，据说，修建工作共花了120年的时间。神庙由希腊建筑师车西夫若恩设计，著名雕刻家菲迪亚斯、坡留克来妥斯和克列休拉斯等也都参与其中。阿耳忒弥斯神庙属于柱式建筑，整体上较为华丽。

阿耳忒弥斯神庙是古希腊最大的神庙之一，被誉为世界七大奇迹之一。公元前356年，神庙毁于一场大火。

怎样理解皮洛士的胜利

皮洛士是古希腊伊庇鲁斯国王。他自年少时便崇拜亚历山大大帝，勇敢而有野心。公元前282年，罗马与他林敦开战，他林敦请皮洛士出兵相助。

公元前280年，皮洛士与罗马军开战。起初双方均无法突破对方阵列。皮洛士下令战象冲锋，一举打败罗马军。罗马损兵7 000多人，但皮洛士也损失4 000多人。公元前279年，双方再度决战。皮洛士的大象再次发挥威力，大败罗马军。罗马损失6 000兵马，但皮洛士也损失了3 500人。

后人称这种得不偿失的胜利为"皮洛士的胜利"。

亚历山大帝国为什么能够匆匆崛起

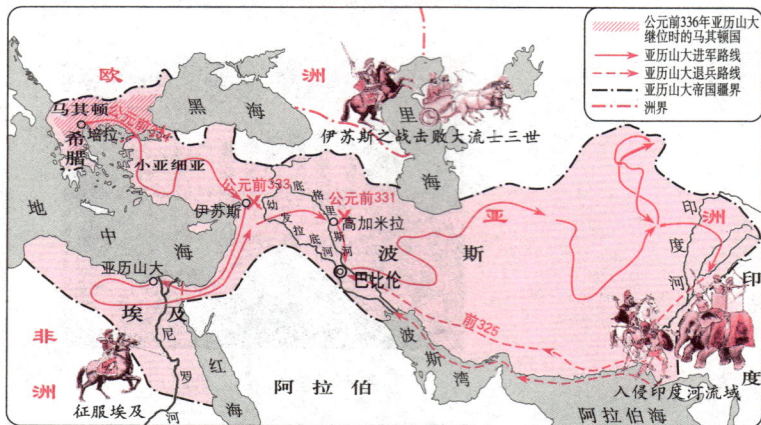

亚历山大帝国

亚历山大帝国的创立者是马其顿的亚历山大大帝。

其父腓力当政时期，进行了一系列政治、军事和经济方面的改革，马其顿迅速强大起来。20岁的亚历山大即位后，平叛希腊各邦，迅速整合力量，挥师东征波斯帝国。公元前333年，亚历山大在伊苏斯打败波斯皇帝大流士三世，两年后在高加米拉战役中再次大获全胜。期间，亚历山大攻入非洲，建立了著名的亚历山大城。

公元前323年，年仅33岁的亚历山大病逝，马其顿成为地跨欧亚非三洲的大帝国。

什么是罗马王政时代

罗马王政时代指的是传说中的罗慕路斯建城到公元前509年这段时期，这是罗马从原始社会的公社制度向国家过渡时期。此时的罗马是一个大的部落联盟，又称军事民主制时代。

王政时代前期，主要的管理机构是库里亚大会、元老院和勒克斯。库里亚大会是罗马的民众大会，由氏族成年男子参与。元老院由300个氏族长组成，是实际的权力机构。勒克斯是选举产生的罗马元首，是执行元老会议决定的最高军事统帅。公元前509年，罗马进入共和国时代。

罗马共和国是怎样建立的

罗马共和国指的是公元前509年到公元前27年之间的罗马政体。

公元前509年，罗马人结束了王政时代，建立了共和国。共和国由两名执政官处理政事。国家由元老院、执政官和部族会议三权分立。罗马共和国实际上是贵族专政的奴隶制国家。罗马平民为争取政治权利，进行了长达200年的斗争。

罗马通过布匿战争、马其顿战争、叙利亚战争等一系列战争，建成了一个横跨欧亚非三洲的大国。

罗马城市起源——"母狼乳儿"的故事到底有几分历史真实性

相传，亚尔巴龙伽城国王努米托的弟弟阿穆略篡夺王位，并下令将努米托女儿的双生子投入台伯河中，将其淹死。一只母狼发现了他们，用乳汁将其喂养长大。两个孩子一个名叫罗慕路斯，一个名叫雷穆斯。两人长大后领导了亚尔巴龙伽人民起义，使努米托重登王位。但两人后来因为新城的命名问题发生争执，罗慕路斯杀死了弟弟，用自己的名字为新城命名——罗马。

母狼哺育双婴铜像

"母狼乳儿"的故事有许多情节乃是后人的附会，但其中也有真实的部分。

《十二铜表法》为什么会成为罗马法系的渊源

《十二铜表法》颁布于罗马广场时的情景

罗马共和国最初实行习惯法，法律的解释权和司法权均掌握在贵族手中。公元前454年，罗马元老院同意人民大会制定法典的决议。公元前450年，古罗马第一部成文法典诞生。据说，法典被刻在12块铜板上，因此被称为"十二铜表法"。

《十二铜表法》包括债务法、继承法、婚姻法及诉讼程序等各个方面。《十二铜表法》反映了平民在政治、经济、法律地位上的要求，对贵族的权力作了一些限制，颁布之后成为罗马法系的主要渊源。

古罗马帝国为什么要设"狄克推多"

"狄克推多"意为"独裁官"，是古罗马共和国时期的非常任长官。只有当国家处于紧急状态时，才设立这一职位，任期一般不超过6个月。通常，元老院作出任命"狄克推多"的决议后，由执政官执行任命程序。

"狄克推多"任职期间，有决断重大事务的权力，在法律上不为任何行为负责。出巡时，身后有24位刀斧手随行。初期，罗马独裁官一般都非常简朴、勤劳。凯撒被刺后，元老院决定永不再设独裁官，以免除个人独裁带来的不幸。

谁被称为"历史之父"

从古罗马时代起，希罗多德就被誉为"历史之父"。公元前484年，希罗多德出生在小亚细亚的古城哈利卡纳苏。希罗多德出生名门望族，自幼便勤奋好学。大约从30岁起，希罗多德开始了长期游历，因而开阔了眼界，丰富了知识。

希罗多德

希罗多德的著作《历史》前半部分叙述西亚、北非及希腊地区的历史、地理和民族习俗、风土人情，后半部分专门叙述希波战争的经过。《历史》一书具有重要的文学价值、史料价值，是西方史学的奠基之作。

什么是布匿战争

公元前264至前146年间，古代罗马与迦太基之间为争夺地中海西部统治权爆发了3次大规模战争。罗马人称迦太基人为"布匿"，因此战争被称为"布匿战争"。

公元前264年，"墨西拿事件"导致了第一次布匿战争的爆发。公元前218年，汉尼拔无视罗马不可穿过埃布罗河的警告，导致了第二次布匿战争的爆发。前两次战争都以罗马的胜利结束，但罗马仍将迦太基当作眼中钉，并借口发动了第三次布匿战

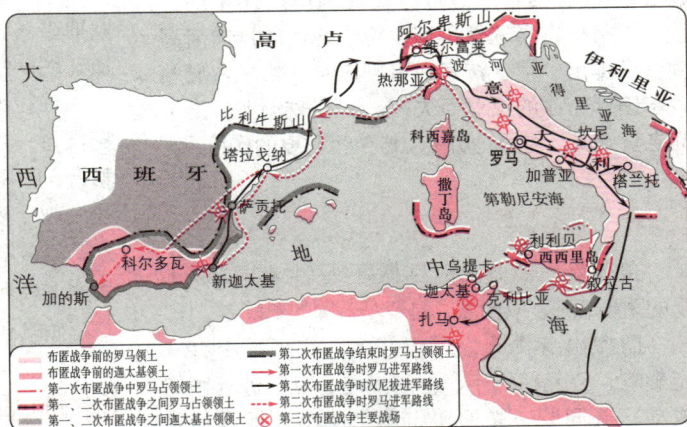

布匿战争

争。迦太基居民沦为奴隶，城市被付之一炬。布匿战争确立了罗马在地中海的霸主地位。

谁是迦太基历史上最有名的军事家

汉尼拔是迦太基历史上最有名的军事家。

汉尼拔

少年汉尼拔随父亲哈米尔卡·巴卡进军西班牙，并立下誓言，要终身与罗马为敌。第二次布匿战争期间，汉尼拔率领军队进入意大利北部，在特雷比亚战役、特拉西美诺湖战役和坎尼战役中巧妙运用计策击溃罗马人。后来，罗马人采取拖延迂回的战术，消耗迦太基人，使其处于孤立无援的境地。公元前204年，罗马人入侵迦太基本土，汉尼拔被迫回国救援，但在扎马战役中被击败。

公元前183年，在罗马的追捕下，汉尼拔服毒自尽。

为什么格拉古要进行改革

公元前4—公元前2世纪是古罗马大肆对外扩张的时期。连年战争，大量罗马平民应征入伍，土地无人耕种。小农纷纷破产，变为无地者。贵族和大地主则低价收购大量土地。罗马平民强烈要求重新获得土地。

公元前135年，提比略·格拉古就任保民官，提出土地改革法案：规定每户公民占有土地不得超过1 000犹格，超过部分交还国库。10年后，盖约·格拉古当选保民官，把土地运动推向新高潮，还提出了粮食法案和审判法案。格拉古兄弟改革因保守派的反对而失败，但在政治上打击了元老贵族派，在罗马历史上产生了重要的作用。

谁是"罗马之王"

盖乌斯·尤利乌斯·凯撒是罗马共和国末期杰出的军事统帅、政治家，是罗马帝国的奠基者。

凯撒出身贵族，乐善好施，在平民中有一定影响。公元前60年，他与庞培、克拉苏秘密结成前三头同盟，按照协定第二年出任罗马执政官。任期满后，凯撒被任命为高卢总督。他率领

三个兵团占领了高卢大部分领土，实力日益膨胀。公元前49年，他率军占领罗马，蒙大战役彻底击败庞培，成为"罗马之王"。公元前44年，遭暗杀身亡。凯撒文才武略，他的《高卢战记》和《内战记》流传至今。

凯撒塑像

谁获得了古罗马的"祖国之父"的称号

马库斯·图留斯·西塞罗是古罗马著名的政治家、演说家、雄辩家、法学家和哲学家。

西塞罗出身于古罗马奴隶主骑士家庭，以雄辩著称。从事过律师工作，后进入政界。公元前63年当选为执政官，他镇压喀提林阴谋，获"祖国之父"的称号。公元前51年出任西里西亚总督，在内战中反对凯撒，支持庞培。凯撒遇刺后，力主恢复共和国制度，结果被安东尼所杀。

西塞罗是罗马最杰出的演说家、教育家，著作包括《共和国》《法律篇》《论雄辩》等。

你知道最大的古代圆形剧场吗

弗拉维圆形剧场又名格罗塞穆剧场，是世界上最大的古代圆形剧场。弗拉维圆形剧场因建立于古罗马弗拉维王朝而得名，是古罗马物质文明的象征和最具代表性的作品。

弗拉维圆形剧场

弗拉维圆形剧场位于罗马广场东侧，整体呈椭圆形，舞台居中，四周筑有阶梯形的露天观众舞台。剧场门面分4层，长约188米，宽约156米，周长527米，外墙高48.5米，场内座位可以容纳5万观众，舞台用于表演角斗及人兽搏斗等。建筑工程使用水泥极为成功，剧场异常坚固，直到罗马帝国灭亡依然屹立。

你知道古罗马的角斗士吗

角斗士是古罗马社会一种身份特殊的奴隶。

奴隶主们将那些身强力壮的战俘送到特设的训练所里加以训练。角斗士训练的方式和现代运动员训练的方式十分相似，他们要进行非常严酷的锻炼并接受严格的饮食控制。

电影《角斗士》海报

经过训练后，角斗士要在角斗场上进行殊死搏斗，以流血牺牲供奴隶主寻欢作乐。角斗士要么战死，要么因表现突出而获得释放。角斗士的命运十分悲惨。为了争取生存和自由，角斗士们经常进行反抗奴隶主的斗争。

斯巴达克为什么要发动起义

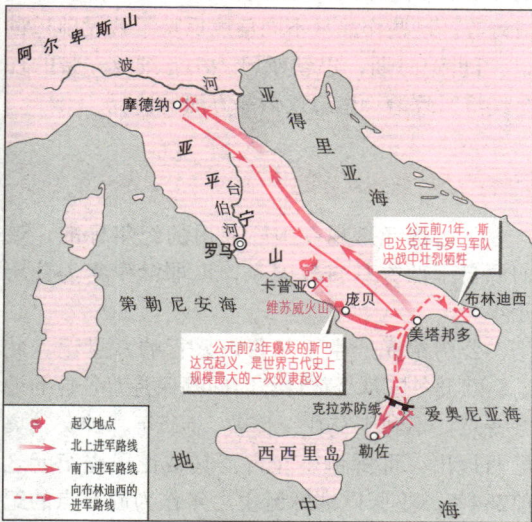

斯巴达克起义

斯巴达克起义是世界古代史上最大的一次奴隶起义。

斯巴达克本是色雷斯人，在一次战争中被罗马人俘虏、卖为角斗士奴隶，在角斗士学校中遭受了非人待遇。公元前73年，斯巴达克联合200名角斗士，决心以战斗夺回自由。但起义计划泄露，斯巴达克匆匆发动起义，只有78名角斗士冲出重围。斯巴达克率领起义者登上

维苏威火山，起义队伍迅速发展壮大，并多次战胜罗马军队。

公元前71年，斯巴达克军队在阿普里亚省南部的激战中被击败，轰轰烈烈的角斗士起义失败了。

凯撒究竟是为何"突如其来"的遭遇死神

公元前44年，元老院举行会议，凯撒只身来到会议厅。一个人跑到他面前，抓住他的紫袍，众人见势一拥而上，用短剑刺向凯撒。凯撒被刺23处，死在庞培雕像的脚下。

凯撒被刺是因为他的独裁统治。公元前49年，凯撒被宣布为终身独裁者，还拥有"大祭司长""大将军"等称号，集军、政、司法大权于一身，成为名副其实的独裁者。他的独裁统治遭到一些维护共和制度元老们的仇恨。凯撒之死乃是争权夺利的牺牲品。

凯撒遇刺

什么是后三头同盟

后三头同盟指的是公元前43年，屋大维、安东尼和雷必达组成的政治同盟。

凯撒死后，罗马政局动荡。这时，大将安东尼、凯撒养子屋大维和雷必达出现在罗马政坛上。三人势均力敌，公元前43年，三人结成政治同盟，协议分治天下：安东尼统治高卢；屋大维控制非洲、西西里与撒丁尼亚；雷必达得到西班牙；意大利和罗马则由三人共治。

后三头同盟存在了11年，最终以屋大维的胜利而结束，罗马共和国的历史走到尽头，屋大维成为罗马实际上的皇帝。

罗马帝国最辉煌的时期是由谁当政的

盖·屋大维·图里努斯是罗马帝国的开国君主。屋大维被认为是最伟大的罗马皇帝之一。

公元前29年，屋大维重新统一罗马。公元前27年，屋大维被授予奥古斯都的称号，古罗马进入帝国时代。他保持罗马共和的表面形式，但实际上作为一位独裁者，统治罗马长达44年之久。屋大维结束了一个世纪的内战，使罗马帝国进入了长时间的和平、繁荣时期。在其统治期间，帝国疆域东起幼发拉底河，西临大西洋，南至撒哈拉大沙漠，北以莱茵河和多瑙河为界。屋大维统治期间是罗马帝国最为辉煌的时期。

屋大维

儒略历是以谁命名的阳历

儒略历是以凯撒命名的阳历。罗马共和国独裁官凯撒采纳埃及亚历山大的希腊数学家、天文学家索西琴尼计算的历法，以取代混乱的旧罗马历法。

全年分为12个月，单数月为大月，双数月为小月，2月平年29日，闰年30日。每年365日，每四年一闰，闰年366日，每年平均长度365.25日。儒略历比回归年365.2422日长0.0078日，400年便多出3.12日。随着时间，累积误差越来越大，1582年教皇格里高利十三世对此加以改动，变为格里高利历，即沿用至今的公历。

基督教是怎样起源的

基督教发端于1世纪巴勒斯坦地区，最初是由耶稣和保罗创建。起初，基督教反对罗马统治，敌视富人，因而受到迫害。后来，基督教义转而宣扬安分守己，人们只要忍受苦难，死后便能升入天堂。罗马帝国为了利用基督教，逐渐承认其合法地位。313年，罗马皇帝君士坦丁大帝发布米兰敕令，宣布基督教为合法宗教。392年，狄奥多西大帝将其定为国教。

基督教与伊斯兰教、佛教并列为当今三大世界性宗教。基督教在发展过程中分化出许多宗派，主要有天主教、东正教、新教三大派别。

《圣经》是一部什么样的书

《圣经》是基督教的宗教经典，全书包括《旧约》和《新约》两部分。基督教徒宣扬，《圣经》是上帝向人们所作的启示，是"绝对的真理"。

根据研究，《圣经》成书过程共历经1 600年左右，作者超过40个。《圣经》中除宗教经典外，还包括犹太民族和其他民族的古代历法、编年史、英雄史诗、民间传说、故事谚语、爱情诗等。这些作品从不同角度反映了公元前12世纪～1世纪时期，巴勒斯坦、小亚细亚一带的社会经济、政治、思想意识等方面的情况。

公元纪年是如何来的

公历纪元是现今国际通用的纪年标准，最初源自于西方基督教国家，以耶稣生年为公元元年。

公历纪元产生于基督教盛行的六世纪。此前，欧洲各国基督徒计算时间都保持着各自的地方特点，不利于交往、传教。525年，神父狄奥尼西提出，耶稣诞生在古罗马戴克里先纪元之前284年，主张以耶稣诞生之年作为起算点的纪元。532年，教会把戴克里先纪年之前的284年作为公元元年。格里高利历采用了这种纪年法，逐渐成为国际通行的纪年标准。

你知道圣诞节的来历吗

圣诞节是基督徒庆祝耶稣基督降生的庆祝日。根据《新约》的说法，圣女玛利亚因被圣灵受孕，后来在伯利恒城的马厩里生下了耶稣。但是书中并没有记载耶稣诞生的具体时间，现在所

SHIJIE LISHI

庆祝的圣诞节来源于公元后300余年。当基督教成为罗马帝国的国教后，为了将当时大众所庆祝的太阳神之节（12月25日）与新的国教结合起来，所以把耶稣的降生日定为12月25日。

圣诞节期间，每家每户都会摆放一棵圣诞树，吃圣诞火鸡，唱圣诞颂歌，亲友们互赠圣诞礼物。

罗马帝国是怎样灭亡的

罗马帝国灭亡的原因众说纷纭，主要有铅中毒论、生活放荡奢侈论、日耳曼人入侵论和基督教作用论等。罗马帝国的灭亡是帝国内部人民运动和日耳曼人入侵共同作用造成的结果。

罗马帝国建立之后，不断地向外扩张加上连连内战，各种剥削和捐税赋役不断加重，人民日益穷困潦倒。帝国后期，奴隶制度衰落、劳动力不足，引发了严重的经济危机。410年，西哥特人攻陷罗马城；与此同时，帝国内部的奴隶、隶农和贫民起义不断。476年，称霸地中海的罗马帝国轰然倒塌。

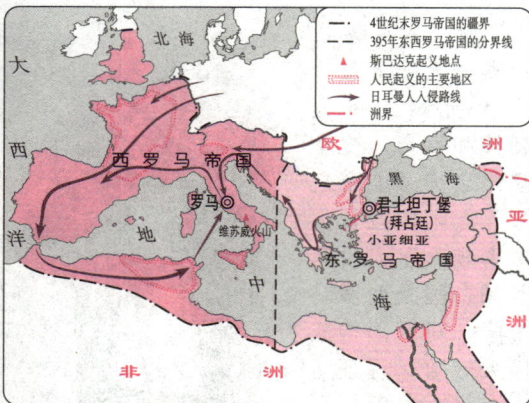

罗马帝国的分裂和西罗马帝国的灭亡

东罗马帝国存在于什么时期

东罗马帝国又称拜占庭帝国，其存在时间从395年一直持续到1453年，是古代和中世纪欧洲历史最悠久的君主制国家。

3世纪后期，罗马皇帝戴克里先引入了四头制的制度来管理庞大的罗马帝国。他将整个帝国分为两部分，在意大利和希腊各设立一个皇帝。324年，君士坦丁大帝迁都拜占庭，改名为君士坦丁堡。395年，东、西两个帝国正式分裂。1453年，土耳其军队攻陷君士坦丁堡。不久，土耳其苏丹在那里建都，改名为伊斯坦布尔，东罗马帝国灭亡。

庞贝古城是怎样发现的

庞贝古城位于亚平宁半岛西南角，始建于公元前6世纪，79年毁于维苏威火山大爆发。

1748年，一名农民在自己的葡萄园中挖出了古代钱币。据猜测，此处可能是庞贝古城遗址所在地。1876年，意大利政府开始组织科学家进行有序发掘。经过200多年的挖掘，庞贝古城终于得以重见天日。古城略呈长方形，四周城墙环绕，城内大街纵横交错，布局有如棋盘。由于被火山灰掩埋，庞贝古城街道房屋保存比较完整，为了解古罗马社会生活和文化艺术提供了重要资料。

庞贝古城遗址

"米兰敕令"为什么出名

君士坦丁十分重视基督教的作用，是历史上第一位信仰基督教的皇帝。

313年，君士坦丁与东部帝国的奥古斯都联名发表了著名的"米兰敕令"。在此之前，帝国政府对基督教会持怀疑态度，不承认其合法地位。"米兰敕令"又称"宽容敕令"，它承认所有人都有信奉宗教的自由，归还先前没收的基督教集会场所和地产，等于承认了基督教的合法地位。君士坦丁此举极大促进了基督教的发展。380年，基督教才正式被罗马皇帝狄奥多西定为国教。

你听说过戴克里先改革吗

284年，宫廷近卫军首领戴克里先取得了罗马帝国政权。为了加强中央统治，挽救帝国危机，他进行了一系列改革。他改元首称号为君主，正式采用君主制的政治形式；将帝国划分为四个部分，由四个统治者共同治理，即"四帝共治制"。在行政区实行军政分治，从而减少了将领发动兵变的可能。为了遏制通胀情况，颁布了"物价敕令"，限制最高价格。但颁布的新税法加重了人民的负担。

戴克里先改革暂时缓解了帝国的混乱状况。他退位后，各种措施也就名存实亡。

西罗马帝国是怎样灭亡的

395年，罗马帝国皇帝狄奥多西一世立下遗言，将帝国分给自己的两个儿子，分别治理，帝国分裂为东、西罗马帝国。

自建立之时，西罗马帝国便受到奴隶起义和蛮族入侵的冲击。哥特人、汪达尔人先后进攻罗马，数次兵临城下。在蛮族不断的入侵下，帝国已经名存实亡。5世纪起，统治集团内部相互残杀，蛮族军事首领掌握了实权，西罗马皇帝沦为雇佣军将领手中的傀儡。476年，奥多亚克废黜西罗马帝国皇帝罗慕路斯·奥古斯都，西罗马帝国灭亡。

古罗马人都信奉哪些神

古罗马人信奉"万物有灵"，他们相信，每样东西都由神支配，宗教的目的是获得神协助和垂怜。古罗马的原始宗教是多神教。

罗马人以农牧为主，神灵多与农作物有关。如朱庇特主宰太阳和雨水，马尔斯在春天使万物

复苏，狄安娜原为树木之灵等。罗马人特别崇拜两位神灵，一是家神拉里斯，二是谷神彭那斯特。每家每户都会设立祭坛和祭典来祭祀他们。公元前6世纪末，罗马的神被人格化，并仿照人的形象制作出来，还住到了神殿里，作为偶像供人崇拜。

为什么肖像雕刻的典范是古罗马雕塑

古罗马雕刻中最具特色的是肖像雕刻，堪称典范。早在希腊化艺术时期，欧洲大陆便出现了歌颂哲人、诗人的肖像。古罗马时代，王宫贵族出于统治目的的需要，请雕塑家直接为其造像。

罗马雕刻不仅有高度的写实技巧，形象酷似，而且在刻画人物性格特征和精神面貌方面达到了很高水平。古罗马雕塑有统帅、英雄人物、全家群像、夫妇合像、单人墓碑像等，这些肖像充分地表现了人物的内在感情和心理状态。罗马皇帝卡拉的雕像就是当时的代表作品。

横行欧洲的匈奴王阿提拉是怎样一个人

阿提拉是古代欧亚大陆上最广为人所知的匈人领袖和皇帝，史学家称之为"上帝之鞭"。阿提拉曾多次率领大军入侵东罗马帝国及西罗马帝国，对两国构成极大威胁，远征至高卢（今法国）。他还转向意大利，赶走了皇帝瓦伦丁尼安三世。

阿提拉

阿提拉的帝国东起咸海，西至大西洋海岸，南起多瑙河，北至波罗的海。阿提拉死后，帝国迅速瓦解消失。在西欧人眼中，他是残暴、掠夺的象征，是最可怕的敌人；而在北欧的萨迦人看

来，他却是最伟大的皇帝。

古代世界的"七大奇迹"是指什么

公元前3世纪，腓尼基旅行家安提巴特访问地中海沿岸地区时，写下了他所看到的七大建筑，即古代世界的"七大奇迹"：埃及胡夫金字塔、奥林匹亚宙斯雕像、阿耳忒弥斯神庙、摩索拉斯王陵墓、亚历山大灯塔、巴比伦空中花园和罗得岛太阳神巨像。

这些建筑物和塑像，其宏伟的规模、独特的建造方式和艺术美感，代表了古代西方文明的成就，令世人惊奇不已。可惜的是，除了埃及金字塔外，其余六个都因地震、火灾或年久沉陷，如今都已不复存在。

你知道四大文明古国吗

四大文明古国指的是古代文明的中心地：古代中国、古代印度、古代埃及和古巴比伦。这些国家的古代劳动人民创造了灿烂的古代文明，为人类文明作出了巨大贡献。

公元前3000年，古代埃及建立了世界上第一个统一的奴隶制国家，还创造了象形文字，修建了闻名世界的金字塔。两河流域的古巴比伦颁布了历史上最早的一部成文法典《汉谟拉比法典》，在天文、历法和数学等方面也作出了杰出贡献。南亚次大陆的印度发明了至今通用的"阿拉伯数字"。但是，除中国之外，其他三个文明古国已在地球上消失了。

国　家	比较重要的科学技术	主要代表性成就
古代埃及	几何、医学、化学工程等	金字塔、木乃伊、纸草太阳历、拆分法
古巴比伦	天文学、建筑学、数学等	巴比伦城、楔形文字、太阳历、《谟汉拉比法典》
古代印度	哲学、医学等	摩亨约·达罗城、阴阳合历、阿拉伯数字、医学成就与哲学成就等
古代中国	手工业、医学等	青铜、古陶、丝绸、阴阳合历、《甘石星经》、针灸术
共同点	都是发源于大河流域农业文明，都取得了一定的科技成就。而且都受到宗教的影响，最后逐渐衰落。	

世界历史 *1000* 问

世界中古史卷

为什么日耳曼人要大迁徙

日耳曼人居住在多瑙河、莱茵河、维斯瓦河和北海之间的广大地区，由若干部落组成，其中较大的有法兰克人、汪达尔人、伦巴德人、哥特人。

375年，匈奴人击败了日耳曼民族的一支东哥特人。此后，日耳曼人潮水般向罗马帝国境内涌来，形成了一场日耳曼民族大迁徙运动。当时日耳曼人原始公社制解体，部落显贵、军事首领及亲兵渴望向外掠夺新的土地和财富。而罗马帝国正面临衰落和奴隶制危机，无力抵御外族入侵，"蛮族"的迁徙因而得以深入帝国腹地。

法兰克王国是怎样兴起的

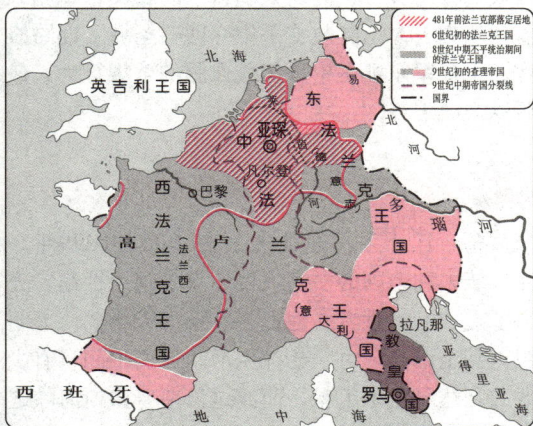

法兰克王国的形成与发展

5世纪末—10世纪末，日耳曼法兰克人在西欧建立了法兰克王国。

486年，克洛维击溃西罗马在高卢的残余势力，占领高卢地区，建立了墨洛温王朝。克洛维死后，法兰克陷入割据混战的状态，王朝大权落入宫相手中。678年，赫里斯塔尔·丕平成为全国唯一宫相。其子查理·马特任职时期进行采邑制改革。751年，宫相矮子丕平篡夺王位，自立为王，法兰克王国进入加洛林王朝时期。丕平之子查理在位时期，不断向外扩张，形成了一个版图庞大、民族众多的帝国——查理曼帝国。法兰克王国由此达到鼎盛时期。

谁被称为"欧洲之父"

查理（又译查理曼）是加洛林王朝的杰出统治者，其文治武功在欧洲社会产生了深远影响，被后世称为"欧洲之父"。

为了扩大王国的版图、掠夺财富和劳力，查理发动了大规模的扩张战争。他成功建立了囊括西欧大部分地区的庞大帝国。他开创的帝国被他的三个孙子瓜分，这就是后来法兰西、德意志和意大利三国的雏形。查理在行政、司法、军事制度及经济生产等方面都有杰出的建树，并大力发展文化教育事业，在他统治期间出现了一个短暂的文化复兴时期——加洛林文艺复兴。

查理大帝

为什么"加洛林文化"能兴起

"加洛林"取自"查理"的拉丁文音译。通常，历史学家将查理大帝统治时期的文化称为"加洛林文化"。

8世纪，法兰克国王查理统一了西欧大部分地区，建立了加洛林王朝。当时，欧洲普遍处于文盲或半文盲状态，除了教士以外，几乎没有人会读书，目不识丁的王公大臣也大有人在。查理崇尚罗马艺术，为了改变这种状况，他广纳欧洲优秀学者来到帝国，恢复和兴办学校与图书馆，查理大帝自己也亲自参加学习。查理统治时期，法兰克的文化教育有了长足的进步。

西欧的封建庄园为什么被称为领主的天堂

封建庄园是封建主经营的大地产，在各国的封建社会中普遍存在过。它是随着西欧封建制确立而形成的经济实体，既是农业生产的基本单位，也是社会的基层组织。

庄园内有耕地、公地、教堂、领主邸第与农奴住宅等。领主与农奴之间有各自的权利与义务，农奴提供劳役、耕作、缴税；而领主则必须分给土地、提供保护、执行司法。农奴终年劳动，生活十分困苦；而领主则饱食终日、挥霍无度。随着封建剥削的加重，庄园日益成为农奴的地狱、领主的天堂。

中世纪农民在城堡外耕作

西欧封建城市出现于什么时候

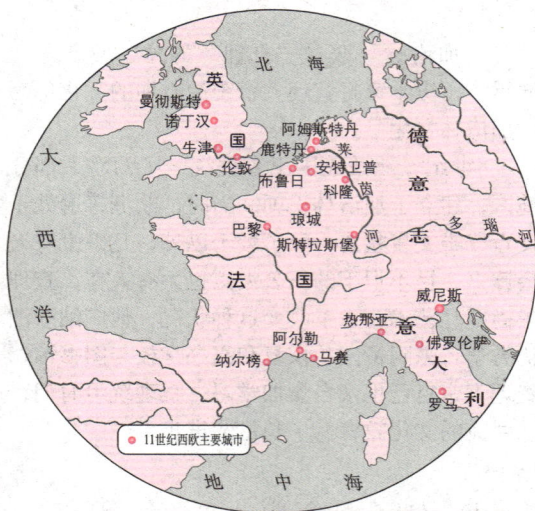

西欧城市的重新兴起

3—5世纪，由于奴隶制危机和日耳曼人的入侵，罗马帝国社会遭到了极大破坏，许多人口稠密的城市变得一片荒凉。

关于西欧封建城市的起源问题，"罗马派"学者认为，中古之初仍然有一定数量古罗马时期遗留的城市；"日耳曼派"学者则坚持，西欧城

市都是后来重新兴起的。9世纪甚至更早以前，意大利北部和法国南部就已经有了城市。10世纪以后，随着农业经济的复苏、手工业和贸易的发展，以及阶级冲突和阶级斗争的推动作用，西欧封建城市开始勃然兴起。

十字军为什么要东征

十字军东征是罗马教廷、西欧封建主和意大利城市借口反对异教徒，打着"圣战"的旗号，对东部地中海各国发动的一场持续两个世纪之久的侵略战争。

1095年，教皇乌尔班二世在克勒芒宗教大会上发表了极具煽动性的演说，他历数基督教徒在东方的痛苦和突厥人的暴行，鼓动贪婪的领主、好战的骑士、冒险的商人和盲从的农民，拿起武器到东方去，从异教徒手中夺回"圣城"耶路撒冷。十字军东征是中世纪最血腥的杀戮行为，最后以失败告终。

第一次十字军东征侵略了哪些地区

第一次十字军东征发生在1096—1099年。来自法国和德国的贫困农民，首先踏上征途，充当了无谓的牺牲者。他们无装备、无给养、无组织，甚至沿途乞讨、劫掠生活。他们中间只有少数人到达君士坦丁堡，而渡过博斯普鲁斯海峡之后，很快被突厥人歼灭。

1096年秋，来自法国、德国和意大利的骑士兵分四路，向君士坦丁堡进发。十字军进军叙利亚，连克埃德萨、的黎波里、安条克等地和耶路撒冷王国。经过两年苦战，十字军夺取了地中海东岸1 200千米长的一条狭长地带。

中世纪的骑士

东方国家是怎样抗击十字军东征的

十字军东征以掠夺为目的，东方各国人民对十字军的暴行进行了殊死的抵抗。

1127年，阿拉伯人在伊马顿丁的领导下，在摩苏尔抵抗十字军，并于1144年攻占了埃德萨伯国。1187年，著名的埃及素丹萨拉丁在巴勒斯坦附近彻底击败十字军主力，俘虏耶路撒冷国王、圣殿骑士团和医院骑士团的首领，收复耶路撒冷。此后又打败第三次十字军东征，迫使英王查理与其缔结和约。1291年，艾什赖弗素丹政府攻占了十字军最后的据点，十字军东征彻底以失败告终。

十字军东征到底是一场什么样的战争

罗马教廷将十字军东征称为"宗教战争"。十字军虽然以捍卫宗教、解放"圣地"为口号，但实际上是以政治、社会与经济等目的为主。第一次十字军东征虽具有明显的掠夺性，但还是围绕夺回"圣地"、进攻穆斯林为目标进行的。但到第四次十字军东征时，十字军完全按照物质利益决定进攻方向，战争演变成纯粹的掠夺性战争。

正如美国学者朱迪斯所言："十字军东征聚合了当时的三大时代热潮：宗教、战争和贪欲。"

十字军东征的重大影响是什么

十字军东征对东西方产生了十分重大的影响。它使近东各国的经济和生命财产遭受了极大的损失，文化艺术受到严重摧残，近东各国的历史进程被延缓了。

十字军东征结束了拜占庭人和阿拉伯人的贸易垄断，客观上促进了地中海区域的交往。东征的失败动摇了教皇的权威，封建农奴制趋于瓦解。西欧人还从拜占庭人和阿拉伯人那里获得了许多科学知识和文化素养。但这一切都是艰苦的劳动所创造的，血腥的十字军东征只是在客观上起了推动作用。

英格兰封建专制制度的形成过程是怎样的

公元前1世纪，高卢总督凯撒率领罗马军团两次攻入不列颠岛。43年，克劳狄皇帝将不列颠变成罗马帝国的一个行省。449年，盎格鲁一撒克逊人开始征服不列颠，英国进入"七国时代"。827年，最强大的威塞克斯国王爱格伯特初步统一了英格兰。

此时，丹麦人开始大举入侵英格兰，最终与国王阿尔弗雷德达成协议，将英国一分为二。1066年，诺曼底公爵威廉在黑斯廷战役中击败对手，开始了诺曼王朝的统治。诺曼征服确立了英国的封建制度。

哪次战役把英国纳入了欧洲的文明进程

1066年，英王爱德华去世。哈罗德被推举为英国王位继承人，而诺曼底公爵威廉以爱德华曾许诺由他继承英国王位为由发难。1066年，威廉率军队在英格兰南岸顺利登陆。威廉军队凭借良好的组织、精良的武器和熟练的战斗技能，取得了黑斯廷战役的胜利。

诺曼征服不仅把西欧大陆的封建制度移植到英国，而且在经济、社会、文化、军事等方面改变了英国的面貌，同时还把基督教式的生活方式注入了英国。黑斯廷战役将英国纳入了欧洲的文明进程。

英国国王为什么都喜欢在自己的名字前面加上一些称号

英国国王都欢喜在自己的名字前面加上一些称号，用来表示自己的权威至高无上。英国国王的称号几经变化。如诺曼底公爵征服者威廉的称号为"蒙上帝恩赐的英格兰国王、诺曼底公爵威廉一世"，而亨利二世属地跨英、法两地，还拥有安奎丹公爵和安茹伯爵的爵位，因此将称号改"蒙上帝恩赐的英格兰国王、爱尔兰领主、诺曼底和阿奎丹公爵、安茹伯爵"，诸如此类。

在一定程度上，我们可从英王称号的变化中看出英国的盛衰。

英王亨利三世为什么拒行"牛津条例"

英王亨利三世亲政后，宠信法国侍从，引起贵族的不满。1258年，英国大贵族在牛津开会，发动兵谏，迫使亨利三世接受了"牛津条例"。条例规定：由15名大贵族组成委员会，参与国家管理；每年举行三次大会议，没有大会同意，国王不得增加新税。

1261年，亨利三世取消"牛津条例"，贵族们随即公开发生叛乱。经刘易斯一战，贵族领袖孟福尔俘虏了亨利，并以国王的名义治理英国。1265年，孟福尔召开了英国历史上第一次国会，这是英国等级君主制的开端。

中世纪英国规模最大的农民起义是谁领导的

1381年爆发的瓦特·泰勒农民起义是英格兰历史上规模最大的民众暴动。

为筹集军费，英格兰国王理查二世开始第三次征收人头税，且税率是初征时的3倍。1381年，为了反对增加税收，埃塞克斯和肯特两部的农民杀死收税官，发动了起义。瓦特·泰勒率领农民军进入伦敦。

6月，起义军与国王方面进行谈判，瓦特·泰勒被当场杀死。国王佯装答应农民军的一些诉求，农民军纷纷解散回家。可是当他们放下武器后，理查二世立即派兵镇压起义，起义最终以失败告终。

瓦特·泰勒

什么是"红白玫瑰战争"

英法百年战争之后，英国皇族后裔兰开斯特家族和约克家族的支持者为了英格兰王位，进行了一场长达30年的内战。兰开斯特家族的支持者主要在国家的北部和西部，以红玫瑰为族徽；约克家族的支持者主要在南部和东部，以白玫瑰为族徽。

玫瑰战争之后，两大家族两败俱伤，反抗英国王权最有力的贵族们几乎在战争中全部消亡。旷日持久的红白玫瑰战争加速了英国封建制度的

解体，英国从此奠定了君主专制的基础，巩固了王权，成为一个中央集权的国家。

腓力四世是如何加强法国王权的

腓力四世在位期间，法国王权进一步加强。他继续扩大王室领地，力图夺取富庶的佛兰德尔。为了筹集军费、维持政府的庞大开支，他不断增税，甚至向教会开征20%的财产税。1309年，他将教廷从罗马迁到法国南部的小城阿维农，史称"阿维农之囚"。

为了与教廷对抗，1302年，腓力四世在巴黎圣母院召开三级会议，贵族、教士和市民的代表一起谴责教皇是异端。这是三级会议的开端，标志着法国进入议会君主制阶段。

腓力四世

英法为什么会爆发一场持续百年的战争

1337—1453年，英国和法国之间进行了大规模的、长时间的"百年战争"。英法两国长期存在领土纠纷，英国国王占据着法国境内的大部分领土，成为阻碍法国政治统一的最大阻碍。富庶的佛兰德尔也是两国争夺的焦点。英法两国王室之间互相婚嫁，形成了复杂的王位继承问题。由于错综复杂的矛盾难以调和，1337年，双方不宣而战。

1428年，英军入侵法国，包围了通往南方门户的奥尔良。法国人民在女英雄贞德的鼓舞下，奋起反抗，终于在1453年赢得了最后的胜利。

为什么贞德又称"奥尔良姑娘"

贞德是英法百年战争时期法国抗击英军的女英雄。

1428年，英军围攻通往法国南部的要塞奥尔良。正当法国处于空前的民族危机之际，传

奇的农家少女贞德出现了。贞德具有崇高的爱国热情，一心要在国王的领导下，维护法兰西的民族独立和自由。于是，她晋见王子查理，被委任为拯救奥尔良的援军首领。法军士气大振，终于击退了英军。1430年，贞德在战争中被俘，最终被英国人以巫术和异端的罪名处以死刑。后来，人们缅怀她，亲切地称她为"奥尔良姑娘"。

画作中的法国圣女贞德

对亨利四世，酝酿选举一位新国王。

为恢复教籍，1077年，亨利不得不亲往意大利的卡诺莎，向教皇请罪。亨利身穿罪服，在风雪中等待三天三夜，第四天才受到教皇的接见，获得赦免。但亨利回国后积蓄力量，1084年再度宣布废黜教皇格里高利七世，任命了新教皇。

亨利四世

为什么德国在中世纪叫"神圣罗马帝国"

843年，查理的三个孙子缔结了三分帝国的《凡尔登条约》。莱茵河以东地区称东法兰克王国，也即后来的德国。

奥托一世的皇冠

919年，亨利一世当选为德国国王，开始了萨克森王朝的统治，巩固的德意志国家开始形成。国王奥托一世时期，德国形成帝国。奥托一世以古代罗马帝国及其皇统的合法继承人自居，醉心于重建罗马帝国和称霸世界的政策。962年，奥托出兵帮助教皇镇压了反抗教皇的运动之后，教皇宣布加冕他为"奥古斯都"，并宣布新帝国为"神圣罗马帝国"。

卡诺莎事件是怎么回事

德国皇帝和罗马教皇长期争夺教会封地和神职授予权，11世纪，斗争激化。1076年，德皇亨利四世在沃姆斯召开帝国会议，宣布废除教皇。不久教皇下令开除亨利的教籍。德国诸侯纷纷反

威尼斯人为什么发动对拜占庭的战争

12世纪，威尼斯人为确保其在拜占庭帝国的商业特权，同帝国发生了激烈冲突，以至于爆发战争。

威尼斯共和国成立于7世纪后期。拜占庭帝国皇帝先是对威尼斯商船减免部分关税，后又免除其入港税和关税。十字军东征后，威尼斯还取得在近东几个国家内的贸易特权，成为地中海东部首屈一指的航海大国。1122年，拜占庭企图取消已赐予威尼斯人的特权，引发了战争。通过战争，威尼斯人迫使拜占庭赔款，并重新确认威尼斯人已有的特权。

什么是德意志骑士团

1190年，德意志十字军在巴勒斯坦建立了一个属于医院的慈善团体，即德意志骑士团。

骑士团作为一种重要的军事力量，不仅镇压近东各国人民的反抗和保卫十字军国家，而且从事商业活动、聚敛财富，因而与当地统治者之间的矛盾日益加深。德意志骑士团势力的日益扩大，引起波兰和立陶宛的敌视。1410年，立陶宛、罗斯和波兰联军大败条顿骑士团，此后该团的军事力量、政治权威和经济地位急转直下。1929年，德意志骑士团成为纯宗教修士会。

SHIJIE LISHI

西班牙是怎么成为欧洲最强大的国家的

1512年，西班牙完成统一。国王查理五世时期，那不勒斯爆发了反对西班牙的起义，遭到西班牙军队镇压。此后，西班牙在意大利的势力猛烈扩张，引起了法国国王弗朗西斯一世的不安。他决定与西班牙人在战场上定胜负。经过长达数十年的战争，1557年，西班牙军队大败法军，法国承认了西班牙的胜利。

在与法国的长期对抗中，西班牙没有丧失任何领土，反而建立了几乎囊括整个意大利的专制政权，国王菲利普二世成为当时欧洲势力最大的统治者。

17世纪的荷兰为什么被称为"海上马车夫"

1581年，荷兰共和国摆脱西班牙而独立。这是世界上第一个资产阶级共和国。资产阶级革命胜利后，国家维护商业资产阶级利益，荷兰资本主义工商业获得了迅速发展。17世纪，荷兰在商业、海洋运输业、金融业等各方面都占绝对优势。

荷兰的造船业最为发达，居当时世界首位，商船吨位占欧洲的四分之三。荷兰商船遍布世界各地，东方的香料贸易、波罗的海贸易都掌握在荷兰人手中。荷兰被称为"海上马车夫"当之无愧。

你知道17世纪的"海上马车夫"的兴衰过程吗

荷兰原是西班牙属地尼德兰的一个省。获得独立后的荷兰很快发展成为西欧强国。17世纪，荷兰在世界各地建立了殖民地和贸易据点。在北美，它拥有哈得孙河流域；在非洲，它占领了好望角；在亚洲，它染指爪哇加达和印度。荷兰因拥有发达的造船业和航海技术而称霸于世，被誉为"海上马车夫"。

但是好景不长。17世纪中叶，英荷在各大海洋展开了海上争霸战，法国也参与进来。法荷战争席卷了荷兰本土，最终以荷兰的惨败而告终。荷兰从此一蹶不振。

你了解欧洲哥特式建筑的演变吗

哥特式建筑是11世纪下半叶起源于法国，13—15世纪流行于欧洲的一种建筑风格。哥特式建筑的产生与发展经历了两个阶段，第一阶段持续至13世纪中叶，以法国和英国的建筑最为典型；第二阶段直到16世纪末，主要表现为大陆的辐射式风格和英国的装饰性风格。哥特式建筑的一般特点是尖塔高耸、尖形拱门、飞拱、大窗户及绘有圣经故事的花窗玻璃。

豪达15世纪哥特式市政厅

哥特式建筑是欧洲中世纪艺术的精华，是欧洲封建社会走向繁荣时期的建筑形态。

欧洲中世纪最著名的教堂是什么

巴黎圣母院位于巴黎市中心、西堤岛，是欧洲中世纪最著名的建筑，也是天主教巴黎总教区的主教座堂。巴黎圣母院始建于1163年，整座教堂在1345年全部建成，历时182年。

巴黎圣母院是十字形平面构架，宽48米，纵深130米，可容近万人，四排纵向柱子将空间分为宽阔的中厅和狭长的两侧通廊。两侧和东端外墙建有飞扶壁，整个结构体系近似框架

巴黎圣母院

式，合理而轻盈。巴黎圣母院是欧洲建筑史上划时代的建筑，是古老巴黎的象征，被誉为"中世纪建筑中最完美的花"。

2019年4月，巴黎圣母院尖顶毁于火灾。

为什么中世纪的雕像大都依附在建筑上

中世纪是一个宗教掌握一切的时代，雕像艺术也只得紧紧地围绕宗教而艰难地发展。最初的基督教徒反对偶像崇拜，大批希腊罗马雕像遭到破坏，他们认为神圣的教堂中不能摆上雕像。6世纪末，教皇格里高利倡导利用绘画和雕塑来为宗教服务。中世纪强调雕塑与建筑的一体性，雕像的造型也受到建筑形式的严格局限。

中世纪的雕像在宗教和建筑的双重束缚下，显得缺乏生动性和多样性，但是善于表现崇高的精神境界和微妙的心理活动。

什么是骑士文学

骑士文学是欧洲中世纪反映骑士阶层生活和理想的文学，主要包括骑士抒情诗和骑士传奇两种。

骑士抒情诗主要描写骑士的业绩、冒险经历及其对贵妇人的爱慕和忠诚。骑士传奇按照题材可分为三个系统：一是取材于希腊、罗马故事的古代传统，如《特洛伊传奇》；二是以英国亚瑟王和圆桌骑士的故事为中心的不列颠系统，如《圣杯》；三是取材于东方拜占庭题材的拜占庭系统。骑士文学对欧洲浪漫主义诗歌和小说影响较大。

你知道拜占庭帝国的兴衰吗

395年，罗马帝国最终分为东西两部分。东部以君士坦丁堡为首都，自称是罗马帝国的继承者，故称东罗马帝国，即拜占庭帝国。

帝国初期，拜占庭的城市和工商业十分繁荣，君士坦丁堡更是沟通东西方贸易的"金桥"。繁荣的贸易和相对稳定的财政收入，使

得拜占庭帝国能在西罗马帝国灭亡之后存在数千年之久。查士丁尼当政时期，拜占庭疯狂向西扩张，最终国库耗尽。从7世纪起，拜占庭进入封建社会，最终于1453年被奥斯曼土耳其帝国灭亡。

为什么说"拜占庭艺术"是中世纪艺术的第一个高峰

拜占庭帝国查士丁尼一世及其大臣的镶嵌画，该画具有典型的拜占庭艺术风格

拜占庭帝国以基督教文化为主体，又保留了较多的古希腊、罗马文化，并且吸收了东方阿拉伯地区的文化，从而形成了独特的艺术风格，称为"拜占庭艺术"。

查士丁尼时期是拜占庭艺术的第一个黄金时期。这一时期修建的圣索菲亚大教堂和圣维托大教堂被认为是拜占庭艺术的典范。拜占庭艺术的第二个黄金时代从9世纪持续到12世纪，这一时期最具代表性的建筑是圣马可教堂。拜占庭艺术是东西方文化的第一次接触，在所谓的"黑暗时代"绽放着夺目的光芒。

尼卡起义是怎么回事

532年，为反对政府的贪官污吏和横征暴敛，拜占庭首都君士坦丁堡爆发了一场声势浩大的平民起义。因起义参加者高呼"尼卡"（胜利）而得名"尼卡起义"。

起义者焚烧官署，捣毁贵族邸宅，攻打监狱，袭击皇宫，要求罢免特里波尼安等人民痛恨的权贵。起义声势浩大，查士丁尼一世一度准备弃城逃走，最后因皇后的劝阻才留了下来。查士

丁尼施展阴谋，在起义者中制造分裂，并派大将贝利萨留留守镇压。起义以失败告终。

什么是保罗派运动

保罗派是650年成立于拜占庭帝国亚美尼亚地区的基督徒异端派别。保罗派具有反封建反教会纲领的性质，主张恶善二元论，要求废除教阶制和修道士制，简化宗教仪式，废除偶像崇拜，恢复早期基督教的平等。

8、9世纪，保罗派广泛传播于城乡各地。9世纪中叶，部分保罗派教徒进入小亚细亚东部，修筑城堡、建立公社和武装，并曾多次重创拜占庭军队。872年，拜占庭皇帝巴西尔一世彻底打败了保罗派，幸存者逃散世界各地。

伊凡四世为什么要采用"沙皇"的称号

"沙皇"是俄罗斯帝国最高统治者的正式称呼。"沙皇"源于古罗马皇帝的称号"凯撒"，意即"皇帝"。

15世纪，俄国流传一种说法，认为莫斯科大公是拜占庭教会的唯一保护者，是拜占庭皇位的继承者。君士坦丁堡落入土耳其人之手，拜占庭帝国及其皇帝的权力就转移到了莫斯科大公的手中。伊凡四世时期，俄罗斯中央集权国家形成，大公的称号已经不再适应。1547年，伊凡四世在克里姆林宫正式加冕，自称沙皇。

为什么会爆发"胡斯战争"

1415年，捷克宗教改革家和伟大的爱国者约翰·胡斯被宗教会议以异端的罪名处以死刑。胡斯殉道的消息激起了捷克人民的极大愤怒。1419年，一场大规模的人民起义——胡斯战争爆发了。

胡斯战争爆发的根本原因是捷克封建社会阶级矛盾和民族矛盾的空前激化，矛盾的焦点集中于德国高级教士所控制的天主教会。教会的横征暴敛、奢侈腐化引起了捷克各阶层人士的普遍不满。在外部镇压和内部分裂的双重打击下，1434年，胡斯战争最终失败。

阿拉伯帝国是在什么时候形成的

7世纪，穆罕默德创立了伊斯兰教，建立了一个政教合一的国家，为帝国的建立奠定了基础。

从第二任哈里发开始，阿拉伯国家走上了大规模对外扩张的道路。阿拉伯人首先向叙利亚、巴勒斯坦发动进攻。他们在两河流域击溃伊朗主力，并于642年迫使伊朗投降。639～646年，阿拉伯人征服了整个埃及，进攻昔兰尼加和利比亚。他们还越过直布罗陀海峡，进攻欧洲大陆。711年，消灭了西班牙的西哥特王国。8世纪中叶，阿拉伯已形成一个横跨欧、亚、非三洲的大帝国。

为什么称阿巴斯王朝为阿拉伯的黄金时代

750年，阿巴斯建立阿巴斯王朝，取代倭马亚王朝的统治。阿巴斯王朝在承袭前王朝政治制度的基础上，进一步加强专制主义和官僚机构。从8世纪到9世纪中叶，阿拉伯帝国与拜占庭帝国、大唐帝国和查理曼帝国，并称为四大封建帝国。

这一时期，阿拉伯帝国战争减少，经济发达，手工业、国际贸易发达，文化昌盛，是帝国国势极盛的"黄金时代"。此间，帝国科学文化也获得许多重要成就，对东西方文化交流起了积极的推动作用。

伊斯兰教是怎样兴起的

穆罕默德是伊斯兰教的创立者。伊斯兰教产生以前，阿拉伯半岛没有统一的宗教信仰，阿拉伯人信仰的是原始的多神教，主要表现为拜物教、自然崇拜、图腾崇拜等。同时，哈尼夫教、基督教等也在半岛流传。穆罕默德自称安拉的使者，将部落神安拉提高到全民族唯一真神的地位，创立了伊斯兰教。

伊斯兰教信仰唯一的神安拉，遭

1850年的麦加城

SHIJIE LISHI

到了信仰多神教的贵族反对。622年，穆罕默德及信徒出走麦地那。630年，穆罕默德征服麦加。从此，伊斯兰教在阿拉伯地区得到广泛传播。

阿拉伯文化有怎样的成就

阿拉伯帝国境内除阿拉伯人外，还有埃及人、波斯人、叙利亚人、印度人、西班牙人等，他们相互融合、相互影响，创造了辉煌灿烂的阿拉伯文化。

数学方面，他们传播、改进了阿拉伯数字、零和十进制，花剌子密创立了代数学。阿拉伯人十分重视天文学研究，白塔尼从理论上证明了日环食的可能性。医学方面，伊本·森那的《医典》是阿拉伯医学的最高成就。《天方夜谭》更是阿拉伯文化的瑰宝。在历史学、地理学和建筑方面，阿拉伯人也作出了杰出贡献。

《天方夜谭》是一本怎样的书

《天方夜谭》（又名《一千零一夜》）是阿拉伯民间故事集。该书起初由哲海什雅里起草，以6世纪波斯故事为蓝本，吸取了印度、希腊、希伯来、埃及等地的寓言童话、爱情故事、冒险传说及名人逸事等，10世纪中叶初步形成，16世纪最后编定。

《天方夜谭》的故事想象丰富，情节生动，集中反映了帝国境内各民族的社会生活和风俗习惯，对欧洲文学也产生了深远的影响。《天方夜谭》是阿拉伯文化宝库的瑰宝。

《天方夜谭》为什么又叫《一千零一夜》

《天方夜谭》中的一个故事，讲的是萨桑王国的国王山努亚与王后山鲁佐德的故事。有一天，山努亚和他的弟弟萨曼来到一片紧邻大海的草原，当他们正在一棵树下休息时，海中间忽然冒起一个黑色的水柱，一个女郎来到了他们身边，并告诉他们天下所有的妇女都是不可信赖、不可信任的。

国王山努亚和弟弟萨曼回到萨桑王国后，发现王后行为不端，他们便杀死王后。从此，山努亚深深地厌恶妇女，他存心报复，于是每天娶一个女子，在王宫过夜，但到第二天雄鸡高唱的时候，便残酷地杀掉这个女子。这样日复一日，年复一年，持续了三个年头，共杀掉了一千多个女子。百姓在这种威胁下感到恐怖，纷纷带着女儿逃命他乡。但国王依然逼着宰相每天替他寻找女子，这令宰相十分苦恼。

宰相的大女儿山鲁佐德知道了这件事，就对父亲说她要嫁给国王，她要试图拯救千千万万的女子。山鲁佐德进宫后，每天晚上都给国王讲一个故事。她讲得十分精彩，国王听得十分入迷，但是她还没有讲到结尾，天就亮了。国王为了听完故事的结尾，就把杀山鲁佐德的日期延迟了一天又一天。就这样，山鲁佐德的故事无穷无尽，一个比一个精彩，一直讲到第一千零一夜，终于感动了国王。国王决心不杀山鲁佐德了，并将这些故事记录下来，永远保存，这就成了《一千零一夜》。

伊本·白图泰为何被称为中世纪伟大的旅行家

1304年，伊本·白图泰出生于摩洛哥一个柏柏尔人家庭。20岁左右时，他出发去麦加朝圣。从此，他踏上了一条长达75 000英里的旅途。白图泰经过的地方包括伊尔汗国、东非摩加迪沙等国、金帐汗国、德里素丹国、中国和东

伊本·白图泰

南亚诸国，还到过西班牙、马里等国。一位学者记录下了白图泰的叙述，命名为《伊本·白图泰游记》。

白图泰的足迹经过了现在44个国家的国土，几乎踏遍了当时伊斯兰世界的每一个国家。白图泰是中世纪阿拉伯世界最负盛名的旅行家。

谁建立了阿尤布王朝

1171年，出身于阿拉伯叙利亚库尔德族的军事将领萨拉丁，在近卫军的支持下自立为苏丹，在埃及建立了阿尤布王朝。

萨拉丁有杰出的军事和政治才能，他在位期间，领导埃及人民对进入西亚地区的十字军进行了长期战争。1187年，萨拉丁收复耶路撒冷，统一了巴勒斯坦。后又多次打退十字军的进攻，迫其签订和约。他积极发展农业生产和对外贸易，热心倡导教育文化，此时的埃及成为繁荣盛世。萨拉丁死后，阿尤布王朝陷于分裂。

帖木儿帝国是怎样由盛转衰的

帖木儿是帖木儿王朝的奠基人。1369年，他杀死西察合台的苏丹，宣称自己是成吉思汗的继承人，建立了帖木儿王朝。14世纪，帖木儿先占领大马士革，后征服奥斯曼土耳其帝国。自此，帖木儿汗国统治了原伊尔汗国、印度河、钦察汗国的广袤疆土，成为辉煌无比的"蒙古第二帝国"。

帖木儿大帝

1405年，他率领20万军队进攻中国的明朝，结果途中染病身亡。15世纪后期，帝国陷于分裂。1500年，乌兹别克斯坦人占领了帖木儿帝国全境，帖木儿帝国灭亡。

花剌子模王朝是怎么灭亡的

花剌子模王国是10—13世纪中亚突厥人建立的伊斯兰教王朝，位于阿姆河下游三角洲地区。12—13世纪初期，王朝国力强盛，领土广阔，囊括了今日伊朗、乌兹别克斯坦、土库曼斯坦、塔吉克斯坦、阿富汗、哈萨克斯坦、吉尔吉斯斯坦、伊拉克东部及以色列在内的广大地区。

1219年，成吉思汗西征，花剌子模首当其冲，布哈拉、撒马尔罕相继失守，国王阿拉丁逃往里海的小岛上，不久死去。1231年，花剌子模王朝在蒙古军进攻下灭亡。

哪次战役延缓了拜占庭帝国的覆灭

1402年，奥斯曼帝国和帖木儿帝国之间为争夺领土，爆发了安卡拉之战。帖木儿率大军发动对奥斯曼帝国的战争，数月之间即兵临安卡拉城下。由于奥斯曼苏丹巴耶塞特一世兵力分散，且军中的鞑靼军队和安纳托利亚联军先后倒戈，战争以巴耶塞特的失败结束。巴耶塞特本人被俘，死于狱中。从此，奥斯曼内部展开了争夺权力的斗争，帝国濒于解体。

安卡拉之战使奥斯曼帝国大伤元气，对欧洲的攻势因此中断。安卡拉之战延缓了拜占庭帝国的覆亡。

哪个国家发动了"意大利战争"

意大利经济发达而又长期分裂割据，早就是法国觊觎的对象。1494年，法王查理八世率军侵入意大利，占领那不勒斯，意大利战争爆发。查理的胜利激起了意大利各邦及西班牙、神圣罗马帝国的反对。意大利战争持续时间长达65年。1559年，西班牙和意大利签订合约，意大利战争结束。

这场战争是意大利的强邻为宰割和瓜分意大利而发动的，后来演变成了争夺欧洲霸权的战争。

奥斯曼帝国为什么能称雄欧亚非

奥斯曼土耳其人是西突厥的一支。在首领奥斯曼的带领下，突厥人强大起来，并于1299年建立起独立的国家。

土耳其人建立了一支由新军和封建主提供的采邑军所组成的常备军，他们装备精良，训练有素，战斗力超过欧洲十字军军队。奥斯曼土耳其人奉行扩张政策。1453年，他们攻陷君士坦丁堡，将其改名为伊斯坦布尔，作为帝国的首都。16世纪，奥斯曼帝国先后侵入伊朗，占领埃及、叙利亚等地，还侵入欧洲腹地，成为又一个地跨欧、亚、非三洲的大帝国。

为什么说阿维森纳是医中之王

阿维森纳是伊本·西拿的拉丁名，他是阿拉伯著名的哲学家、医学家、自然科学家、文学家。阿维森纳博学多才，有多方面的成就，在哲学、逻辑学、文学、天文学、物理学、化学、生物学、音乐等方面都有专门著述。

阿维森纳

阿维森纳素有"医中之王"的美誉。他是第一个在外科手术中使用麻醉剂的医生，也是第一个发现人体中有寄生虫存在的医生。他所完成的5卷本的《医典》，研究了760种药物的性能，代表了阿拉伯医学的最高成就，自12世纪起一直被西方医学界视为权威著作。

阿克巴在治理莫卧儿帝国推行内政上进行了哪些改革

阿克巴是印度莫卧儿帝国第三代皇帝，其在位期间，印度达到空前的统一和繁荣。

为了统治帝国，他进行了一系列改革。他实行中央集权，集政治、军事、司法和宗教大权于一身。他将全国分为15省，中央任命省长，并派出侦探监督各地官吏。重新丈量全国土地，按等纳税。他还注意兴修水利灌溉工程，修筑道路，充一度量衡，鼓励对外贸易。他还实行宗教宽容政策。阿克巴改革，在一定程度上缓和了民族矛盾、宗教矛盾和阶级矛盾，有利于社会安定和帝国的巩固。

莫卧儿帝国建筑的典范是什么

皇陵建筑是莫卧儿帝国文化的标志之一。众多皇陵中，以泰姬陵最为典型、壮观。

莫卧儿王朝第五代皇帝沙·贾汗为了纪念他已故皇后阿姬曼·芭奴，建立了这座陵墓。泰姬陵的修建历时22年，每天投入2万劳动力，耗尽了国库。泰姬陵布局严谨，造型优雅，由殿堂、钟楼、尖塔、水池等构成，镶嵌以水晶、玛瑙、翡翠等，绚丽夺目、美丽无比。泰姬陵充分体现了印度建筑艺术的气势宏伟、庄严肃穆，被誉为"完美建筑"。

泰姬陵

吴哥窟是什么时候兴建的

吴哥窟

12世纪，柬埔寨吴哥王朝国王苏利耶跋摩二世，举全国之力、历时约35年在首都吴哥城建成吴哥窟，作为王朝的国都和国寺。

吴哥窟是世界上最大的庙宇。整个建筑由沙岩石砌成，外壕宽190米，周长3.6千米。壕内为石头砌成内外墙，外墙西侧是大门，内墙四周各有一座石塔。内墙中心是用来供奉的神坛。神坛以三级台基为底座，各层都装饰以圆柱回廊。吴哥窟是石刻浮雕的艺术宝库，是世界著名文化古迹。

6世纪时，哪个部落统一了朝鲜半岛

新罗原是朝鲜半岛东南部的一个部落。新罗借高句丽和百济争霸之际，扩张领土。6世纪中叶，新罗占领了富庶的洛东江流域和汉江流域，收复了日本在半岛南部的据点，国势日强。

新罗的强大引起高句丽和百济的不安，二者走向联合、共同反对新罗。新罗借助唐朝之力灭亡了高句丽和百济。唐朝在半岛设立都护府，进行统治。此后，新罗开始了驱逐唐军的斗争。677年，唐朝被迫将安东都护府迁到辽东，新罗实现了半岛的统一。753年，唐朝与新罗划定大同江为界，确认了各自的国境。

高丽贱民起义是怎么回事

10世纪末到12世纪初，契丹族和女真人先后入侵高丽。高丽国力日衰，社会矛盾也尖锐起来。

12世纪初以后，土地兼并日益严重，王公贵族千方百计扩大私田、加强对农民的榨取，广大人民无法再继续生活下去了。1176年，终于爆发了大规模的全国农民起义，贱民是这次起义的主力军。1193年，农民军在密城与敌人决战，不幸失利，起义失败。农民起义没有提出明确的政治纲领，但规模大、涉及地区广、斗争时间长，沉重打击了高丽统治者。

壬辰卫国战争是怎么回事

壬辰卫国战争（1592—1598年）是由于日本丰臣政权入侵朝鲜、觊觎明帝国而引起的东亚区域性战争。

16世纪，丰臣秀吉统一日本后，积极准备对朝鲜和中国发动侵略战争。1592年，日军近20万人在釜山登陆。朝鲜向中国求援，明神宗应请求派军救援。日军在朝中联军的沉重打击下，处于进退维谷的境地。日军败多胜少，丰臣秀吉也在战争末期死去。他死后不久，日本军队全部从朝鲜撤退。壬辰卫国战争以朝鲜人民的最后胜利结束。

日本圣德太子在哪些方面进行了改革

圣德太子是日本飞鸟时代的政治家。59？年，圣德太子总摄朝政后，致力于提高王权的改革。603年，制定"冠位十二阶"，按能力和功绩授予冠位，打破了氏族贵族的世袭门阀制度。接着颁布《宪法十七条》，强调国家的统一和皇权至上，是日本历史上第一次提出建立中央集权的政治纲领。圣德太子崇尚中国文化，提倡儒学和佛学，在全国修建了许多寺院。他还四次派出遣隋使，学习中国文化。

圣德太子改革为日本的文明与进步及大化改新奠定了基础。

什么叫"大化改新"

645年，日本孝德天皇即位，宣布年号为大化，着手改革。次年，天皇发布《改新之诏》，是为"大化改新"。

改革的内容涉及多个方面：废除贵族私有的土地和部民，收归国有，成为公地公民；实行"班田收授法"；改革官制，建立中央集权的国家机构，各级官吏由国家任免，废除贵族世袭制。经过改革，绝大多数部民摆脱旧贵族的控制，成为国家的公民。大化改新在日本历史上具有划时代的意义，是从奴隶制社会转向中央集权制封建社会的标志。

孝德天皇

日本君主为何自称天皇

天皇是日本的国家元首和国家象征。60？年，圣德太子在递交给隋朝的国书中称"东天皇敬白西皇帝"，在日本历史上第一次使用"天皇"名称。701年，文武天皇颁布《大宝律令》，将以往的"大王"一律改成"天皇"。

日本最早的神话书籍《古事记》称，日本天皇乃是日本神话中的太阳神天照大神之后裔，日本是

"神国",天皇是神的子孙,这是日本君权神授的依据。1946年,裕仁天皇发表《人间宣言》,承认天皇是人而不是神,天皇的神话才被否定。

日本国名是怎么来的

4世纪后,日本列岛才出现国家,日本列岛原来并不叫日本。在古代日本神话中,日本人自称为"八大洲""八大岛国"等。据《汉书》《后汉书》记载,中国古代称日本为"倭"或"倭国"。5世纪,日本统一后,国名定为大和。

大化改新后,日本拟采用一个新国名,改变原来不雅的称呼。7世纪后半叶,日本遣唐使将其国名改为日本,后来成为日本的正式国名。依照字面的意思,"日本"就是"太阳之处",即"太阳升起的地方"。

什么是日本武士道精神

大化改新之后,日本进入封建社会,逐渐形成了一个特殊的阶层——武士阶层。武士道精神是伴随着日本武士阶层的产生而出现的,其核心思想是"忠、义、勇"。

"忠",即武士要对主君绝对效忠。

日本武士

"义",即在战争中,武士战败之后应视死如归,宁死不屈。"勇",即武士应娴熟"弓马之道",为主君卖命。武士道精神以盲目的忠诚和服从为中心,毒害甚广。

德川幕府始于何时

德川幕府又称江户幕府,是日本历史上最后一个幕府政权。丰臣秀吉死后,部将德川家康掌握了政权。1600年的关原之战,家康击败敌对的大名,奠定了称霸全国的大局。1603年,德川家康就任征夷大将军,在江户建立幕府

德川幕府实行幕藩体制,建立起以幕府为中心、诸藩为支柱的中央集权统治。实行严格的身份制度,将居民分为士、农、工、商四民,对农民进行严格的剥削和限制,奉行闭关锁国政策。德川幕府的统治一直持续到明治维新以前。

日本朱印船制为什么被废除

丰臣秀吉平定内乱之后,为了保护及管理海外贸易,1592年授予长崎商人以渡航朱印状,朱印船指的便是得到政府海外贸易特许的船只。

德川家康基本沿袭丰臣秀吉的政策,确立了朱印船制:任何船须持有幕府发行的朱印状才可合法从事海外贸易,严格限制外国船只到日本。德川幕府统治时期,对外采取锁国政策。1639年,幕府颁布最后一道"锁国令",禁止对外贸易,朱印船制因此废止。

为什么"无敌舰队"会覆灭

都铎王朝统治时期,英国资本主义原始积累急剧进行,海外贸易迅猛发展。16世纪中叶以后,英国与原海上霸主西班牙之间的矛盾日益尖锐。英国的海盗和走私活动,曾多次劫掠西班牙的商船和西属殖民地。尼德兰革命爆发后,英国曾公开支持尼德兰。伊丽莎白处死天主教徒玛丽·斯图亚特之后,两国矛盾进一步尖锐。

1588年,西班牙派出"无敌舰队"进攻英国。经过两周的海战,英军重创"无敌舰队"。"无敌舰队"的溃灭标志着西班牙海上霸权的丧失。

《源氏物语》是一部什么样的小说

平安时代,日本在前代民族文化和唐代文化的基础上,形成了具有自己民族风格的文化。

SHIJIE LISHI

小说创作空前活跃，《源氏物语》就是这一时代涌现出来的文学杰作。

《源氏物语》书影

《源氏物语》是日本女作家紫式部的长篇小说，也是世界上最早的长篇小说之一。书中描写了源氏一生政治命运的沉浮及其纵情声色的生活，描写了平安时期日本的风貌，反映了当时宫廷错综复杂的权势斗争和贵族的精神面貌。《源氏物语》对日本文学产生了巨大影响，在世界文学史上占有重要地位。

被称为"美洲的希腊"的古代文明是什么

玛雅文明是拉丁美洲的古代印第安人文明，主要分布在墨西哥东南部、危地马拉、伯利兹、洪都拉斯及萨尔瓦多地区。玛雅文明诞生于公元前10世纪，3—9世纪为其鼎盛时期，8世纪前后突然走向衰败。

玛雅文明属于石器文明，尚未发明或使用青铜器。玛雅人掌握了高超的建造技术，创造了辉煌的城市文明。玛雅人在农业、数学和天文历法方面取得了骄人的成就，玛雅文字是世界上最早的五种文字之一。玛雅文明堪称美洲印第安文化的摇篮，也被称作"美洲的希腊"。

玛雅人为何被美誉为"新世界希腊人"

墨西哥是印第安人文化的摇篮，玛雅人在这里创造了灿烂的文化。玛雅人是唯一有文字的印第安人，被称为"新世界希腊人"。

早在公元前1000年前，他们已经培育出玉米、番茄、南瓜、辣椒等许多农作物品种，极大丰富了人类生活。玛雅人的建筑和艺术也达到极高水平，巧夺天工的太阳神庙可与埃及金字塔相媲美。他们创造了当时世界上最准确的历法，在

数学方面他们发现和使用了"0"的符号。玛雅人为人类的发展作出了重要贡献。

古代美洲的印第安人究竟来自何方

印第安人头像

印第安人是对除爱斯基摩人以外的美洲原住民的总称。印第安人并不是土生土长的美洲人，有人认为巴勒斯坦北部的希伯来人部落是印第安人的真正祖先，还有人说印度人的祖先来自南、北极。

考古学和人类学专家认为，印第安人是民族迁徙的结果，是从西伯利亚迁徙而来的蒙古旁系种族或蒙古族以前的种族派生的。中国学者提出"华北人说"，认为印第安人的祖先很可能是中国华北的古代猎人经由戈壁沙漠、中国东北地区、西伯利亚、白令海峡而进入美洲的。

印第安人是怎样进入美洲大陆的

早在公元前，印第安人就已经在美洲创造了灿烂的文化。美洲至今尚未发现类人猿化石和早期旧石器遗址，印第安人的祖先应该是从别的地方迁移去的。

根据最新研究，美洲的印第安人主要来自于现在的西伯利亚、中国、蒙古、朝鲜、日本等地，他们到达美洲的时间可以上溯到数万年前。第四纪冰期来临之时，海平面下降，海底山脊露出海面。连接美洲与亚洲的白令海峡成为可以通行的"陆桥"。印第安人的祖先就是通过这座"陆桥"，陆续进入美洲。

亚马孙河是怎样得名的

南美洲的亚马孙河是世界第一大河、第二长河。亚马孙河的得名，可追溯到16世纪。

1541年，西班牙殖民者奥雷利亚纳带领一支探险队，对亚马孙河进行全面考察。由于

食物供给无法补充，起航之后，他们面临饥饿威胁。一筹莫展之际，他们发现了一个印第安人的村庄。他们疯狂抢劫粮食，但遭遇了印第安人的顽强抵抗，尤其是那些强悍的印第安妇女。奥雷利亚纳想起了希腊神话中骁勇善战的女人王国——亚马孙。由此，奥雷利亚纳将此河命名为亚马孙河。

为什么印加人信奉太阳神

15世纪中叶，南美洲的印加人部落发展成为一个奴隶制国家——印加帝国。印加帝国自始至终，上到印加王，下及普通百姓，都尊奉太阳为唯一的主神，并通过多种形式崇拜他。

根据印加神话，当印加人的祖先还处于野蛮和愚昧状态时，太阳神怜悯他们，派出自己的女儿和儿子来到人间，将分散的人们组织在一起，并教给人们文明和各种技艺。太阳神还支配天空中的星辰，其妻是月之女神。太阳神充满慈爱和宽厚之心，广受印加人推崇。

为什么黄金城宝藏是个谜

哥伦比亚的黄金博物馆存放着一件纯金圆雕——"穆伊斯卡人的轻舟"。这件黄金制品来自传说中的"黄金城"。

传说，亚马孙密林中有一座黄金城，那里的金银翡翠堆积如山。16世纪初，西班牙人推翻了印加帝国，掠夺了大量黄金宝石。此后，一支支探险队出发寻找黄金城。据说，一支西班牙探险队发现了"黄金城"。人们根据其描述前往，却只找到一座空城，既无黄金，也无珠宝。"黄金城"是否真的存在？它如果存在又是如何消失的？至今仍是一个谜。

"五月花"号船与美利坚民族的形成有什么关系

1620年，一群在荷兰流亡了10年的清教徒决定移居美洲。他们搭乘"五月花"号船，从英国普利茅斯出发，漂洋过海，到达美洲，在北美洲建立了第一块殖民地。

为了防止内战，他们团结一致战胜困难，船上人员签订了一项公约，即《五月花号公约》，决定组织公民团体，制定并颁布公正平等的法律、法令、规章和条例。《五月花号公约》奠定了新英格兰诸州自治政府的基础，是美国政治制度的基石。18世纪中叶，在北美英属殖民地上形成了一个新的民族——美利坚民族。

"五月花"号

美国人为什么被称为"扬基佬"

据说，从前德国人把做干酪的荷兰人称为"扬基佬"。17世纪初，一些荷兰人移居新英格兰，他们见当地的英国人在山坡瘠地上开辟农田，觉得十分可笑，便将"扬基佬"的称号转赠给那些英国人。

独立战争时期，美国人首次击败英国人之后，开始自豪地称自己为"扬基佬"。南北战争时期，美国南方人把去南部的北方人一律统称为"扬基佬"。第一次世界大战后期，美国派兵赴欧参战，欧洲用"扬基佬"统称所有的美国人。"扬基佬"一词开始有了更为广泛的含义。

你知道"津巴布韦"是什么意思？这里有何独特的文明

津巴布韦是非洲南部重要的文明发源地。该国境内分布着200多个规模宏大的古代石头城遗址，因此取名为津巴布韦（意为"石房子"）。

这些遗址中，最宏大、最壮观的当数大津巴布韦遗址。它是一个围墙围成的区域，内有房屋和庭院。围墙高9米，厚约5米，顶部砌着大石块。大围场中还建有神庙、石碑、宫殿、官员和随从的居室和仓库等。整个建筑所用的石料都采自当地的花岗岩，没有任何黏合物，却异常坚固，足见建筑工艺的高超。

马可·波罗是怎样来到东方的

马可·波罗一行离开威尼斯

马可·波罗，世界著名的意大利旅行家和商人。1271年，马可·波罗跟随父亲和叔叔，从地中海东岸的阿伽城出发，踏上了前往东方的旅程。他们经过叙利亚和两河流域，横越伊朗全境后北上，穿过中亚的沙漠地带，翻过帕米尔高原。他们继续东行，经过喀什，到达敦煌、玉门关一带。1275年，马可·波罗来到元大都，觐见了大汗忽必烈。

著名的《马可·波罗行纪》记述了他在中国的见闻，激起了欧洲人对东方的热烈向往，对以后新航路的开辟产生了巨大的影响。

《马可·波罗行纪》的真实性到底如何

《马可·波罗行纪》记载的是马可·波罗东游的沿途见闻。该书由马可·波罗在热那亚监狱中口述，鲁斯蒂谦记录完成。

《马可·波罗行纪》共分4卷，第一卷记载了马可·波罗等人东游沿途见闻。第二卷记载了蒙古大汗忽必烈和中国。第三卷记载日本、越南、东印度、印度洋沿岸及非洲东部。第四卷记载蒙古和俄国等国之间的战争。这些叙述在中古时代的地理学史、亚洲历史、中西交通史和中意关系史方面，有着重要的历史价值。

《马可·波罗行纪》一书的早期版本

新航路是怎样开辟的

15世纪，由于经济的发展，西欧社会对金银的需求日益迫切。当时普遍认为富裕的东方和未知的海外是发财的好场所，而传统的陆上丝绸之路由于种种原因堵塞难行，西方人不得不寻找新航路。

经过100多年的探索，葡萄牙和西班牙开辟出了两条新航路：一条是从西欧南下，沿非洲西岸航行，经过好望角向北，继续东行，穿过印度洋到达印度；另一条是从欧洲向西航行，到达美洲，再沿南美洲海岸南下，绕过麦哲伦海峡进入太平洋，继续西行进入印度洋。

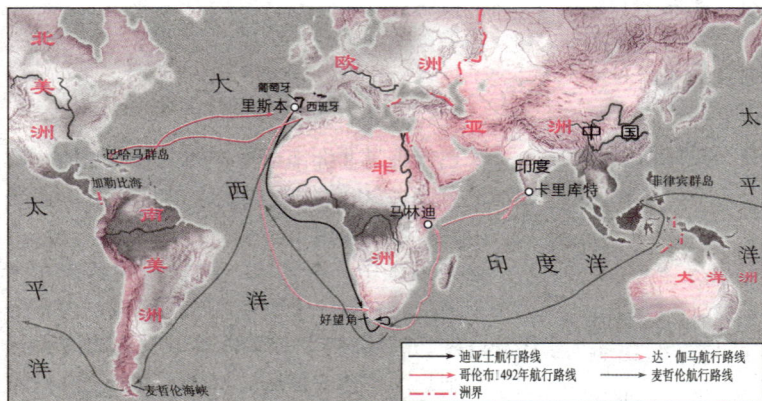

新航路开辟路线图

为什么"香料之路"又称"海上丝绸之路"

印度尼西亚东北的马鲁古群岛以盛产胡椒、丁香、豆蔻等香料闻名。香料对于欧洲人来说十分珍贵,欧洲并不出产香料,必须从东方运来。新航路开辟之前,丝绸之路是东西方贸易的主要商旅通道。阿拉伯人发现了一条从香料产地经印度洋到红海或波斯湾沿岸再到欧洲的"香料之路"。

1498年,葡萄牙的达·伽马首航到达印度,葡萄牙的船队从此可以直接行驶到香料产地。由于"香料之路"的作用同"丝绸之路"相似,人们就把它称作"海上丝绸之路"。

哪位王子的航海路线为达·伽马直航印度的探险奠定了基础

葡萄牙亨利王子随父远征摩洛哥时,听闻非洲西海岸盛产黄金和象牙。亨利王子大力推动探险的进行。他在担任阿尔加维总督期间,创办了航海学院,培养本国水手,提高航海技艺,网罗各国的地学家、地图绘制家、数学家和天文学家共同研究,广泛收集地理、气象、信风、海流、造船、航海等资料。

在亨利王子的支持下,上几内亚海岸都被宣布为葡萄牙王国的领地。亨利大力倡导远航探险、建造船队、改进测绘技术,为达·伽马的探险奠定了基础。

葡萄牙历史上最有名的航海家是谁

葡萄牙历史上最有名的航海家当数达·伽马和麦哲伦。

1497年,达·伽马受葡萄牙国王派遣,率船从里斯本出发,寻找通向印度的海上航路。船队经加那利群岛,绕好望角,经莫桑比克等地,1498年到达印度。

麦哲伦

达·伽马通航印度,促进了欧亚贸易的发展。

麦哲伦虽是葡萄牙人,却是以西班牙的名义远航的。1519—1521年,他率领船队开始了环绕地球的远洋探航。麦哲伦在菲律宾的部族冲突中丧生。不过,他的同伴继续航行,完成了人类第一次环球航行,证实了地球是圆形的。

为什么取名好望角

1486年,葡萄牙航海家迪亚士率探险队从里斯本出发,寻找通往"黄金之国"的新航路。船队驶至大西洋和印度洋交汇处时,海面上狂风大作,整个船队险遭覆没。最后,船队被巨浪推到一个未知名岬角上,幸免于难。因为那里风暴特别多,迪亚士将其命名为"风暴角"。

1497年,达·伽马率领舰队沿着"风暴角"驶入印度洋,满载黄金、丝绸而归。葡萄牙国王认为绕过这个海角,便能到达梦寐以求的印度,便将"风暴角"改名为"好望角"。

东印度公司的实质是什么

都铎王朝采取"重商主义"政策,扶持工商业发展。亨利七世在位时期,就向全国性海外贸易商人团体颁发经营特许状。

16世纪以来,英国商人经国王的特许,组建了许多享有海外贸易特权的团体——海外贸易公司,东印度公司就是其中一个。1600年,英格兰女王伊丽莎白一世授予东印度公司皇家特许状,给予它在印度的贸易特权。其后,东印度公司力量不断壮大,拥有了统治殖民地的军事、政治大权,成为英国侵略印度及其他亚洲国家的大本营。

伦敦英国东印度公司总部

哥伦布何时发现新大陆

哥伦布是意大利热那亚的航海家。他对马可·波罗的游记十分感兴趣，以扬帆神州为平生夙愿。他知道地球是球形的理论后，大胆假设，可由大西洋一直往西航行，绕地球半圈后到达中国。

1492年，哥伦布在西班牙的支持下，经过三个月的远洋航行，终于到达巴哈马群岛，后又到达古巴和海地。哥伦布虽然没有到达他向往的东方，但他的远洋航行意外地开辟了从欧洲横渡大西洋到达美洲的新航路，发现了当时还不为人所知的美洲新大陆。新大陆的发现具有重大意义。

哥伦布到底是哪国人

1492年，哥伦布受西班牙国王派遣，带着给印度君主和中国皇帝的国书，率领船队从西班牙出发，径直向西航行，发现了美洲新大陆。

哥伦布

但哥伦布并不是西班牙人。对于哥伦布的国籍有多种说法，但普遍认为他出生在意大利的热那亚，20多岁以后移居到葡萄牙。信奉地圆学说的哥伦布向葡萄牙国王提出向西航行的大胆建议，未被采纳。1485年，哥伦布移居西班牙。当时西班牙刚完成统一，有与葡萄牙在海上一争高低的雄心，于是支持哥伦布的西航计划。

麦哲伦为什么要环球航行

1519年，麦哲伦在西班牙的支持下，率领船队出航，绕过南美洲，进入太平洋。1521年船队经过菲律宾岛屿时，麦哲伦在与当地部落的冲突中丧生，其船队却于1522年回到西班牙。

当时，通往东方的传统贸易通道受阻，欧洲商人、航海家不得不寻找通往东方的新航路。造船和航海技术的进步，以及地圆学说的流行，探索新航路成为可行之事。麦哲伦在前人经验的基础上，凭借自己丰富的航海经验和探险精神，完成了第一次环球航行。

太平洋是谁给取的名字

太平洋是世界上最大、最深的海洋。太平洋这一名称是大航海家麦哲伦在环球航行中给取的。

1519年，葡萄牙航海家麦哲伦率领探险队从西班牙出发，寻找通往印度和中国的新航路。他们到达南美洲南端的海峡，该地到处是狂风巨浪和险礁暗滩。经过海峡之后，他们来到一片平静的海面，此后的航行中再也没有遇到一次风浪。船员们高兴地说："这里真是太平之洋啊！"此后，人们便把美洲、亚洲、大洋洲之间的大洋称为"太平洋"。

新航路的开辟产生了什么影响

15—16世纪，经过不断探索，欧洲人发现了前往东方和美洲的新航路。新航路的开辟加强了世界各地区之间的联系，为世界市场的形成创造了条件，对世界历史进程产生了重大的影响。

新航路的开辟伴随着野蛮的殖民掠夺，美洲不少部族惨遭灭绝或奴役，给美洲和亚洲各国带来了深重的灾难。但是，大量金银珠宝流入欧洲，促进了欧洲工场手工业和整体生产力水平的提高。欧洲的资本主义经济得到进一步发展，贸易格局也发生了巨大改变。

人类有史以来最大的灾难是什么

黑死病是人类历史上最严重的瘟疫之一。据说，黑死病起源于亚洲西南部，约1348年散布到意大利，很快蔓延到欧洲各国。那时，大街小巷都有死人，每家每户都有人染病，病人头痛发烧，腹股沟和腋窝出现黑色坚硬的结节，淋巴结肿大，最后在吐血痛苦中死去。当时的医生没有任何办法治疗或预防黑死病。

黑死病在欧洲猖獗了三个世纪，在全世界造成了大约7 500万人死亡，其中2 500万为欧洲人。据估计，中世纪欧洲约有三分之一的人死于黑死病。

什么是文艺复兴

文艺复兴是欧洲中世纪后期与近代初期的新文化运动。中世纪欧洲处在天主教会的严格控制下，哲学、文艺和自然科学都成了神学的附庸。

13世纪末期，在意大利商业发达的城市，新兴资产阶级中的一些先进知识分子借助研究古希腊、古罗马艺术文化，通过文艺创作，宣传人文精神，提倡以人为中心，反对以神为中心。它以恢复希腊古典文化为号召，所以用"复兴"的名称，实质上却是创立符合新兴资产阶级需要的新文化。

文艺复兴的意义是什么

文艺复兴运动中，资产阶级思想家抨击封建神学的蒙昧主义和禁欲主义，提倡以"人性"来反对教会的"神性"，以"人权"来反对封建的"神权"，主张个性解放和自由。文艺复兴在文学、艺术、政治思想、自然科学等方面也取得了辉煌的成就。这也是一个产生巨人的时代，但丁和达·芬奇是其中杰出的代表。

15世纪时期的佛罗伦萨

文艺复兴打击了欧洲天主教会的反动统治，推动了欧洲思想文化及科学技术的繁荣和发展，以资本主义社会的产生奠定了思想文化基础。

文艺复兴的中心在哪里

意大利的佛罗伦萨在资本主义萌芽阶段经济最发达，又组成了独立的城市共和国，由市民阶级组成政府，为新文化的繁荣滋长提供了良好条件，成为文艺复兴最大的中心。

早在14世纪，佛罗伦萨就已经产生了但丁、彼特拉克、薄伽丘三位著名的新文化代表人物。与此同时，佛罗伦萨的美术也获得空前发展，在一个世纪间产生了许多在欧洲历史上名列前茅的画家、雕刻家和建筑家。16世纪，文艺复兴在意大利广为传播，威尼斯和罗马也成为重要中心。

为什么文艺复兴时期的美术名作多以宗教为题材

文艺复兴以人文主义为指导，以复兴古希腊、古罗马文化之名，反对中世纪宗教桎梏。但由于当时教会势力仍然十分强大，教皇本人还掌握着极大权力，艺术家们不得不在宗教的外衣下进行艺术创作。

我们所熟知的许多古代美术名作都与宗教相关，如达·芬奇《最后的晚餐》、拉斐尔《西斯廷圣母》、米开朗琪罗《创世纪》等。艺术家们以宗教为媒介，突破了宗教艺术的说教模式，表达了他们对人生的肯定、对美好生活的追求和对禁欲主义的反抗。

"文艺复兴美术三杰"都是指谁

达·芬奇　　拉斐尔　　米开朗琪罗

达·芬奇、拉斐尔和米开朗琪罗被誉为"文艺复兴美术三杰"。

达·芬奇多才多艺，学识渊博，在艺术上无人能及，在科学研究中也取得范围广阔、登峰造极的成就。他把绘画当做考察和表现现实世界的手段，通过绘画揭示人们心中的美。拉斐尔的画作以秀美的圣母像最为经典，风格优雅和谐。拉斐尔被西方尊为画圣，对近代艺术影响极大。米开朗琪罗在雕刻、绘画和建筑方面取得极高成就。三巨匠的出现是文艺复兴美术成就达成顶峰的标志。

米开朗琪罗为何要画西斯廷教堂壁画

西斯廷教堂本来只是罗马教皇的一个私用经堂，因拥有米开朗琪罗最有代表性的两大巨制壁画——《创世纪》和《最后的审判》而闻名天下。

1508年，罗马教皇命令米开朗琪罗为西斯廷教堂画天顶壁画。教堂天顶面积达800平方米，米开朗琪罗在没有任何助手的情况下，不得不躺在高高的脚手架上面进行创作。创作完成的《创世纪》场面宏大，气势恢宏，人物众多，栩栩如生。而年仅37岁的米开朗琪罗已经憔悴不堪，他用自己的努力创造了全人类的艺术财富。

你知道莎士比亚吗

莎士比亚是文艺复兴时期英国最伟大的戏剧家和诗人。莎士比亚7岁时进入文法学校念书，打下了坚实的文化基础。后来家道中落被迫退学。后因得罪公爵，遭到官府逮捕，逃到伦敦谋生。

莎士比亚

他在一个剧团里当马夫、跑龙套，后来当过演员、导演。1588年，剧团让他负责改编剧本，从此走上了创作之路。

莎士比亚一生共撰写38部剧本、154首十四行诗和两首长叙事诗，以及其他诗歌。他所塑造的人物形象，如哈姆雷特、李尔王、罗密欧与朱丽叶等，为世界各国人民所熟悉。

哪四大悲剧代表莎士比亚的最高成就

《哈姆雷特》《奥赛罗》《李尔王》《麦克白》四大悲剧是莎士比亚的代表作，代表了其最高艺术成就。

《哈姆雷特》写的是丹麦王子哈姆雷特为父复仇的故事，揭示了人文主义理想和英国黑暗现实之间不可调和的矛盾。《奥赛罗》和

《李尔王》中，莎士比亚对原始积累时期新兴资产阶级中的极端利己主义、对权势和财富的贪欲进行了深刻揭露和批判。《麦克白》揭示出个人野心对人的腐蚀作用，是莎士比亚心理描写的杰作。

但丁为什么要创作《神曲》

但丁是中世纪最后一位诗人，同时又是新时代最初的一位诗人。但丁出身于佛罗伦萨贵族世家，担任过佛罗伦萨最高行政长官，后因政治因素被当局判处终身流放。这种经历促使他完成了举世闻名的代表作品《神曲》。

但丁

《神曲》分为《地狱》《炼狱》《天堂》三部分，反映了当时意大利的现实生活，抨击了封建教会，表达了诗人的爱国热情，歌颂理性和求知精神。作为文艺复兴时期的先声之作，《神曲》被认为是欧洲最伟大的文学作品。

世界上最名贵的肖像画是谁的作品

世界上最名贵的肖像画是达·芬奇的《蒙娜丽莎》。达·芬奇是文艺复兴时期杰出的文化巨人，《蒙娜丽莎》是他的代表作之一。

《蒙娜丽莎》

《蒙娜丽莎》惟妙惟肖地刻画了一个市民妇女的形象。画面中，蒙娜丽莎温柔典雅，面带微笑，富有生命活力。背景山水朦朦胧胧，给人以无限的遐想。《蒙娜丽莎》最传神的地方便是她的微笑，具有一种神秘莫测的韵味，几百年来一直是人们谈论的焦点。《蒙娜丽莎》现存于法国巴黎的卢浮宫博物馆。

是谁出卖了耶稣

《最后的晚餐》是达·芬奇的代表作之一。这是一幅教堂壁画，题材取自圣经故事，画的是耶稣被捕前与十二门徒共进晚餐的情景。

席间，耶稣说："你们中间有一个人出卖了我。"门徒听后，刹那间表现出了不同的神态、动作和手势。达·芬奇将各个人物的惊恐、愤怒、怀疑等神态，刻画得精细入微、惟妙惟肖，以此传达丰富的心理内容。出卖耶稣的犹大——耶稣左边第三个人——听到之后则情绪紧张、惊恐万分，他手握钱袋、面色灰暗，一副可憎的面目跃然纸上。

《最后的晚餐》

谁获得罗马"桂冠诗人"称号

彼特拉克是意大利文艺复兴时期的诗人和人文主义者，被誉为"人文主义之父"。彼特拉克年少时就喜爱文学、修辞，对古典作品尤其感兴趣。

彼特拉克用拉丁语写了许多诗歌、散文，这些作品贯穿着人文主义思想。他歌颂人的高贵和智慧，宣传人有追求尘世幸福的权利，渴望摆脱中世纪禁欲主义和神学枷锁的羁绊。著名的叙事诗《阿非利加》描写第二次布匿战争，歌颂罗马的伟大和爱国主义精神，使他获得了"桂冠诗人"的称号。

谁被誉为"政治学之父"

马基亚维利是近代资产阶级政治学的奠基人，被誉为"政治学之父"。马基亚维利出生于佛罗伦萨的破落贵族家庭，一度在美第奇家族的共和国担任要职。

在《君主论》中，马基雅维利完整地提出了资产阶级国家学说，系统阐述了君主统治的种种方式和君主夺权治国的策略思想和政治艺术。在他之前，人们总是将神学与政治联系在一起，马基雅维利从历史和现实的经验出发，以人的眼光来观察政治，对资产阶级政治学说的发展具有重大影响。

马基雅维利

为什么说圣彼得大教堂是意大利文艺复兴运动最宏伟的纪念碑

圣彼得大教堂是世界上最大的天主教堂。16世纪，教皇决定重建圣彼得大教堂。经过长达120年的重建，1626年，新教堂正式宣告落成。其宏大的规模、庄严的造型及收藏的艺术珍品吸引着各国人民。

圣彼得大教堂是典型的古典主义形式教堂，结合了罗马式的圆顶穹隆和希腊式的石柱。教堂还集中了众多优秀建筑家、画家的智慧，体现了16世纪意大利文艺复兴兴盛期的建筑成就，是意大利文艺复兴最宏伟的纪念碑。

圣彼得大教堂

哥白尼是怎样创立"日心说"的

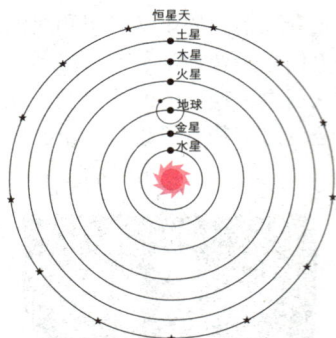

日心说示意图

哥白尼是波兰伟大的天文学家。他根据数十年对日月星辰的观察，吸收前人的研究成果，写成了长达六卷的天文学著作——《天体运行论》。他大胆地提出，地球不是宇宙的中心，太阳才是宇宙的中心。这就是著名的"日心说"。

《天体运行论》一出版，便引起轩然大波，被教会列为禁书。经过布鲁诺、开普勒、伽利略等人的研究，哥白尼的学说开始得到广泛传播。哥白尼的"日心说"是天文学革命的开始，也是自然科学摆脱神学控制而独立发展的标志。

为什么"日心说"对教会冲击极大

哥白尼提出"日心说"，他以大量的事实，推翻了统治欧洲一千多年的"地心说"。2世纪，古希腊天文学家托勒密创立了"地心说"。它认为地球处在宇宙的中心，日月星辰围绕地球运转。后来，天主教将它与"上帝创世说"融为一体，鼓吹地球是上帝创造的宇宙中心，而教皇是地球的中心。"日心说"冲破了宗教神学的束缚，动摇了天主教会的神权统治。

哥白尼

由于顾忌教会的迫害，哥白尼临终前才将《天体运行论》一书出版。

谁被封为"皇帝的画像师"

提香是意大利文艺复兴时期的绘画大师，威尼斯画派的代表人物。他出生上流社会家庭，从小受到良好的教育。他师从乔凡尼·贝利尼，1516年成为威尼斯画派的首席画家。提香擅长肖像画，1533年，神圣罗马帝国的西班牙国王查理五世封他为"皇帝的画像师"，并授予贵族称号。其代表作有《天上的爱与人间的爱》《圣母升天》《基督下葬》《花神》《酒神祭》等。

提香画风豪迈，笔调丰富，色彩明快，对欧洲的油画发展有重大影响。

布鲁诺为什么被烧死了

布鲁诺

布鲁诺是意大利著名的天文学家和哲学家。他出身贫苦，全凭顽强自学成为知识渊博的学者。布鲁诺继承和发展了哥白尼的"日心说"，提出了新的宇宙理论：宇宙是无限的，没有固定的中心；除了太阳以外，还有无数个类似的恒星系统。布鲁诺的学说在天文学和宇宙观方面意义深远。

但是，布鲁诺的新宇宙观遭到教会的极端仇视。1592年，布鲁诺被捕入狱。1600年，宗教裁判所以"异端"的罪名将他烧死在罗马鲜花广场。布鲁诺为捍卫科学真理献出了生命。

最早发现自由落体定律的人是谁

伽利略是意大利伟大的物理学家、天文学家和力学家。

1590年，伽利略在比萨斜塔上做了"两个铁球同时落地"的著名实验。他把两个大小不一的铁球带到塔的顶端，让它们自由下落，结果两个铁球同时落地。这就推翻了亚里士多德"物体下落速度和重量成比例"的说法。实验证明，世间万物都是在地球的引力下做自由落体运动，它们下落的速度与质量无关。伽利略对落体运动规律和惯性定律的研究，为牛顿对第一和第二运动定律的研究铺平了道路。

伽利略

谁被尊为"磁学之父"

吉尔伯特是英国著名的医生、物理学家。他出生于英国科尔切斯特市，获剑桥大学医学博士学位。1601年，伊丽莎白女王任命他为皇宫御医。

吉尔伯特

吉尔伯特开创了电学和磁学的近代研究。1600年他发表了一部巨著《论磁》，系统地总结和阐述了他对磁的研究成果。吉尔伯特对近代物理学的重大贡献还在于他提出了质量、力等新概念。他用希腊文琥珀一词创造了英文的"电"这个新词。这部著作为吉尔伯特赢得了"磁学之父"的称号。

谁提出了"知识就是力量"这句名言

"知识就是力量"这句名言出自英国唯物主义哲学家弗朗西斯·培根之口。培根出生于伦敦大贵族家庭，步入政坛后，陆续当选为下院议员、国王顾问、大法官，并册封爵位，一路顺风顺水。但由于被政敌控告收受贿赂，1598年培根被捕入狱，从此政治上一蹶不振。

弗朗西斯·培根

官场失意，培根便专注于学术研究。培根不但在文学、哲学上多有建树，在自然科学领域里，也取得了重大成就，他被誉为"英国唯物主义和整个现代实验科学的真正始祖"。

谁被称为"法兰西绘画之父"

尼古拉斯·普桑是17世纪法国巴洛克时期重要画家，也是法国古典主义绘画的奠基人。

普桑出生于诺曼底省安德利镇。他曾到过巴黎，受拉斐尔的古典画风影响很深。后来普桑移居意大利，以其纯净、古典的画风扬名天下。《萨提尔与山林水泽女神》《花神王国》《阿卡迪亚的牧人》等作品都是在这一时期完成的。1640年，他短暂地回到巴黎，替法国皇帝路易十三作画。普桑在法国绘画史上影响深远，被称为"法兰西绘画之父"。

普桑

撒尿小孩铜像有什么来历

比利时首都布鲁塞尔的市标是一座撒尿小孩铜像，这个小孩名叫于连。这座铜像坐落于布鲁塞尔市中心步行区，已有将近400年的历史。

据说，古代时，敌人进攻布鲁塞尔城，准备炸毁城市。机智勇敢的小于连用一泡尿浇灭了正在燃烧的导火线，挽救了布鲁塞尔城。市长亲自授予小男孩奖章，并看作是"布鲁塞尔第一市民"。1619年，比利时雕刻大师捷恩·杜克斯诺雕刻了小于连撒尿铜像，人们将其竖立在当年浇灭导火线的那条街上。

撒尿小孩铜像

谁创立了血液循环论

威廉·哈维是近代生理学、解剖学和胚胎学的奠基人之一。1578年，哈维出生在英国的一个富裕的农民家庭。在剑桥大学取得医学学士之后，成为皇家医学院院士。

威廉·哈维

1628年，哈维出版了《心血运动论》，该书确立了血液循环运动规律及其实验依据，是生理学史上划时代的巨著，标志着近代生理学的诞生。但哈维的理论有悖于权威理论，书一问世就遭到学术界、医学界、宗教界权威人士的攻击。到哈维晚年，血液循环的观点才被大多数人接受。

宗教裁判官是怎样审判异教徒的

宗教裁判所是13～19世纪天主教会侦察和审判异端的机构，旨在镇压一切反教会、反封建的异端，以及有异端思想或同情异端的人。

一旦被指控异端，罪名便很难洗脱。裁判官首先会对被告进行绝密审问，若被告愿意公开承认罪行，便在教堂内进行异端裁决。若被告拒不认罪，裁判官则会刑讯逼供。获得供词后，裁判官便依罪名轻重定刑罚。轻则祷告、朝圣，重则

家财充公、性命不保。宗教裁判所以宗教为名进行了许多不当的审判，限制了中世纪西欧思想文化的发展。

欧洲为什么会发生宗教改革

16世纪前后，资产阶级和人民群众掀起了一场波澜壮阔的宗教改革运动。

在整个中世纪，教会统治着一切。教权凌驾于王权之上，阻碍了王权的加强和民族国家的形成，而民族主义观念的兴起必然要求打破天主教的控制。教会是西欧最大的封建主，他们不仅用政治经济手段压迫、剥削人民，还利用宗教迷信压榨人民，例如兜售赎罪券。文艺复兴运动解放了人们的思想，促进了宗教改革运动的发生。这场运动实际上是一场反对封建体制的政治运动。

教会焚烧书籍以加强对人们的精神控制

西欧异端运动起源于什么运动

中世纪的异端运动起源于拜占庭帝国时期的保罗派运动。保罗派宣扬二元论教义，主张取消教阶制，简化宗教仪式，恢复早期基督教的平等。

10世纪兴起于保加利亚的鲍格米勒派，反对教会的封建特权，要求没收教会财产。11至12世纪流行于法国南部和意大利北部的阿尔比派，反对官方教会的教阶制度和圣事，遭到十字军的镇压。异端运动不否定基督教的信仰，而是谴责教会的腐化，否认罗马教皇的权威。罗马教会曾建立异端裁判所，组织十字军讨伐异端。

教皇为什么要派台彻尔售卖赎罪券

出售赎罪券

1517年，教皇利奥十世派特使台彻尔前往德国兜售"赎罪券"。利奥十世出身佛罗伦萨豪门美第奇家族，生活骄奢淫逸。为修缮圣彼得大教堂，他将售卖赎罪券作为筹款的手段。

台彻尔宣称，只要购买赎罪券的钱币一敲响钱柜，罪人的灵魂就直接从地狱升到天堂。这是罗马天主教会掠夺西欧各国人民钱财的伎俩，引起了宗教人士及百姓的不满。马丁·路德写成《九十五条论纲》，斥责教皇的无耻行径，揭发赎罪券的欺骗性，由此引发了规模壮大的宗教改革运动。

德国为什么会爆发大规模的农民起义

1524至1525年，德国爆发了声势浩大、规模空前的农民战争。起义是由德国的宗教改革引发的，它从精神上解放了广大人民群众。另一个宗教改革领袖闵采尔是激进派的领导，他要求将宗教改革运动同社会改造结合起来，号召暴力革命。

1524年，士瓦本的农民首先揭竿而起，附近几百农民群起响应。1525

闵采尔

年，贵族们组成以菲利普为首的镇压军队。5月，农民军被贵族军队击溃，闵采尔壮烈就义。农民战争虽然以失败而告终，但沉重打击了天主教会势力。

为什么德国国旗是"三色旗"

德国国旗自上而下由黑、红、金三个平行相等的横长方形相连而成。三色旗的来历可追溯到16世纪的一场农民起义。

1524年，士瓦本农民在汉斯·米勒的领导下发动起义。8月，农民军前往瓦尔慈胡特，与当地的市民联合成立"新教兄弟会"。他们按照帝国国旗的颜色做成黑、红、黄三色的旗帜，象征德意志民族的统一。很快，广大农民、工人和城市贫民纷纷聚集到三色旗下。农民起义虽然失败，但三色旗却一直飘扬至今。

基督教加尔文宗的创始人是谁

让·加尔文是加尔文宗的创始人。1509年，他出生于法国天主教的一个神职人员家庭。读书期间，他受到人文主义和宗教改革的影响，1534年成为新教徒。加尔文主张，人只有靠信仰才能得救，

让·加尔文

反对盲从天主教会。他还主张大大简化教会组织及其宗教仪式，神职人员由信徒民主选举产生。《基督教教义》是其研究新教和从事宗教改革活动的总结。

在其影响下，日内瓦建立了政教合一的资产阶级共和国，对欧洲的资产阶级革命产生了极大影响。

尼德兰革命是怎样爆发的

尼德兰资产阶级革命是反对西班牙统治的民族解放战争，同时也是人类历史上第一次成功的资产阶级革命。

16世纪初，尼德兰成为西班牙的属地。西班牙对尼德兰进行残酷的经济剥削，西班牙国库收入一半以上来自尼德兰。16世纪中叶，尼德兰资本主义有了相当程度的发展，资产阶级不愿再受西班牙的剥削。1566年，佛兰德尔市民捣毁教堂、破坏圣像，成为革命的开端。经过旷日持久的战争，西班牙被迫于1609年签订停战协定。独立的荷兰共和国诞生。

"乌托邦"是什么意思

"乌托邦"一词来自希腊文，原意是"不存在的住所"。16世纪，托马斯·莫尔写成《乌托邦》一书，这是空想社会主义史上的第一部光辉著作。

莫尔在书中批判英国社会的黑暗，提出了理想社会的方案：没有私有制，一切公有；除国王外，一切公职人员均由选举产生；国家公职人员没有任何特权。《乌托邦》第一次在理性的基础上提出消灭私有制、建立公有制和按需分配的主张，具有重大意义。但缺乏实现理想的途径，莫尔的《乌托邦》只能是空想。

首席大法官莫尔为什么被斩首

托马斯·莫尔是英国著名的人文主义思想家，同时也是空想社会主义的奠基人。

1478年，莫尔生于伦敦一个大官僚家庭，自幼受到良好的教育。14岁进入牛津大学学习，深受人文主义思想

《托马斯·莫尔像》

的影响。他曾当过律师、国会议员、财政副大臣、国会下院议长、大法官，成为英国政要的显赫人物。1532年，因反对亨利八世的离婚案被贬职。1535年，因反对亨利八世兼任教会首脑，莫尔被定为叛国罪，处以死刑。

英国国会为什么与国王发生激烈争论

英国国会同王权的冲突，最经常地表现在财政问题上。王室入不敷出的财政状况使它不得不要求国会下院同意征收新税，而国会中的资产阶级代表早已痛恨王室的重税政策，总是拒绝国王的要求。结果国王便解散国会，再召开新国会。这种现象周而复始地重演过多次。

1628年，国会通过《权利请愿书》，提出不经国会同意，不得强行向人们征税或借债，不得任意逮捕任何人。查理一世虽然勉强接受，但1629年悍然解散国会，开始了长达11年的无国会统治时期。

英国为什么会爆发"羊吃人"的圈地运动

15、16世纪英国、尼德兰等国的毛织业很繁荣，羊毛需求量激增，养羊成了有利可图的行当。新航路开辟后，英国地处大西洋航运的中心，对外贸易急剧扩大，进一步刺激了英国羊毛出口业和毛织业的发展。

英国地主、贵族把自己的土地和公共土地用篱笆圈起来放牧羊群，并强行圈占农民的土地。农民丧失了赖以养家活口的土地，扶老携幼，成群结队向外流浪。英国空想社会主义者托马斯·莫尔将这种现象比喻为"羊吃人"。

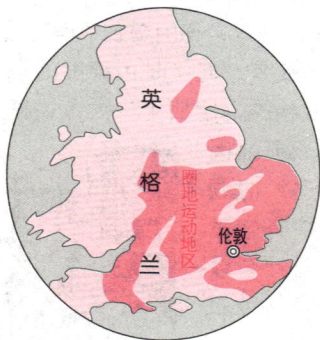

英国圈地运动示意图

世界历史 *1000* 问

世界近代史卷

英国为什么会爆发资产阶级革命

17世纪，英国资本主义发展与封建统治之间的矛盾已经十分尖锐。封建王朝的许多政策，如专卖特许权制度，严重阻碍了资本主义的自由发展。

1640年，为筹集军费镇压苏格兰人民起义，查理一世重新召开国会。代表资产阶级利益的国会拒绝开支军费，并要求惩治国王的宠臣。国王很快解散国会，但此举引发了伦敦人民大示威。同年11月，查理一世被迫重新召开国会，这次议会存在13年，史称"长期国会"。"长期国会"的召开标志着英国资产阶级革命的开始。

为什么说长期国会的召开标志着英国资产阶级革命的开端

长期国会的召开标志着英国资产阶级革命的开端。

长期国会是反对王党的领导中心，它一开幕就表明它决意取得国家政权。它通过一系列决议，逮捕和处死国王的宠臣斯特拉福伯爵；限制国王解散国会和干涉国会事务的权力；迫使国王撤销了过去用来迫害反对派和新教徒的星法院和高等法院等。1641年，长期国会通过《大抗议书》，列举国王的种种罪行，要求保证工商业自由，建立大臣对国会负责制，用长老会代替国教会。这是资产阶级革命的纲领性文件。

你知道英国资产阶级革命的历史意义吗

1640年爆发的英国资产阶级革命是资产阶级生产关系在世界范围内取得的第一次胜利。经过半个多世纪的斗争，英国推翻了封建专制制度，打破了资本主义发展的枷锁，确立了资产阶级和新贵族的统治地位，为英国资本主义的发展开辟了广阔前景，奠定了英国在后来资本主义海外扩张中的霸权基础。

英国资产阶级革命沉重打击了欧洲封建制度，拉开了欧洲和北美资产阶级革命运动的序幕，推动了世界历史的进程。

英国国会对废除主教制的分歧是什么

长期国会召开之后，围绕取消主教制问题展开了激烈的讨论。1640年冬和1641年初，伦敦有成千上万的市民不断签名递交请愿书，要求"连根带枝"地废除主教制。国会内部，温和派主张限制主教的权力，激进派则主张完全废除主教制，一切宗教问题由国会指派的教士会议解决。众议院根据伦敦市民的请愿书起草《根枝法》并勉强通过，但被上院否决。

1646年，长期国会废除了主教制度，实际上以长老会派教义取代了国教圣公会。

英王宠臣斯特拉福为什么被处死

1641年，长期国会超越议政、批准税收等职权范围，通过决议，要逮捕并处死国王的宠臣斯特拉福伯爵。斯特拉福对无国会统治期的许多暴政负有责任，民愤极大。

国王企图动用武力围攻伦敦塔，释放斯特拉福。但伦敦数万民群众到威斯敏斯特前举行示威游行，要求马上处死斯特拉福。查理一世被迫无奈，批准了处死斯特拉福的决议。1641年5月，斯特拉福被处死。

查理一世在哪里挑起英国内战

查理一世统治下的英国实行专制统治，导致国内矛盾激化。1640年，迫于国民压力和经费的短缺，查理一世被迫召开国会。这届国会被称为长期国会。然而，长期国会却力图削弱王权，要求查理一世

查理一世

必须在国会同意的情况下，才可享有招募士兵和向国民征税的权利。

查理一世不甘国会控制，于1642年5月在约克城开始招募兵力准备重夺权力。此时，国会也颁布《十九项决议》，斥责国王的不法行径，招募军队。1642年，查理一世在诺丁汉城正式对国民军宣战，英国内战开始。

克伦威尔是什么人

克伦威尔是英国资产阶级革命期间一个极富争议色彩的人物。在领导军队维护资产阶级成果期间，克伦威尔是名副其实的革命领袖。他建立模范军，获得纳西比战役的胜利，并把查理一世送上断头台，建立了资产阶级共和国。之后，他又采取一系列促进资本主义发展的措施，极大维护了资产阶级利益，为英国资产阶级革命作出了巨大贡献。

然而，执政后，克伦威尔却实行军事独裁，渐渐脱离追求民主的初衷，并在1657年登上了英格兰王位。

克伦威尔

哪次战争使克伦威尔掌握了国会的军事力量

纳西比会战

英国内战爆发后，国内逐渐形成议会军和以查理一世为首的保王军，双方相互攻伐。克伦威尔颁布模范军法案，建立一支服从议会指示的新型军队。1645年，议会军和保王军在纳西比地区交战。尽管保王军实力占优，但议会军英勇反抗。

战斗难解难分时，克伦威尔领导着3 600名士兵参与到战斗中，并在中路击溃保王军。查理一世被迫逃跑，导致军心溃散，保王军大败。纳西比一战不仅为资产阶级取得内战胜利奠定了基础，而且还确定了以克伦威尔为核心的军事领导。

英国为什么会爆发第二次内战

第一次内战后，议会军取得胜利，掌握国内革命大局。然而，议会军内部矛盾开始激化。代表大贵族和大资产阶级利益的长老派控制国会，谋求与国王妥协，下令解散模范军。这遭到一些小资产阶级组成的独立派的强烈不满。后来，独立派逐步形成以克伦威尔为首的国会势力，反抗长老派，拒绝解散军队。两派为争取革命领导权斗争不断，英国第二次内战一触即发。在模范军的协助下，克伦威尔通过武力把长老派驱逐出国会，取得了内战的胜利。

英国独立派是如何掌握政权的

独立派是英国资产阶级革命期间中等资产阶级组织的一个派别，代表中产阶级和中等贵族的利益。内战初，独立派联合代表大贵族利益的长老派取得了议会军的胜利，并获得统领模范军的权力。后来，两派分立，独立派又联合代表小资产阶级利益的平等派，借助武力把长老派赶出国会，成为资产阶级革命的领导者，并把查理一世送上断头台。

在克伦威尔的领导下，独立派日益壮大，采取了诸多促进资本主义发展的措施，维护了资产阶级的革命成果。

掘地派是怎么得名的

掘地派是英国资产阶级革命期间的一个小资产阶级派别。克伦威尔领导的独立派在挫败长老派、平等派的反抗后，掌握了国家大权。他们代表中等贵族和资产阶级的利益，极力打压下层人民。这使得一些人逐步失去赖以生存的生产资料。

1649年，埃弗拉德带领一部分人开垦圣乔治山冈的荒地，后来追随者日众。而温斯坦来也加入其中，并发表《平等派宣言》，主张绝对平等，土地国有。掘地派运动反映了下层人民追求平等自由的愿望，但由于其空想色彩，且威胁政府的统治，最终遭到克伦威尔的镇压。

克伦威尔为什么解散长期国会

长期国会是英国资产阶级革命初期，资产阶级与查理一世斗争的主要工具。但在两次内战中，长期国会相继成为国内党派征伐的工具，逐步失去其象征民主自由的色彩。第一次内战后，长老派控制了国会，极力维护大资产阶级和大贵族的利益，并企图与查理一世妥协。

克伦威尔执政后逐步走上军事独裁的道路。但长期国会却在1653年企图通过新的选举法，增加国会权力，削弱克伦威尔的权力。因此，同年4月份，克伦威尔借助武力驱赶国会议员，并下令解散残余议会。

英国君主查理一世是怎样被送上断头台的

处死查理一世

随着资本主义的发展，资产阶级日益不满封建王朝的统治，而作为封建王朝象征的国王日益成为众矢之的。查理一世为筹经费被迫召开国民议会，遭到以资产阶级为主体的议员的反对。他们提出限制国王权力，不经国会同意，国王不得征兵和收税。

查理一世只得逃往英国西北部地区，与保王党势力苟合，并发动了英国内战。在克伦威尔等人支持下，保王军在纳西比战役中大败。查理一世被迫逃亡。后来独立派掌握国会后，在平等派的要求下，于1649年1月下令处死查理一世。

你知道君主论者霍布斯吗

霍布斯是英国17世纪著名的政治家、哲学家。1588年，霍布斯出生在英国的小镇威斯堡。之后，他考入牛津大学，开始学术启蒙。毕业后，他成为卡文迪许家族家庭教师，结交了众多名流，并随主人出访欧洲，为日后学术生涯打下坚实基础。

霍布斯著有《利维坦》《法律要旨》和《论物体》等书。在政治上，他主张实行君主专制，痛斥罗马教皇罪行，强调宗教独立的思想。他的思想代表大资产阶级和大贵族利益，初步建立资产阶级国家学说，促进资产阶级思想的发展。

谁是"力学之父"

"我能够取得如此的成就，是因为我站在巨人的肩上……"这句话出自英国著名的物理学家、数学家牛顿之口。

1642年，牛顿出生在林肯郡的一个农村人家。他自幼便勤勉好学，后进入剑桥大学学习。经过多年努力后，1687年，他发表《自然哲学的数学原理》，对万有引力和三大定律进行了阐述，极大地推翻了人们对于地球的传统认识。此外，在数学领域，他还提出微积分，并将数学和力学结合起来，解决了诸多物体运动的问题。他在力学上的贡献，揭开了近代物理学，被后人赞为"力学之父"。

牛顿在苹果树下思考苹果因何会落下

哪次政变标志着英国资产阶级革命的结束

英国资产阶级革命是人类史上第一次反抗封建斗争的资本主义性质的斗争，历时半个世纪。斯图亚特王朝复辟之后，詹姆士二世统治下的英国矛盾丛生。资产阶级欲迎接荷兰执政威廉，挫败詹姆士二世继续执政的阴谋。1688年，威廉在托尔贝港湾登陆，在英国人们的欢呼中，登上了英国王位。

之后，国会通过废除詹姆士二世的决议，迎接威廉为新国王，标志斯图亚特王朝覆灭。这次政变没有出现流血冲突，又被称为"光荣革命"。从此，英国走上了一条君主立宪制的国家发展道路。

什么是"三角贸易"

随着新航路的开辟，各大洲之间的联系日益紧密，既促进了各大洲之间的交流，也带来了侵略和压迫。资本主义萌芽较早的是从英国运输一些工业品到非洲国家，来换取一些奴隶，再把奴隶贩往印度、美洲大陆等亟须劳动力的地区，并就地交换一些棉、糖等生产原料后，回到自己国家。整个过程在地理上呈现三角形，因此被称为"三角贸易"。

三角贸易为资本主义发展提供了资本和原料来源，反映了资本主义发展早期侵略、殖民的本质，给非洲人民带来了巨大伤害。

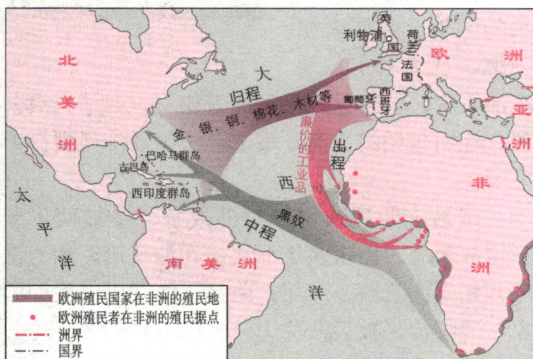

三角贸易示意图

你听说过教皇子午线吗

随着新大陆的不断发现，葡萄牙和西班牙两国在殖民地问题上矛盾日益突出。1492年，哥伦布发现了美洲大陆。为了确保自己在美洲大陆的利益，西班牙求助于罗马教廷，希望教皇制止葡萄牙的扩张行径。

1493年，教皇亚历山

教皇亚历山大六世

大六世发布"英特卡埃特拉敕令"，规定以佛得角群岛以西100意大利里格（约等于4.8千米）为基点，从北极通过此点到南极划一条垂直线，以此作为西班牙和葡萄牙两国势力范围的界限。线以西为西班牙属地，线以东则为葡萄牙控制范围。这条线便被称为教皇子午线，它是早期殖民掠夺的必然产物。

什么是反《印花税法》大会

英国在七年战争中，耗费了巨大的人力、物力。为了弥补军费开支，英国准备向英属北美殖民地颁布新税种。1765年，英国国会通过《印花税法》，规定殖民地的各种印刷品必须经过政府同意才可出售，而批准的标志则是一枚印花。

该法案在北美殖民地施行后，引起了当地居民的轩然大波。同年9月，殖民地人民召开反《印花税法》大会，要求享有自由平等权利，殖民当局不经人民同意不得私自征税。英国当局被迫在1766年取消该法案。

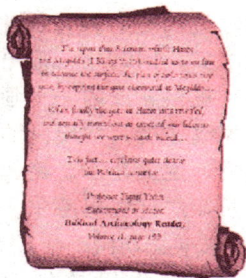

《印花税法》

你知道《萨拉戈萨条约》吗

西葡两国殖民活动的扩大，迫切需要一个统一条约，来规定两国殖民范围。教皇子午线的划定并未能解决这一问题。1521年，麦哲伦发现到达摩鹿加群岛后，两国又开始发生争端。

经过谈判，双方于1529年签署了《萨拉戈萨条约》，同意在摩鹿加群岛以东17°处划定一条线，作为两国在东半球势力范围的分界，线以西归葡萄牙，线以东属西班牙。至此，西葡两国瓜分世界，确定了双方在全球的势力范围。该条约是殖民侵略的产物，开创了近代殖民列强瓜分世界的先河。

英国国会为什么通过"五项高压法令"

随着经济发展和民族的融合，北美殖民地日益成为一个独立政体，开始反抗英国殖民当局的压迫。然而，英国为筹集七年战争的经费，不断加大对北美殖民地的盘剥，导致双方矛盾激化。

1773年，英殖民当局通过《茶叶税法》，给予东印度公司特权，沉重打击殖民地的茶业市场。当东印度公司船只运茶停港时，一批当地青年便悄悄登上船只，把茶叶倒入大海，史称波士顿倾茶事件。事件激怒殖民当局。于是，殖民当局便颁布"五项高压法令"，进一步打击殖民地经济。

谁被称为德国肖像画"奇才"

汉斯·荷尔拜因是德国近代史上著名的肖像画家。1497年，他出生在奥格斯堡的一个画家家庭，受其父绘画的影响，走上艺术之路。他长期居住在巴塞尔，后曾去英国访问。

荷尔拜因

他曾为伊拉斯谟的《愚人颂》画过几十幅插图，流传至今。他的肖像画刻画人物的性格和细节栩栩如生，注重绘画彰显人物的内在情调。他还曾创作伊拉斯谟像、莫尔像、亨利八世像等，备受后人赞许，被人们赞誉为德国肖像画"奇才"。

谁被称为"业余数学家之王"

文艺复兴的发展，促使人们的思想得到解放，促进多学科的发展。数学领域亦是如此。费马是法国著名的数学家，出生在法国南部的一个殷实家庭。他专攻法律，毕业后，成为了一名参议员。但在业余时间，费马

费马

苦读数学，并把自己的心得记录在书本上。

费马去世后出版的《平面与立体轨迹引论》，以方程的方式提出了解析几何。他还发现曲线切线定理，为微积分定理发展打下基础。他一生并未以数学为专业，但却在数学领域做出斐然成果，因此，他被后人赞为"业余数学家之王"。

谁被称为"太阳王"

17世纪的法国依然处在封建主义统治下，在波旁王朝统治下达到封建专制的高潮。而推动高潮到来的人便是波旁王朝第三位继承人路易十四。路易十四是欧洲历史上在位时间最长的国王，强调大权独握，认为君主是最

路易十四

高决策者，"自己是自己的首相"，取消三级会议。在柯尔柏的重商政策下，法国经济得到巨大发展。

路易十四还致力于对外战争，参加西班牙王位战争等。由于多年征战，在他统治后期，法国开始走向衰落。然而，路易十四凭借"朕即国家"的统治，被后人称为"太阳王"。

你知道凡尔赛宫的来历吗

凡尔赛宫

当我们漫游法国时，凡尔赛宫是我们必不可少的一个参观景点，古老的墙壁、宝贵的艺术

品在浪漫的法国熠熠生辉。1660年，太阳王路易十四参观大臣富凯的沃宫后，不满自己宫室的寒酸，于是着意修建一座更为豪华的宫殿。他倾尽国力，聘用著名建筑师金砂、勒沃指导设计。

经过十余年日夜不停地建设，凡尔赛宫终于建成，包括1 300多间房子，规模宏大。1682年，路易十四把宫廷从巴黎迁到凡尔赛宫。该宫殿成为人类史上的艺术瑰宝。

法国投石党运动是怎么回事

投石党运动指的是1648至1653年，法国反对专制王权的政治运动。

1648年，政府逮捕了两名敢于直言的法官，巴黎人民支持高等法院，爆发了人民武装起义，首相与王室被迫逃离巴黎。高等法院与首相马萨林签订合约，第一次投石党运动结束。紧接着，孔代亲王谋取马萨林的职位未成，被马萨林拘捕。孔代获释后同西班牙结盟与王军激战。第二次投石党运动缺乏民众支持，加上内部争权夺利，1653年宣告结束。此后，法国专制王权日趋巩固。

电影《铁面人》曾引起相当大的轰动，"铁面人"究竟是谁

铁面人是法国路易十四时期一名神秘的囚犯，他曾先后被关押于皮内罗要塞、巴士底狱等监狱。此人一直戴着黑色面具，没有任何人见过他的面容，其身份受到很多学者的关注和研究。

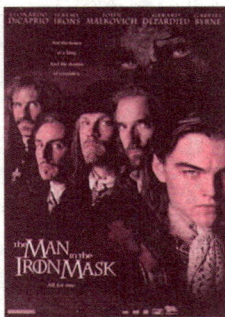
电影《铁面人》海报

在大仲马笔下，铁面人是路易十四的孪生兄弟，为避免引发王位继承纷争而被关进巴士底狱。19世纪，安娜·维格曼大胆假设囚犯是英王查理一世，有人还认为此人是路易十四的生父。流传下来的观点虽多，但铁面人的真实身份已经成为不解之谜。

启蒙运动为哪个阶级的革命奠定了思想基础

继中世纪文艺复兴之后，17世纪，适应于资产阶级革命和改革年代的启蒙学说兴起。早期启蒙思想家提出了理性学说指导下的自然、人权、法治、社会契约等一系列观点，以反对封建主义的王权、

《论法的精神》书影

神权和特权。启蒙运动代表人物伏尔泰敢于反抗正统思想和王室权贵，强调人生而平等的权利，主张实行开明君主制。孟德斯鸠的《论法的精神》一书奠定了资产阶级三权分立的国家学说。

启蒙运动为法国大革命和随后到来的欧洲革命高潮奠定了思想基础。

为什么说18世纪中期法国兴起的启蒙运动标志着人类进入了成熟阶段

18世纪前半期，启蒙运动还处在形成和初步发展阶段，思想上和理论上还不够成熟。18世纪下半叶，启蒙运动进入了成熟的鼎盛时期。

唯物主义哲学家"百科全书派"

伏尔泰

的狄德罗尖锐指出，世界上根本没有上帝，也不存在所谓的"君权神授"。他团结一大批著名学者，完成《百科全书》，传播新思想、新科学，反对宗教愚昧、痛斥封建专制，掀起了一场精神上的革命。18世纪，伏尔泰、孟德斯鸠、卢梭这些思想家们，崇尚知识、提倡科学，在人类历史上写下了光辉的篇章。

法国启蒙运动的领袖人物是谁

伏尔泰（1694—1778年），18世纪法国启蒙时代思想家、哲学家、文学家，启蒙运动公认的领袖和导师，被称为"法兰西思想之父"。

伏尔泰自小受过良好的教育，多才多艺。他的作品以尖刻的语言和讽刺的笔调而闻名。他曾因辛辣地讽刺封建专制主义而两度入狱。伏尔泰宣传哲学唯物主义，强调人生而平等的权利，主张实行开明君主制。伏尔泰的作品涉及哲学、政论、文学、史学、戏剧、自然科学等各个方面。他不仅在法国，而且在欧洲都有很大影响。

你知道法国启蒙思想家孟德斯鸠吗

孟德斯鸠（1689—1755年）是法国伟大的启蒙思想家、法学家。孟德斯鸠出身贵族，但他突破了"君权神授"的观点，是法国首位公开批评封建统治的思想家。

在《论法的精神》一书中，孟德斯鸠全面系统地阐述了自己的哲学、政治、法律、社会、经济、历史观点，提出了三权分立学说：使立法权、行政权和司法权分掌在不同的国家机关和人手中，使三种权力相互制约、相互平衡，最终建立起真正的法治国家。三权分立说成为法国早期资产阶级的政治纲领。

孟德斯鸠

你了解资产阶级激进民主思想家卢梭吗

卢梭（1712—1778年）是法国著名的启蒙思想家、哲学家、教育家。卢梭生活坎坷，但著述颇丰。他将人权理论，尤其是人民主权学说提到了空前高度。卢梭提出的"天赋人权说"对法国大革命和美国独立战争影响极大。

卢梭

《论人类不平等的起源和基础》奠定了卢梭政治学说的理论依据，书中还体现出出色的辩证法思想。卢梭的另一部代表作是《社会契约论》，书中蕴涵的主权在民思想是现代民主制度的基石。

卢梭为什么否定拉封丹

法国诗人拉封丹以拉封丹寓言留名于世，寓言集一问世便引起很大反响，受到法国文坛的好评。拉封丹用民间语言，擅长以动物喻人，讽刺势利小人和达官贵人的嘴脸。

然而，启蒙思想家卢梭几乎否定了拉封丹寓言的思想和艺术。卢梭认为，拉封丹的寓言"既虚妄，又无技巧趣味"，儿童不能理解寓言中的道德观念，他坚决反对儿童阅读拉封丹的寓言。尽管如此，拉封丹的寓言照样在法国一版再版，至今为人所称道、传诵。

谁是"近代化学之父"

拉瓦锡在做实验

拉瓦锡（1743—1794年），法国著名化学家、生物学家，近代化学奠基人之一。他推翻了燃素理论，提出了燃烧是氧化—还原反应的正确理论，将化学从燃素说的一片迷茫中拯救出来，被誉为"近代化学之父"。

他指出，动物的呼吸实质上是缓慢氧化，用定量分析方法验证了质量守恒定律。1794年，他因自己的税务官官职被诬陷入狱，很快被斩首。拉格朗日对此感叹说："砍掉他的脑袋只需要一刹那，但是再过一个世纪，也未必再有这样的头脑出现。"

为什么"掷出窗外事件"是三十年战争的导火索

三十年战争是欧洲第一次大规模的国际战争。胡斯战争以后，捷克本已独立。1526年，捷克重新并入神圣罗马帝国，国王由德皇兼任，捷克保有一定的自治权。1617年，德皇任命守旧分子费迪南为捷克国王。费迪南上台以后，残酷迫害捷克的新教徒，高压政策激起了捷克人民的强烈反抗。

1618年，捷克布拉格人民举行了起义，愤怒的群众冲进王宫，将费迪南的两个大臣从窗口掷入沟壑。这就是著名的"掷出窗外事件"，也即三十年战争的开端。

莱布尼茨作出了哪些贡献

莱布尼茨

莱布尼茨（1646—1716年），德国哲学家、数学家。莱布尼茨是历史上少见的通才，被誉为17世纪的亚里士多德。

莱布尼茨在数学史和哲学史上都占有重要地位。在数学上，他和牛顿先后独立发明了微积分，还对二进制的发展作出了贡献。在哲学上，莱布尼茨和笛卡尔、巴鲁赫·斯宾诺莎被认为是17世纪三位最伟大的理性主义哲学家。莱布尼茨对物理学的发展也作出了重大贡献，在政治学、法学、伦理学、神学、哲学、历史学、语言学诸多方向都留下了著作。

巴赫为什么被誉为"欧洲音乐之父"

巴赫（1685—1750年）是德国古典作曲家，

巴赫

以及杰出的管风琴、小提琴、大键琴演奏家。巴赫是一位多产的作曲家，共谱写出800多首严肃乐曲。巴赫的作品深沉、悲壮、广阔，充满了18世纪上半叶德国现实生活的气息。

巴赫歌唱平凡的生命，把音乐从宗教附属品的位置上解放了出来。他把复调音乐发展成主调音乐，大大丰富了音乐的表现力。巴赫对欧洲古典音乐和后世音乐的发展产生了十分深远的影响，被后世尊称为"欧洲音乐之父"。

谁把德国古典哲学发展到了顶峰

黑格尔

黑格尔是德国古典哲学的集大成者，创立了客观唯心主义体系，曾出版《逻辑学》和《法哲学原理》。

他认为整个宇宙存在"绝对精神"，即整个宇宙精神，是一切现实事物的本源。绝对精神是不断进步发展的，从逻辑阶段到自然阶段，再复归精神阶段，最后以法律、道德、艺术、宗教和哲学的形式表现出来。黑格尔的哲学体系体现了事物发展辩证规律，形成了系统的唯心主义辩证法体系，成为了欧洲哲学史上第一个把自然的、历史的和精神的世界视作一个过程的资产阶级哲学家。

谁是德国古典唯心主义的创始人

伊曼努尔·康德(1724—1804年)是启蒙运动时期最重要的思想家之一。以1770年为界，他前期主要研究自然科学，后期则主攻哲学。自然科学方面，他提出了"星云说"。在哲学方面，他的著作《纯粹理性批判》《实践理性批判》和《判断力批判》，并称为"三大批判"，标志着康德哲学体系的完成。他自称发动了一场哲学领域内的哥白尼革命。

由于他的观点首创德国的唯心哲学体系，因此，他被后人称为德国古典唯心主义的创始人。

康德

贝多芬为什么被称为"乐圣"

贝多芬（1770—1827年）生于德国波恩。1792年，贝多芬赴维也纳学习钢琴，师从聂夫、海顿、萨列里等名师。由于身处欧洲最为惊心动魄的政治改革中心，他写出了以《E大调第三交响曲》《c小调第五交响曲》和《d小调第九交响曲》为代表的一系列著名乐章。

贝多芬

他既是古典主义的完成者，又是浪漫主义时代的引路人。他的音乐对时代和个人的情感表现，以及对自然的爱恋等都为浪漫主义时期的到来开启了一扇大门。因此，贝多芬被后人誉为"乐圣"。

大音乐家贝多芬说过："现在世界上有成千上万个贵族，将来，世界上还会有成千上万，而贝多芬，只有我一个！"是什么意思

贝多芬是一位伟大的交响曲乐曲家，他开创的交响性思维和音乐激烈狂暴的气势大大拓展了钢琴音乐的表现力。但他性格倔强，崇尚自由，追求自我，对上层贵族阶级嗤之以鼻。在演奏《月光奏鸣曲》的时候，一位附庸风雅的贵族不顾他人大声喧哗，贝多芬便厉声责骂。一位亲王出面调解时，贝多芬便道出了以上言论。

贵族承袭多依靠血缘，而他的音乐成就则依靠努力和勤奋。这句话强烈地体现出贝多芬对附庸风雅贵族的嘲讽，展现了个人的自尊自立。

《月光奏鸣曲》手稿

为什么会发生安妮女王之战

在西班牙王位战争期间，英法两国为争夺北美大陆的统治权而进行了一场战争，并以执掌英国的安妮女王称号命为"安妮女王之战"。战争发生的原因主要在于英法两国之间存在的经济矛盾和宗教矛盾。首先，18世纪初，英法两国开始在欧洲以外的地方争夺市场和原料来源，富饶的北美大陆则成了两国争抢的焦点。其次，英国在宗教上施行新教，所以它更支持在北美施行新教，这也就与以扩大天主教为己任的法国产生了矛盾。因此，战争在此背景下一触即发。

《阿亨和约》的主要内容是什么

《阿亨和约》是奥地利王位继承战争期间，奥地利和普鲁士两国达成的条约。奥地利皇帝查理六世死后，长女玛利亚·特里萨继位。普鲁士国王腓特烈二世拒绝承认，并出兵占领奥地利的西里西亚地区，普奥两国战争爆发。英、俄、荷等支持奥地利，而法、西等则支持普鲁士。

最后，双方签订《阿亨和约》：承认玛利亚·特里萨的王位继承身份，但是西里西亚地区划归普鲁士；法国拆毁敦刻尔克防御工事，西班牙获得奥地利在意大利的属地。该条约的签订大

大激化了法、英两国矛盾。

什么是"七年战争"

"七年战争"是英、法在欧洲大陆争霸战争中的一次决定性战役。其导火索为奥地利王位继承战争。该战役交火范围广，涉及欧洲大陆、北美洲和印度地区。英国利用普鲁士在陆地上牵制法国，自己则利用海军优势在海上打击法军。双方最终签订《巴黎和约》，英国从法国手中夺取北美大陆的殖民地，并获得法在印度的控制权。

"七年战争"中，法国海军几乎全军覆没，陆军遭受重创，失去了欧洲大陆的霸权。英国则成为海上霸主，为日后殖民帝国奠定基础。

俄国沙皇彼得一世是个什么样的人

彼得一世（1672—1725年），是俄国历史上一位具有雄才伟略的政治家和军事家。他对政治、经济、军事、教育和文化进行了大刀阔斧的改革，史称"彼得一世改革"。这次改革极大促进了俄国的西化进程，加速了俄国经济的发展，增强了俄国的军事实力。他对外发动"北方战争"，从瑞典手中夺得了芬兰湾和里加湾沿海一带及波罗的海出海口，而在南方则夺取亚速堡和巴库，控制了亚速海和里海的门户。因此，他被后人誉为"俄国最杰出的沙皇"。

彼得一世

为何说克里米亚战争是一次非正义的战争

克里米亚战争是沙俄和英法之间进行的一场旨在夺取君士坦丁堡和黑海海峡控制权的争霸战争。1853年9月，土耳其在英法怂恿下对俄宣战，紧接着1854年，英法加入战争，对俄作战。俄国由于军事装备、战略技术的落后，最终战败。

这次战争极大地暴露出沙俄专制和农奴制度的腐朽，加快了国内革命形势的发展，促使了俄国农奴制的改革。克里米亚战争是一场大国争霸战争，无论哪一方获胜，都无法改变近东地区人民的生活状况。

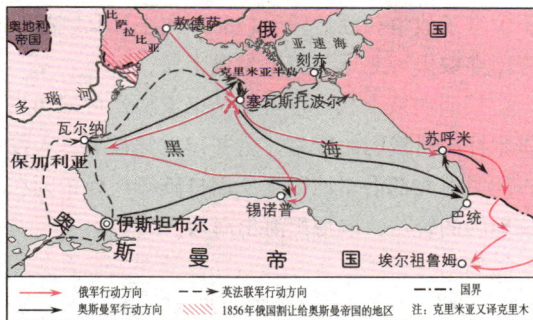

克里米亚战争

彼得一世为什么处死太子阿列克塞

彼得一世即位后，在俄国实行了大刀阔斧的改革，对内对外均取得斐然成就。然而，改革之路并非一帆风顺，因为改革本身触及俄国原有贵族的利益。太子阿列克塞则是俄国贵族的代言人，带头反对其父的改革，并得到了生母鲁普金娜皇后的支持。为了维护国内稳定，扫清改革桎梏，彼得一世在1716年下令抓捕阿列克塞，并将其处死。处死太子这件事打击了国内原有贵族的势力，彰显了彼得一世改革的雄心大志，大大地减少了改革的阻力。

你知道彼得一世书信退敌的事情吗

18世纪中叶，瑞典成为欧洲大陆强国，屡屡侵占俄国土地。瑞典无法容忍俄国的强盛，于是集结兵力打击俄国。为击退强敌，彼得一世采用"疑兵计"。他亲自签发了许多文件，令信使通知国内各地将领，率军在沿海地区集结。然而，这些将领有的远在内地，有的根本不存在。信使故意被瑞典部队虏获。瑞典国王查理十二查看了彼得大帝的调兵信件，亲自审问信使，作出判断——俄国兵力强大。即使攻占沿海地区，瑞典也将得不偿失，于是主动撤回部队。

为什么俄国执意要发动第四次"俄土战争"

第四次"俄土战争"发生在1735—1739年间，是俄国与奥斯曼土耳其之间发生的一次战争。俄国之所以要挑起这场战争主要为了获得出海口，以满足本国经济发展的需要。俄国在波兰王位继承战争获胜后，于1735年向土耳其宣战，意图夺取黑海北岸和克里米亚半岛。

第四次俄土战争也旨在结束奥斯曼帝国和克里木汗国对俄国的侵略，合并13世纪被蒙古人侵占的黑海北部沿岸地区，从而打破奥斯曼帝国在该地区的统治，取得黑海出海口。

德国公主是怎么当上俄国女沙皇的

这里所谓的德国公主是叶卡捷琳娜，即后来俄国历史上的叶卡捷琳娜二世。她身为德国公主，幼时前往俄国，陪护卡尔·彼得。到俄国后不久，她开始信奉俄国的国教——东正教，努力地学习俄语，了解俄国的历史、文化

叶卡捷琳娜二世

和风俗习惯。卡尔·彼得当上沙皇，她随之变为皇后。但彼得性格懦弱，不理朝政。叶卡捷琳娜暗中培植自己的势力。

最终，在1762年6月29日，趁彼得去往离首都彼得堡很近的奥拉宁堡行乐时，叶卡捷琳娜登基为沙皇，成为第二位被称为"大帝"的沙皇。

"巴尔联盟"是个什么样的组织

巴尔联盟是1768年至1772年由波兰贵族施拉赤塔在波多利亚的巴尔成立的一个组织。该协会宣称要保卫波兰、立陶宛联邦的内政外交独立，反对俄罗斯帝国侵略，并试图限制联邦权贵。它实质上是一个军事组织，具有自己的军队。其创始人包括权贵卡缅涅茨主教亚当·克拉辛斯基、卡齐米日·普瓦斯基和米哈乌·克拉辛斯基。在

巴尔联盟的指导下，波兰人民进行了第一次波兰起义。

但起义的失败不仅把波兰推向了被列强瓜分、压迫的局面，还暴露了巴尔联盟自身存在的诸多问题。最终，在1772年，该组织被迫解散。

掀起反对叶卡捷琳娜二世起义的人是谁

18世纪的俄国处在沙皇统治下，实行农奴制，导致人们生活困苦不堪。叶米里扬·普加乔夫曾是名士兵，参加过"七年战争"，后因病退伍回乡。复员后，贫困的生活和黑暗的社会现实令他愤慨。1773年9月，普加乔

叶米里扬·普加乔夫

夫冒充被暗杀的彼得三世，纠集哥萨克人举行起义。他提出"给予人民土地与自由"的口号，取消一切赋税，宣布解放农奴。起义得到农奴和穷苦人民的积极响应，声势日盛。

沙皇叶卡捷琳娜二世赶忙调集大军，利用欺骗手段在察里津打败起义军。1774年9月普加乔夫被捕，起义最终失败。

武装中立宣言的基本内容是什么

武装中立宣言是北美殖民地进行反英独立战争期间，俄国联合丹麦、瑞典等国发表的中立宣言。常年的交战不仅导致交战国贸易受损，还使得一些中立国也蒙受损失。

因此，为了保障战时中立国家的自由贸易，1780年，俄国向英、法、西等国发布宣言："中立国船舶可以在交战国港口之间及沿岸航行。交战国不得对其武力干涉。此外，中立国不得向交战双方输送战时禁运物资如武器、弹药、造船器材等。"宣言不久获得多数欧洲国家同意，成为保护各国贸易的重要协议。

"尊王攘夷"运动是怎么回事

日本在19世纪中期以来，遭受西方列强侵

略，被迫签订了一系列不平等条约。一批资产阶级化的下级武士面临民族危机，掀起了反对幕府专制统治和列强侵略的资产阶级改良运动，史称"尊王攘夷"运动。下级武士以吉田松阴、佐久间象山为代表，积极呼吁、宣传资产阶级改良主义思想，企图通过幕府改革执政策略来实现国家独立、富强。尊王攘夷运动传播了西方先进的思想，对日本起到了思想启蒙的作用。

1652年英荷战争的导火索是什么

《航海条例》的颁布是触发英荷战争的导火索。该条例旨在鼓励发展英国的航海事业和海外贸易。其内容包括：1.只有英国或其殖民地所拥有、制造的船只才可以运输英国殖民地的货物；2.政府规定产品来源，只准许特定殖民地可在英国本土或其他英属殖民地贸易；3.其他国家的制造产品，必须过道英国本土，而不能直接销往殖民地；4.限制殖民地生产与英国本土竞争的产品，如纺织品等。该条例的颁布激化了英荷两国之间的经济矛盾。荷兰反对英国的《航海条例》，英国拒绝废除《航海条例》，这就导致了战争的爆发。

为什么会爆发第二次英荷战争

第一次英荷战争战败后，荷兰重整旗鼓，重建海军力量，伺机夺取海上霸权。在老将特罗普阵亡之后，德·奈特出任海军上将，成为荷兰海军统帅。他励精图治，积极储备海军人才。1663年，英国组织"皇家非洲公司"开始围攻荷兰在非洲西岸的殖民地，企图从荷兰人手中夺取牟利惊人的象牙、奴隶和黄金贸易。1664年8月，德·奈特率领8艘战舰收复了被英国占领的原荷属西非据点。在1665年2月22日，荷兰正式向英国宣战，第二次英荷战争随之爆发。

为什么黄金船队宝藏是个谜

黄金船队是指18世纪消失的、载有大宗宝藏的一支西班牙船队。西班牙国王菲利普五世为渡过财政危机，命令南美洲的西班牙殖民政府把从殖民地搜刮而来的民脂民膏送往塞维利亚据点。

1702年6月，在黄金船队驶向大西洋的维哥港湾时，一支英、荷联合舰队拦住其去路。面对强大的敌军，船队将领被迫下令烧毁运载船只。据被俘的海军将领恰孔估计，约有5 000箱财物沉入海底。此后，海边的人们零星地发现了一些失落的宝藏。但是船队宝藏至今仍未被人们完整发掘。

为什么"圣荷西"号船至今仍引人注目

黄金、钻石的璀璨光芒令人眼花缭乱，引得人们为其神魂颠倒。追求失落的宝藏也就成为探险家矢志不渝的追求。"圣荷西"号船常常被人们谈及正是因为它与一桩宝藏密切相关。

1708年5月，西班牙帆船"圣荷西"号在巴拿马出发，驶往西班牙。船上载满金条、银条等珠宝，价值约10亿美元。当时，英、荷与西班牙三国关系紧张。然而船长费德兹丝却毫不顾忌，依然坚持横穿英荷两国交战海域，不幸遭受英军攻击。帆船连同600多名船员，以及那无数珍宝消失于茫茫大海，成为人类史上的悬案之一。

为什么人们普遍认为波尔塔瓦战役是北方战争的转折点

波尔塔瓦会战是沙俄与瑞典两国交锋中的一次重要战役，是北方战争中最著名的战役。随着俄国实力的上升，彼得一世开始谋求欧洲霸权，而瑞典则意图浇灭俄国的强盛势头，维护自身实力。1709年6月，瑞典陆军元帅乌尔丽卡·埃利诺拉指挥部队和俄国沙皇彼得大帝率领的将士交战。俄军面对瑞典军队的进攻，充分利用气候因素，实行坚壁清野政策。查理十二世受伤，最终，瑞典军队败退。俄军的决定性胜利终止了瑞典成为欧洲列强的时代。

《五三宪法》为什么夭折了

《五三宪法》是1791年波兰立陶宛联邦制

定的宪法，是欧洲第一部宪法。宪法本质上维护资产阶级利益，打击封建旧贵族权益，主张资产阶级和贵族之间享有同等的政治权利。它提议废除旧的以维护封建贵族利益为主的议会制度，试图建立民主的君主立宪制。但是宪法触及波兰盟友利益，遭到普鲁士国王腓特烈·威廉二世的背叛。之后，叶卡捷琳娜大帝和波兰旧权贵、无地贵族建立起阴谋集团塔戈维查联盟，击败波兰立陶宛联盟。联邦的失败最终导致波兰第二次被瓜分，但《五三宪法》却影响了后来的民主运动。

波兰为什么会被瓜分

17世纪的波兰仍然面临分散、割据的局面。资本主义萌芽的缺少和农奴制度的盛行，使它无法建立起中央集权体制。波兰国内有大片平原，靠近波罗的海，具有重要的军事、经济战略地位。而周边的俄国、奥地利、普鲁士等国家实力雄厚，意欲抢夺波兰这块土地。此外，波兰内部争斗不断，导致局面涣散。这些因素致使波兰难于逃脱被邻近强国侵略和宰割的命运。

波兰从1772年到1795年，被俄、普、奥三次侵略，国土最终被瓜分完毕。直至第一次世界大战，波兰才复国。

黑奴贸易是在什么时候形成的

掠捕黑人　　　　　　拍卖黑人

新航路的开辟不仅为欧洲带来大量资金来源，还带来大量劳动力，为资本主义的发展提供保证。而悲惨的黑奴贸易便是在此背景下进行的。15世纪，为解决劳动力问题，欧洲殖民者把非洲的黑人贩卖到美洲充当奴隶。其中，葡萄牙在黑奴贸易中扮演了急先锋角色。英国后来居

上，成为世界上最大的黑奴贸易国家。

残酷的贸易使非洲大陆流失大量劳动力，导致非洲日益贫困，沦为殖民者掠夺侵略的对象。

奴隶贸易被废除的原因是什么

1890—1891年的布鲁塞尔国际会议通过了《禁止奴隶贸易总决议书》，标志着自15世纪以来的大规模的奴隶贸易最终被废止。奴隶贸易废止的根本原因在于资本主义的发展，工业资产阶级需要采取新的剥削方法获取利润，因此不再需要旧的贸易形式，而且废奴运动从思想上为废除奴隶贸易奠定了基础。

此外，美国独立战争胜利后，南北方最终废除奴隶制，使奴隶贸易失去了最广的市场。美洲黑人和非洲人民常年的英勇起义也沉重打击了黑奴贸易。

导致美国独立战争爆发的重要因素是什么

美国独立战争指北美的13个殖民地为抗击英国统治、争取独立的民族解放战争。战争持续八年时间，从1775直到1783年。独立战争爆发的根本原因在于英国殖民统治政策严重阻碍了北美大陆资本主义经济的发展。当时的美国已经形成统一的资本主义市场。此外，随着英语的普及，北美大陆民族意识逐渐觉醒。但英国却实行了一系列压制政策，例如"印花税法案"，企图保持殖民原状。最终，英国的殖民策略加剧了英国与北美大陆之间的矛盾。最终，在1775年，独立战争爆发。

第一届大陆会议通过了哪些措施

1774年9月5日至10月22日，为应对英国对北美殖民地的高压政策，北美12个殖民地共56名代表在费城召开会议，史称第一届大陆会议。会议通过了《权利宣言》，要求英国取消对殖民地的经济限制措施和5项《不可容忍法令》，提出不经殖民地人民同意不得肆意加税，要求实行自治政府，撤走英国驻军。如果

英国不接受这些要求，北美殖民地将于12月1日起抵制英货，中断同英国的所有贸易联系。然而，英国却拒绝了北美殖民地的请求，开始准备武力干预。

美国是在什么时候独立的

经过1775年至1783年八年的独立战争，美国终于赢得民族解放战争的胜利。早在1777年11月，大陆会议便通过了《邦联和永久联合条例》。1781年，该条例生效，美国组成邦联国会。

1783年9月3日，美英正式签订《巴黎和平条约》，规定：英国承认美国独立，其领土限于密西西比河以东；双方停止敌对活动，英军撤出美国领土；划定美国与英国和西班牙属地在北美的边界。至此，持续八年之久的战争，终于以美国的胜利而告终。

北美独立战争第一枪是谁打响的

来克星顿枪声

北美独立战争的第一枪由北美解放组织"自由之子社"的步兵率先打响。英国驻北美总司令盖奇派军队到康科德搜查反英秘密组织的军火仓库，并预谋逮捕该组织领导人。因此，"自由之子社"的民兵集合起来，反对英国军队的搜查。1775年4月19日，英国少校指挥官史密斯带兵到来克星顿进行搜查，与民兵交火，史称"来克星顿的枪声"。

来克星顿的枪声，揭开了北美独立战争的序幕，它像信号一样，很快传遍英属北美13个殖民地，掀起了规模宏大的独立战争。

美国为什么能够赢得独立战争的胜利

美国独立战争是美国殖民地人民反侵略反压迫的民族解放战争，是正义的战争。从内部因素讲，18世纪下半叶的美国资本主义已经开始萌芽，具备了统一的市场。各民族之间相互交流，民族意识已经逐渐觉醒。这就为独立战争打下了坚实的物质基础。此外，美国军队浴血奋战也是独立战争获胜的重要保证。在外部因素上，美国充分利用了法、英两国之间的矛盾，获得了法国支持。而且，美国本土作战，具有地理优势，而英国则需要横渡大西洋，不利于有效、迅速地展开军事行动。

你知道北美独立战争的历史意义吗

北美独立战争是北美人民用鲜血和泪水换来的胜利，具有资产阶级民主革命的性质。北美民族交流融合，逐步形成统一体，日益不满英殖民的统治。战争暴力推翻了英国在北美大陆的殖民统治，赢得了国家独立，建立了资产阶级国家。

美国在战争过程中还颁布诸多有利于资本主义发展的措施，为资本主义在美国的发展扫清障碍。此外，独立战争还极大地打击了英国的殖民统治，在国际上引起轰动，为拉美等国家寻求民族解放树立了楷模。

为什么华盛顿被誉为"战争中第一人，和平中第一人，国人心目中第一人"

华盛顿的一生与美国独立有着密不可分的关系。1774年和1775年，他先后作为弗吉尼亚议会的代表出席第一届、第二届大陆会议，献言献策。1775年7月3日，华盛顿就任大陆军总司令指挥民兵，采取合理军事策略打败英军，获得北美独立战争的胜利。1787年他主持

华盛顿

召开费城制宪会议，制定联邦宪法，并于1789年，当选美国第一任总统。

他还开创了美国历史上摒弃终身总统的先河。他凭借对美国独立和政府建立作出的重大贡献，被国人尊为国父，成为美国"战争中第一人，和平中第一人，国人心目中第一人"。

《独立宣言》的意义是什么

《独立宣言》是人类史上第一次以政治纲领方式确立资产阶级的革命原则、人权原则，一定程度上反映了北美殖民地人民争取自由独立的政治愿望。《独立宣言》的发表对发动群众进行独立战争，起了重大作用。此外，它所反映出的"自由""平等"等原则也直接影响了法国大革命，成为了1789年法国《人权宣言》的范本，对亚洲、拉丁美洲的民族独立运动也起了一定的推动作用。但宣言也具有一定的局限性，并未宣布废除奴隶制，而其提倡的天赋人权也不包括黑人和印第安人。

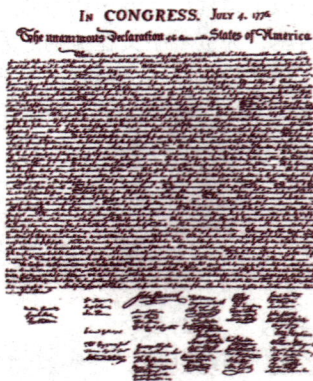

《独立宣言》

为什么把美国总统府称为"白宫"

白宫如今在新闻和报纸中频繁出现。我们常常可以看到白宫发布消息、做出指示等类似的词语。然而，最初的白宫并不"白"，它的由来还有一段渊源。起初，白宫被称为"总统大厦"，是行政办公之所。

1812年，在第二次美英战争伊始，美军溃败，英军顺势攻到纽约，并于1814年8月，放火焚毁这座建筑物，使总统大厦留下了大量被火烧过的痕迹。1817年，为了美化办公地点，门罗总统下令在灰色沙石上漆上一层白色的油漆。总统大厦成为白色的宫殿。1901年美国总统西奥多·罗斯福正式将其更名为"白宫"。

在美国地图上为什么国界线、州界线都是笔直的

北美大陆最初是英、法等国殖民地。为了划分各自的势力范围，各国列强多依照地图上的纬度、经度等进行划分，占据不同的地域。随着实力的不断发展，美国开始逐步扩大自己的疆域，通过武力抢夺、不平等谈判手段先后占领北美大陆中部、西部地区。而这些地区之前都是各国的殖民地，多依照地图划分。因此，实际的州、国界线多成直线。

这些笔直的界线是殖民统治的结果。此外，地理因素也是其中之一，北美大陆山脉走向多呈笔直状，也影响了美国州界的划分。

什么是西进运动

美国进行领土扩张的同时，东部各州的居民和外来居民也不断地向西迁移，逐渐形成了大规模的"西进运动"。1820年左右，移民开始越过密西西比河，进入美国新扩张的地区。在40年代，加利福尼亚发现金矿的消息更是激起广大人民的西迁热情。加利福尼亚很快由于人口的大量涌入成为一座城镇。直到19世纪末，西进运动结束。

西进运动实质上是资本主义发展形式的一种扩张，极大促进了美国资本主义的发展。但对印第安人来讲，西进运动剥夺了他们赖以生存的土地、河流，是一部"印第安人的血泪史"。

波士顿人民为什么将茶叶倒入海中

为攫取高额利润，英国殖民当局常常对英属殖民地实行高压政策，剥夺当地人利益，最终

导致了波士顿倾茶事件的发生。英国政府给予东印度公司向北美殖民地兜售茶叶的特权，并强迫殖民地内部禁止茶叶贸易，引发当地群众极大不满。一伙激进青年组成"波士顿茶党"，于1773年12月，化装成印第安人偷入强行靠岸的东印度公司船只，把三艘船上的共计342箱茶叶倒入海中，给东印度公司造成极大损失。该事件大大激化了英国和北美殖民地之间的矛盾。

你知道美国国旗——星条旗的演变过程吗

美国国旗历经多年修改，最终成为我们现今所见到的样式。最早的旗帜排列着13根横条，代表最早的13个殖民地。其左上角是缩小的英国"米字旗"。美画家威廉·巴雷特在此基础上改进了美国国旗，把旗帜左上角换成蓝色长方形，排列13颗白色六角星，而其余部分改为13条红白相间的横条。

1818年，美国国会通过一项新法案，规定：国旗上五角星的数目应与合众国州的数目相等，国旗的彩条仍恢复为13根横条。由此，星条旗最终定型，展现给世人。

北美战争的转折点是什么

萨拉托加大捷

萨拉托加大捷是北美战争的重要转折点。北美独立战争爆发后，英国政府便向北美大陆增派军队，企图镇压大陆军。双方在萨拉托加地区交战，盖茨领导的大陆军以少胜多，击溃了孤军深入的由柏高将军率领的英国军队。

萨拉托加大捷不仅打破了英军原有的战略部署，而且极大增强了北美人民必胜的信念，促使了国际形势向有利于北美人民的方向发展。美国

战略也开始发生转变，开始由战略防御转向了战略进攻。

为什么美国会爆发谢斯起义

士兵在美国独立战争中立下了汗马功劳，然而战后却过着饥寒交迫的生活，在1786年8月，著名的谢斯起义爆发。他们提出"平均财产权"的口号，立即得到广大城市平民的同情和支持，很快攻占城镇，建立了政权。美国统治集团十分震惊，玩弄阴谋，调动大军对起义者进行攻击。

起义军寡不敌众，仓促应战，起义最终失败。但这次起义促使美国资产阶级和奴隶制种植园主提出废除邦联条例，建立统一中央集权政府的主张。

最早的一部成文宪法是哪国的

《美利坚合众国宪法》是世界上最早的一部成文宪法，也是美国国家制度演变的必然结果。独立战争后，美国建立松散的邦联政府。但是，邦联政府组织过于松散，不能很好地协调各州利益。于是，邦联国会在1787年2月21日，批准起草宪法的方案。1787年9月17日，该宪法草案在费城召开的美国制宪会议上获得批准。

根据这部宪法，美国成为一个联邦国家，不仅增强了美国的政治、军事实力，还满足了国内资本主义的发展需求。这部宪法也成了日后各国制定成文宪法的范例。

美国为什么发表中立宣言

独立战争结束后，美国建立起独立的资产阶级政府。然而刚刚成立的政府却面临内忧外患的局面：政府内部，内阁和党派初成，攻讦不断；外部，国际形势复杂，欧洲大陆爆发英、法大战，而美国自身无暇参与。因此，在1793年4月22日，华盛顿签署"中立宣言"，称"美国的职责和利益要求他们应该真诚地、善意地采取并力求对所有的参战国都持友好而公正的态度"。中

立宣言的发表，表明了美国在国际战争中采取中立态度，以避免无谓的消耗，为自身发展赢得空间和时间。

XYZ事件是怎么回事

看似简简单单的字母背后往往隐藏着一段不为人知的历史，这既道出了字母的奥秘，也透露出事件的特殊性。

美国建国后，面临着英法两国错综复杂的国际关系。1794年，美英签订《杰伊条约》，引起法国不满。为此，法国攻击美国海上运输，使其遭受商贸损失。美国不得不派代表会见法外交部长塔列朗。而法国指派的三位代理人却向美国代表索取巨额贿赂。在最初公布的保密外交文件中，三位法国代表被分别称为X、Y和Z，因此该事件被称为"XYZ事件"。事件披露后导致了两国不宣而战的局面。

你知道美国的邦联条例吗

邦联条例是美国13个殖民地代表共同制定的联盟宪法，在独立战争之初发挥了重要作用。1777年11月，大陆会议在费城召开，通过了邦联条例。按照这部宪法，美国国家的中央权力很小，各州保留了较大的独立性。每个州均具有征税、征兵和发行纸币的权力。各州派代表组成联邦国会，但其只享有宣战和媾和，派遣对外使节，掌管邮政等权力。13块殖民地松散地联合在一起，缺乏行之有效、统筹兼顾的领导机构。邦联条例的弊端在镇压谢斯起义中日益显著，最终被废止。

法国资产阶级革命的序幕是什么

1789年，法国人民攻占了巴士底狱，揭开了法国资产阶级革命的序幕。随着资本主义的发展，法国资产阶级逐步壮大。然而，在封建专制的统治下，资产阶级遭受层层剥削。新兴资产阶级和封建贵族之间矛盾日益尖锐。巴士底狱是法国关押主要政治犯，控制巴黎的重要支点，逐渐

成了法国专制王朝的象征。因此，巴黎人民纷纷涌上街头，夺取武器，开始了武装起义。

攻占巴士底狱成为全国革命的信号。各个城市纷纷仿效巴黎人民展开武装暴动，夺取市政管理权。不久，资产阶级制宪会议掌握了大权。

攻占巴士底狱

法国为什么会爆发大革命

法国大革命爆发的根本原因是资本主义的发展与封建专制之间的矛盾。法国在波旁王朝统治下施行专制统治，严重阻碍了法国资本主义经济的发展。于是，资产阶级提出废除封建土地所有制，取消封建特权的主张。18世纪资产阶级启蒙思想的出现和广泛传播，为法国大革命和资产阶级登上政治舞台，作了思想和舆论上的准备。而路易十六召开三级会议筹款，引起了第三等级不满，则成为了法国大革命的导火索。

三级会议开幕

八月法令是怎么回事

法国大革命期间，制宪议会为废除封建制度于1789年8月发布的一系列行政命令。1789年8月，制宪议会宣布废除封建制度，包括人身义务、狩猎和鸽舍特权、领主法庭、教会什

一税、特权等级免税权等。议会还规定，任何公民，不论出身如何，均可出任教会和国家官职，对于源于土地的封建义务，均以赎买的方式予以废除。

法令在法律上否定了封建土地所有制，从根本上废除了封建制度，成为改造国家的重要一步，对法国资产阶级革命起到了推波助澜的作用。

法国大革命中是谁率先攻打巴士底狱的

巴士底狱是法国封建专制统治的象征。第一个倡导攻打巴士底狱的人是拉布吕耶尔。他曾是位虔诚的天主教徒，但反对波旁王朝的统治，并因写一些"思想自由"的文章而被关进过巴士底狱。1789年7月14日，他佩戴象征革命的三色帽徽，带领巴黎人民进攻巴士底狱。凭借借调而来的大炮和对巴士底狱地形的熟悉，拉布吕耶尔带领一批勇士率先攻入了巴士底狱。而第一个攻进巴士底狱的起义者则是约瑟夫·阿尔纳。

你知道法国国旗的由来吗

每个国家都有代表自己国家特色的国旗，而每面国旗的背后都隐藏着一段曲折的历史。法国国旗又被称为三色旗，它的由来与法国大革命有密不可分的关系。

1789年法国资产阶级革命时期，蓝、白、红三色旗成为巴黎国民自卫队队旗。其中，白色象征国王，处于核心地位。红、蓝两色分列两边，代表广大市民。此外，这三色还象征法国王室与巴黎资产阶级之间的友好联盟。三色旗是法国大革命的象征，与大革命的"自由、平等、博爱"口号相互辉映，对推动革命进程中起到了重要作用。

为什么说世界名画《马拉之死》反映了法国大革命的一个侧面

《马拉之死》由法国著名画家雅克·路易·大卫所作。马拉原为法国的一名医生，曾积极参加资产阶级革命。法国大革命期间，法国革命者为新国家的建立付出巨大牺牲。作品真实地描绘了马拉被敌人暗杀在浴盆中

马拉之死

的情景。画中马拉虽已去世，但仍未放下手中的鹅毛笔，表达出革命者坚持不懈的斗争意志。图中还写着法文"把这些钱币送给五个孩子的母亲"，充分体现出革命者对法国人民的热爱。

马拉象征着大革命中死去的先烈，而作者借助这幅画表达出法国人民对革命者的无比崇敬。

法兰西第一共和国建立于哪一年

随着法国大革命的深入发展，1792年9月22日资产阶级建立了共和国，即法兰西第一共和国。法国大革命爆发以来，以国王路易十六为代表的封建势力从未停止过反抗。八月起义推翻波旁王朝后，吉伦特派开始执政，面对法国人民的革命热情和外来武装的威胁，吉伦特派被迫通过立法议会决定召开国民公会。议会通过了废除封建制度的决议，并宣布成立法兰西第一共和国。

共和国的成立沉重打击了封建制度，维护了资产阶级革命的成果。在1793年6月之前，共和国的掌权者一直是吉伦特派。

西方殖民者掀起了哪三次殖民侵略运动的高潮

自新航路开辟以来，国与国之间交流加深的同时，相互间的矛盾和战争也不可避免。西方殖民者凭借坚船利炮走上了对外殖民的道路。在16~18世纪资本主义积累兴起时期，西方国家以英国、葡萄牙为代表掀起了侵略高潮，抢夺了大量的资源。从工业革命至19世纪上半期，西方国家开始了第二次殖民侵略运动，主要以商品输出、抢占市场为主。而资本主义过渡到帝国主义

阶段之后，侵略变得更加明目张胆，主要以瓜分势力范围为特征。三次侵略高潮给亚非拉地区的人们造成了极大地伤害。

救国委员会是个什么样的机构

救国委员会是法国大革命中雅各宾派统治的最高机构。雅各宾派执政以后，实行恐怖统治，迫切需要一个执行机构实行诸多决议。1793年4月6日，国民公会创立。委员会分为6个部，分别主管军事、海军、税收、外交、内政、司法，而救国委员会则分管军事、外交权，可以分派全权特派员到各郡和各部队中。1794年4月起，它又获得逮捕权。热月政变后救国委员会权力遭到削弱，仅限于军事与外交。1795年，热月党人执政后，颁布了《共和三年宪法》，预示救国委员会与国民公会同时被废止。

网球厅宣誓是怎么回事

法国第三等级长期受到上层封建贵族的压迫，革命情绪最为高涨。1789年6月，国王路易十六见无法通过三级会议达到敛财目的，便关闭议会会场。然而，国民议会代表在一个网球场集会，并进行了著名的网球厅宣誓。在主席巴依的带领下，代表们宣誓：不制定出一部王国宪法并使其有效实施，议会绝不解散。网球厅宣誓主张将法国改造成实行君主立宪制的法治国家，以便借此推行各种符合理性的改革。至此，资产阶级的反封建纲领渐渐形成，对大革命的爆发起到了巨大的推动作用。

谁被称为"平民中的米拉波"

乔治·雅克·丹东是法国大革命期间著名的政治家和领袖。1759年10月，丹东出生于奥布河畔阿尔西镇。后来，丹东参加反对吉伦特派的活动，成为了雅各宾派中举足轻重的人物之一。他在对内政策上，主张取消革命恐怖政策，取消最高限价，实行商业自由；在对外政策上，他则力主法国退出欧战，积极协商与英国议和。然而，

他的主张与罗伯斯皮尔相左。

最终，在1794年3月30日夜，丹东被扣上"阴谋恢复君主制颠覆共和国"的罪名，被送上断头台，时年35岁。

圣西门对社会的构想是什么

圣西门是法国著名的思想家，也是空想社会主义的发起者。他主张以社会主义代替资本主义，但是反对利用革命的方法过渡到新的社会制度。他承认社会发展的规律性，相信人类是进步的，认识到阶级斗争的存在。他试图在阶级调和论的基础上建立实业制度，建立人人都有劳动的社会。他把无产阶级视作一个受苦的、被解放的阶级来看待，但没有把他们视作社会新制度的推动力量。

圣西门

谁与罗伯斯皮尔、库东结成"三头联盟"

圣鞠斯特，出生于法国的不勒兰古市，是法国资产阶级期间雅各宾派的重要领导人之一。他曾写过多篇演说，其中最为著名的是要求处死国王路易十六的演说。在1794年，他出版了著名的《法国宪法和革命的真谛》一书，成为当时著名的青年革命理论学家。

后来，在雅各宾派执掌政府期间，他进入救国委员会，积极参与各种恐怖政策，与罗伯斯皮尔和库东结成"三头联盟"。1794年7月，热月政变之后，由于他与罗伯斯皮尔的关系，他被押上了断头台。

法国资产阶级革命经历了几个阶段

法国资产阶级革命大体经历三个阶段，分别为立宪派执政时期、吉伦特派统治时期和雅各宾派统治时期。立宪派登台，颁布《人权宣言》，但由于立宪派向波旁王朝妥协，未能及时去除封

建王朝残余，因此遭到人民遗弃。1792年，吉伦特派开始登上历史舞台，成立共和国，下令处死国王路易十六。然而，面对人民的革命压力和外部强敌的入侵，吉伦特派无法采取有力措施，最终被迫下台。

1793年，雅各宾派上台，实行"恐怖统治"。雅各宾派后来由于内部分裂，最终在热月政变后下台。至此，法国资产阶级革命结束。

路易十六被处死刑

哪次战役被誉为法兰西共和国诞生的礼炮

瓦尔密战役是法国革命军在凡尔登地区的瓦尔密进行的一场民族独立之战。面对蒸蒸日上的法国大革命，普奥两国企图扑灭革命的力量，恢复波旁王朝统治。1792年9月，凯尔曼率领的法军和普奥联军在瓦尔密地区交战。法军屹立不动，沉着应战，击败了松散的普奥联军。

瓦尔密大捷扭转了法军在战场上的被动局面，开始由战略防御走向战略进攻。此战激发了法国人民的爱国热情，挽救了法国资产阶级革命。因此，这次战役被人民誉为"法兰西共和国诞生的礼炮"。

什么是"十二人委员会"

"十二人委员会"是法国资产阶级革命期间吉伦特派组建的调查委员会。吉伦特派执政期间，国内政局斗争激烈。山岳派由巴黎代表组成，主要代表小资产阶级利益，他们以巴黎公社为组织，与罗伯斯皮尔有密切联系。山岳派与吉伦特派竞争激烈。于是，吉伦特派组织"十二人

委员会"对巴黎公社进行监督、调查，并在1793年5月抓捕巴黎公社的领导人埃贝尔。双方矛盾激化，巴黎公社组织人民起义，包围吉伦特派的国民公会，迫使其解散了"十二人委员会"。

你知道法国大革命期间的共和历吗

法国大革命是资产阶级领导的反对封建王朝统治的革命。革命视国王、贵族和宗教僧侣为敌人。然而，法国使用的立法为宗教立法，为教皇所做，因此，与革命的宗旨相违背。

1793年，雅各宾派执掌政府后，决定重新制定历法，以排除立法与宗教之间的关联，规定：一年包括12个月，每周为10天。这个历法增加了劳动时间，有利于维护资产阶级的利益，但却给人民日常生活带来极大不便。拿破仑统治时期，共和历最终被废止。

什么是热月政变

热月政变是法国大革命期间爆发的一场推翻雅各宾派统治的政治行动。雅各宾派统治期间，经济上施行"统制经济"，政治上实行集权统治和恐怖政策。起初，这些策略在保卫大革命成果方面作出了一定贡献，但在危机之后，雅各宾派并未适时废除这些临时政策，最终引发国内人民不满。

1794年7月，代表大资产阶级利益的热月党人把罗伯斯皮尔等雅各宾派领导人推向断头台。按照当时的共和历，政变发生的时间属于热月，因此被称为"热月政变"。此后，法国开始进入维护大革命成果时期。

督政府是法国什么时期的政府

热月政变后，热月党人代表资产阶级利益开始执掌法国统治权，建立了督政府。推翻雅各宾派统治，热月党人亟须行之有效的统治机构。督政府总共经历两届。督政府统治期间，进行了财政、货币改革，对于促进资本主义发展作出了一定贡献。但是，督政府在内政外交上过于软弱，对内无法平复雅各宾派残余的暴动，对外缺乏策

略应对反法联盟的大举进攻。

1799年11月，拿破仑·波拿巴发动政变，推翻了督政府的统治，标志着轰轰烈烈的法国大革命结束。

罗伯斯皮尔是革命领袖还是暴君

罗伯斯皮尔是雅各宾派的主要领导人，是法国大革命的主要领袖之一。吉伦特派统治时期，忽略社会平等和经济平等，不肯实行最高限价法令。在罗伯斯皮尔的领导下，雅各宾派推翻了吉伦特派统治，制定相关政策，维护了大革命的成果。

罗伯斯皮尔

执政初期，罗伯斯皮尔实行恐怖政策，对于控制国内外局面具有重要作用。这一时期，他是大革命的领袖。但到后期，罗伯斯皮尔依然实行高压政策，滥用法律屠杀群众，最终走到了革命的反面，成为了暴君。

哪次会战促使第一次反法联盟彻底瓦解

法国大革命期间，为了阻止法国资产阶级革命的蔓延，神圣罗马帝国联合普鲁士、英国、西班牙等国组成反对法国革命的联盟。1795年，拿破仑率军远征意大利，接连取得蒙泰诺特、切瓦战役的胜利。1797年，拿破仑率军进入意大利，并侵占米兰，包围奥国军事堡垒曼图亚。反法联盟为解救曼图亚，第四次侵入意大利。法军在拿破仑的带领下，以少胜多，大败奥普联军，迫使其签订《莱奥本停战协定》。4月18日，由于联盟内部纷争不断，第一次反法联盟彻底瓦解。

哪次海战中英国舰队歼灭了法国舰队

18世纪后半期，随着本国资本主义的发展，法国国内的资源、市场无法满足自身需求，需要开拓海外殖民地。然而，早期发展的英国凭借强大的海军实力牢牢控制着殖民地。为了打破英国独断殖民地的局面，拿破仑统治的法国不断扩充海军规模，试图挑战英国的海军霸权。1798年，法国海军将领布吕埃斯对埃及进行远征。英军将领纳尔逊率命阻击。8月2日，双方在阿布基尔港激战。最终，由于战术失当，法国海军大败，将领布吕埃斯也战死舰船。这次海战使法国海军几近覆灭，从此拿破仑失去了海上竞争力。

"光荣革命"指的是什么

詹姆士二世统治期间，企图恢复个人统治，追随法国王室，鼓励发展天主教。最终，英国爆发"光荣革命"。荷兰执政者威廉在英国西南海港托尔贝登陆，12月进入伦敦，詹姆士二世逃往法国。1689年，国会宣布威廉和玛丽成为英国国王，英国进入双王统治。

由于这次政变是资产阶级和新贵族发动的，没有任何人民群众参加，成为了不流血的革命，因此被称为"光荣革命"。英国自此结束了封建专制统治，建立起君主立宪制国家。

拿破仑是怎样由一个士兵登上皇帝宝座的

拿破仑是法国历史上一位雄才伟略的政治家、军事家，他的一生充满了传奇色彩。1769年，拿破仑出生在地中海科西嘉岛，15岁时，考入巴黎陆军大学。1789年，拿破仑参加了针对波旁王朝的战争，并在土伦战役中渐露头角。后来，拿破仑凭借军事天分，逐步登上将军一职。1799年，拿破仑从埃及远征回到巴黎发动雾月政变，推翻热

拿破仑加冕

月党人统治。

1804年，拿破仑建立法兰西帝国，多次打败反法同盟，制定了《拿破仑法典》等一系列维护资产阶级的措施。1814年，普奥联手把拿破仑赶下台。经过1815年的短暂复辟后，拿破仑被流放到大西洋的圣赫勒拿岛，终老余生，享年52岁。

哪部法典成为日后欧美许多国家制定民法的范本

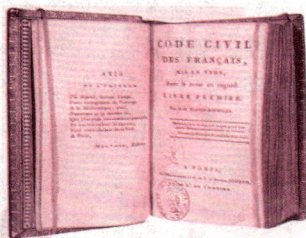

《拿破仑法典》书影

《拿破仑法典》是近代资本主义国家制定的第一部民法典，是一部典型的资产阶级新社会的法典，反映了法国资产阶级革命的成果。它共包括总则、3编35章，共2 281条。第一编题目是"人"，主要规定人对民事权利的享有；第二编为"财产及所有权的限制"；第三编为"取得财产的各种方法"。

总体讲，法典强调法律面前人人平等，核心是保护资本主义所有制不受侵犯，以法律形式肯定资本主义剥削制度和等价交换的原则，成为欧洲其他国家制定法典的主要蓝本。

你知道奥斯特里茨战役的始末吗

1805年奥斯特里茨战役

奥斯特里茨战役是在第三次反法同盟时拿破仑指挥的一次重要战役。为击败法军，英、俄、奥于1805年8月结成第三次反法同盟。当时，法军在英法海战中溃败，从而丧失海上竞争力，但法国在陆战乌尔姆战役中大败奥军，占领了维也纳。1805年12月2日，法国与奥、俄两国在奥斯特里茨地区交战。拿破仑采用诱敌深入战略，以少胜多，大败俄、奥联军。

这次战役中，法国皇帝拿破仑、奥地利国王弗朗西斯二世和俄国沙皇亚历山大一世各自率领军队作战，因此，这次战役被称为"三皇之战"。

1848年欧洲革命的特点是什么

1848年欧洲爆发资产阶级革命，由于其自身所处的时代、环境，这次革命呈现出鲜明的特点。无产阶级组织涣散，依然处在小资产阶级社会主义思想影响下，没有成为革命的领导力量。而资产阶级，缺乏坚实的基础，畏首畏尾，时刻有与反动势力结盟的可能。社会矛盾错综复杂，涵盖当时所有的阶级、阶层和政党。

1848年革命不像过去资产阶级革命那样沿上升路线发展，而是沿下降路线发展，最终以失败告终。巴黎工人六月起义把这次革命推向了最高潮。

哪次战役后普鲁士成为法兰西第一帝国的附庸

拿破仑执政后，进行大刀阔斧的改革，使法国实力大增，开始在欧洲大陆积极扩张，极大威胁了普鲁士的安全。1806年9月，普、英、俄三国结成第四次反法联盟。同年10月，拿破仑在耶拿战役中击溃普军，并攻入柏林。随后，法国开始进攻英国和俄国，对英国施行海上封锁，对俄国则进行艾劳战役。俄普进行妥协，与法国签订了《提尔希特合约》。普鲁士被迫割让易北河以西的大片领土，并在此建立威斯特法利亚王国，由拿破仑亲戚热罗姆·波拿巴担任国王。普鲁士最终成为法兰西第一帝国的附庸。

1848年欧洲革命的经验教训什么

轰轰烈烈的1848年欧洲革命虽然以失败告终，却为我们后人提供了宝贵的经验教训。那就是无产阶级要想取得革命的胜利，必须彻底摧毁旧的国家机器，建立无产阶级专政。而无产阶级要想稳定政权就必须要与农民结成联盟。不断革命是无产阶级的战斗口号，而无产阶级的领导则是革命取得胜利的最根本保证。

这次革命有力打击了欧洲封建专制制度，动摇了封建农奴制的统治基础，加速了封建制度的崩溃。它也从根本上摧毁了神圣同盟，为资本主义发展扫清了障碍。

哪次会战标志着拿破仑军事优势的最后丧失

1813年，欧洲各国利用法军征战俄国失败的机会开始组织第六次反法同盟，向拿破仑攻击。拿破仑仓促应战，打败了俄普联军。但因他拒绝奥地利的调停政策，奥地利乘机加入反法同盟。双方战火重启，交战于莱比锡。拿破仑由于接受错误情报，制定了不切实际的战略。最终，法国在会战中大败，联军于1814年3月进入巴黎，拿破仑于同年4月被迫退位。

莱比锡会战是拿破仑战争中规模最为宏大的战役之一。而此战的败北也使拿破仑丧失了最后的军事优势，自己也被送往了厄尔巴岛。

波旁王朝复辟是怎么回事

波旁王朝复辟是法国历史上一次封建王朝复辟的政变。波旁王朝在1789年法国资产阶级大革命中曾被推翻。但以普、俄为代表的欧洲封建各国组织多次反法同盟，意图阻止革命的扩散，维护旧的统治秩序。莱比锡会战后，路易十八重登法国王位，标志波旁王朝复辟。1824年，查理十世登上王位，制定了诸多维护封建贵族、破坏大资产阶级革命成果的措施，例如颁布补偿逃亡贵族的法令。这些倒行逆施的做法引起法国人民的严重不满，最终，法国爆发七月革命，该王朝从历史上彻底消失。

为什么滑铁卢成为失败的代名词

滑铁卢本身指法国的一个地名，但因涉及一场重大的战役，故被赋予其他含义。波旁王朝复辟后，制定诸多倒行逆施的政策，引起国内一片哗然。1815年3月，拿破仑从厄尔巴岛返回法国，重登政坛，史称"百日政变"。在维也纳会的反法同盟再次召集军队意图消灭拿破仑的势力。1815年6月，法国与英荷联军交战于滑铁卢，然而由于法军将领格鲁希的策略失误，最终法军大败，拿破仑再次退位。滑铁卢战役彻底摧毁了拿破仑的势力，而滑铁卢则成为了失败的代名词。

1815年滑铁卢战役

维也纳会议的主要内容是什么

为了恢复和巩固欧洲大陆的封建秩序，消除法国大革命的影响，满足各国重新分配欧洲和殖民地的要求，维也纳会议制定：1.按照"正统主义原则"，诸多封建旧王朝复辟；2.波兰重新被瓜分；3.德意志组成邦联，包括35个邦和4个自由市；4.奥地利取得意大利的绝大领土，而英国则失去了大量的海外殖民地；5.会议承认瑞士为永久中立国。会议的决定形成了维也纳体系，也促成了欧洲的均势局面。

什么是"神圣同盟"

维也纳会议结束以后，俄国一心充当欧洲宪兵的角色，妄图扑灭革命。1815年9月，沙皇亚历山大一世尝试与欧洲各国君主建立神圣同盟。奥普两国响应，三国结成同盟，宣誓：三国君主相互援助，敦促本国人民信奉基督教教义。三国君主宣称根据基督教义结成真正的牢不可破的友谊关系。

1815年底，除英国、土耳其和苏丹外，欧洲国家相继签字。俄国和奥地利成为了同盟的领导。但在七月革命和之后的欧洲资产阶级革命的打击下，神圣同盟最终瓦解。

定期召开会议是从哪一个组织开始的

1815年，法、奥、俄、普四国成了同盟，称为四国同盟。条约规定，四国在20年内以武力维护《巴黎条约》和《最后议定书》的决议，主要包括欧洲领土的划分，排除拿破仑及其家族重登法国王位的可能。条约一方倘若遭到法国的侵袭，其他各国必须出兵相助。缔约国还同意定期召开会议，讨论有关"共同利益"的问题。

四国同盟采取的定期召开会议的方式为以后一系列国际会议的召开和欧洲协调奠定了基础。

英国资产阶级革命的思想前提是什么

16世纪中期的英国已经开始出现资本主义的萌芽，然而旧的封建秩序逐渐成为资本主义发展的桎梏，尤其是代表封建阶级利益的国教内部残留了太多繁文缛节的规定，大大威胁了资产阶级的利益。于是卡特·赖特率先发起清教运动。后来，清教运动内部分化，形成温和派和激进派。前者主要目的在于净化国教内部，在政治上主张实行君主立宪制。而激进派则较为极端，要求放弃任何形式的偶像崇拜，政治上提倡共和制。清教运动为英国资产阶级革命提供了思想基础，成为革命的思想前提。

最早的纺纱机为什么叫作"珍妮机"

18世纪后期，随着工业革命的深入，英国各行业都开始了新的突破。棉纺织业在整个工业中处于基础部分。由于飞梭的发明，棉纺织行业出现了棉纺饥荒，棉线供不应求。为了解决这一问题，英国工人哈格里夫斯一次偶然的机会，尝试把线索竖装，大大简化棉纺的难度。此外，他还把纺锤由1个增加到8个，后又增加到16个。由此，一个人就可以纺出8根，甚至更多的棉线，大大增加了纺线的效率。他以自己女儿珍妮的名字命名了这部纺纱机，称之为"珍妮机"。

珍妮机

人们为什么称塞缪尔·科伦普顿发明的纺织机为"骡机"

钟表匠凯伊在1768年发明了水力转动的纺织机，比珍妮机更加省力，纺线更加细腻。但是，珍妮机纺线更加牢固。两者各有优缺点。然而，如何把优点结合起来成为了一个现实的课题。1779年，塞缪尔·科伦普顿发明了将两者的优点结合起来的水力纺织机。这种纺织机纺出的线更加细腻、牢固。人们把这种机器称之为"骡机"，因为他好像马和驴所生的、又具有两者优点的骡子一样。骡机的出现，大大缓解了纺纱荒的情况，促进了工业革命的进程。

谁为人类带来了"蒸汽时代"

18世纪后期，随着冶金业和采矿业的发展，工厂相继建立。为解决劳动力，提高效率，工厂多采用水力。然而，英国本土河流并不发达，因此工厂的动力问题日益突出。1765年，瓦特所在的格拉斯哥大学已有一部蒸汽机，但是太过笨重。瓦特在此基础上对蒸汽机进

瓦特

行不断地改进，终于制造出适合工厂使用的蒸汽机。瓦特也享有了蒸汽机的专利权。

蒸汽机在各行业大范围推广开来，人类由此进入"蒸汽时代"。瓦特的名字也随之被后人不断传诵。

提出科学原子论的人是谁

道尔顿是英国历史上著名的物理学家和化学家。道尔顿自幼家境贫寒，但刻苦学习，醉心于物理和化学实验。1801年，他总结出关于气体混合压强与分气体压强之间的关系，制定气体气压定律。之后，他又发现质量

道尔顿

守恒定律、定比规律等。他第一次利用科学实验的方式向世人展示出原子是组成世间万物最小的粒子，而且原子不可分割。原子论终于得到科学的验证。而科学原子论的提出，为我们发展近代物理学和近代化学奠定了坚实基础。

火车是谁发明的

随着工业革命的到来，工厂遍地开花，人们的生活水平有了翻天覆地的变化。随之，人们之间的交往也日渐频繁，但长距离的交往依然耗时耗力。当时，瓦特的蒸汽机已经适用于生产中的各个方面，

斯蒂芬森

为工业发展提供了重要的动力来源。为了加快不同地区商品的交换，斯蒂芬森利用蒸汽机为动力，开始改进火车，并为火车修建专用车道。

然而，科学的道路总是充满崎岖。1814年，他改进的火车运行缓慢，并未受人重视。1825年，他重新改进，最终研制出世界上第一台客货机车。

英国工业革命的影响是什么

工业革命首先是一场生产力的革命，极大促进了生产力的发展。工业革命促使工厂制度在英国最终确立。英国自此之后以一个工业强国的面貌出现。以机器为主体的工厂制代替了以手工为主的手工工场，成群的工人代替了分散的手工业者，开始形成了近代产业资产阶级和无产阶级的对立。它还促使世界格局发生改变。法国、美国等相继开展工业革命，逐步形成资本主义的世界体系和政治格局。此外，工业革命还为现代科技教育事业的发展提供了坚实的基础。

英国城市工厂林立

卢德运动是怎么回事

工业革命的重要后果之一是促进了工人阶级的产生。然而，工人阶级并未能享受工业革命所带来的便利，反而遭受更多苦难。工人被迫开始抗争，初期认为是机器的运动导致自己生活的窘迫。因此，这一时期的运动主要以破坏机器的形式出现。1811年，纺织工人卢德领导工人进行反抗，破换工厂机器。运动规模逐步壮大，扩展到约克郡、苏格兰等地。

后来，英国政府通过《治安保险法》，利用军队对起义进行镇压。卢德运动虽然失败了，但却让工人进一步认清了资本家的剥削、压迫本质。

什么是"宪章运动"

"宪章运动"是19世纪的英国工人企图通过和平的方式夺取国家政权的群众运动。1838年，洛伦特成立"伦敦工人委员会"，要求给予21岁

以上男人选举权，实行普选制。1839年，宪章派召开国民公会，但后来运动分化为道义派、物质力量派和中间派。同年11月，新港起义爆发，成为宪章运动中唯一的武装斗争。1842年，曼彻斯特罢工，达到了宪章运动的最高潮。1858年，宪章运动的标志性刊物《人民报》停刊，标志宪章运动结束。

宪章运动失败的主要原因是由于当时资本主义正处于上升阶段，社会条件还未成熟。

英国宪章运动群众集会

英国资产阶级革命初期的政治纲领是什么

1641年11月12日，英国国会通过了《大抗议书》，它是英国资产阶级革命初期的政治纲领，也是世界上最早提出的资产阶级议会制的基本原则。它由204条组成，其主张保障工商业活动的自由，废除各种封建特权，建立大臣对议会的负责制，限制主教的权利，建立主教的权力，成立长老派教会组织等。这份纲领极力维护新生资产阶级利益，促进资本主义发展，为初期革命指明了方向，是资产阶级革命的主要成果之一。

"宪章运动"经历了哪三次高潮

1836年，木匠洛维特组织"伦敦工人协会"，用一切合法手段争取人民自由权利，标志宪章运动开始。第一阶段从1836年至1839年。期间，宪章派发布"人民宪章"宣言，并在伦敦召开国民公会。第一次高潮发生在1839年，宪章派举行新港起义。在1842年，运动进入第二次高潮，立宪派成立了"全国宪章协会"，迫使政府放弃反谷物同盟法。1847年，

英国发生经济危机，宪章运动重新活跃。1848年，宪章派以伦敦北部工业区为中心罢工，运动进入第三次高潮。1858年，《人民报》停刊标志宪章运动最终结束。

你知道英国资产阶级革命中的独立派吗

独立派在英国资产阶级革命中扮演着重要角色。起初，独立派多是由一些清教徒组织的资产阶级分子组成。他们在政治上不满封建王朝的专制统治，在宗教上厌恶罗马教廷的专权，主张教区独立。该派的主要代表人物之一是克伦威尔。内战初期，独立派在克伦威尔领导下，取得了纳西比战役的胜利，维护了资产阶级利益。之后，它与平等派联合取得国会多数席位，成为革命的领导核心，并把查理一世送上断头台，对资产阶级革命作出巨大贡献。在斯图亚特王朝复辟后，独立派被迫解散。

你知道新模范军法案吗

新模范军法案是17世纪英国建立的一套资产阶级性质的军队构件法案。它建立一支编制为2.2万人的军队，其中三分之一为骑兵。军费确定从国家预算中调拨，规定军队实行统一指挥，统一纪律法规，并要求军服统一。

由此，英国建立了一支以东部联盟军队为基础的、统一指挥、纪律严明的正规军。这批军队为维护资产阶级革命成果，打击封建旧势力作出了重要贡献。它也成了英国历史上第一支常备军。

法国为什么会发生七月革命

拿破仑的"百日王朝"被推翻后，波旁王朝复辟。路易十八执掌国政。查理十世继之开始主政，制定了诸多恢复旧王朝封建秩序的政策。其主张归还逃亡贵族的封地，并给予一定补偿，限制贸易自由和工商业活动。查理十世的倒行逆施政策严重打击了新兴资产阶级的利益，大大加深了法国人民和贵族阶层的矛盾。

1830年，法国人民推翻了波旁王朝，建立了代表金融贵族利益的七月奥尔良王朝。这次革命

发生在七月份，史称"七月革命"。

法国的"七月王朝"是怎么回事

七月革命后，法国人民建立了代表金融贵族利益的七月王朝，实行君主立宪制。该王朝执政以后，实行了一系列有利于金融贵族利益的内政外交政策，大力发展银行、信贷等金融业。而在19世纪上半期得到巨大发展的新兴工业资产阶级日益不满金融资产阶级的措施。再加上1846年的农业危机和1847年的工商业危机，于是，法国国内矛盾激化，终于在1848年2月爆发二月革命。这次革命中，法国人民推翻了七月王朝，国王路易·菲利普仓皇逃往英国。

什么是无政府主义

无政府主义是19世纪后半期出现的一股小资产阶级思潮，其创始人为俄国的巴枯宁。小资产阶级积极参加历次革命，但未能获得相应的权益，逐步产生悲观情绪，从而渴望一种无政府的状态。他们宣称个人绝对自由是整个人类法杖的最高目的，主张建立个人绝对自由和无政府状态的社会。反对任何形式的集中、纪律和权威，也反对无产阶级进行的武装斗争。其核心是绝对的自由和平等，反映了小资产阶级的绝望情绪，不具有现实可行性。

蒲鲁东主义是怎么回事

蒲鲁东主义产生于19世纪40年代的法国，是一种小资产阶级思潮，由蒲鲁东所创。它反映了遭受破产威胁的手工业者和小生产者的愿望和要求，主张建立"自由社会"。经济上，主张建立以个人所有为基础的互助式社会，政治上强调个人绝对自由的无政府状态社会，反对任何形式的武装斗争。

蒲鲁东主义者拒绝马克思制定的基本路线，并企图把自己的理论强加到第一国际。巴黎公社革命的胜利是蒲鲁东主义结束的标志。

《人间喜剧》为何成为资本主义社会的百科全书

《人间喜剧》是法国著名作家巴尔扎克的作品，共包括91部小说，有《欧也妮·葛朗台》《谷物陈列室》等诸多脍炙人口的小说。它主要反映19世纪前半期资产阶级的现实面貌，时间上涉及资产阶级的兴起发展，描写资产阶级的贪婪无度和自私自利的本性。小说成功塑造了大约2 400个人物角色，来源于作者对现实生活的细致观察和描写。

他生动形象地刻画了一部法国的风俗史和资本主义的发展史，因此他的作品被人们称为资本主义社会的百科全书。

为什么说《人间喜剧》的作者巴尔扎克一生充满了悲剧的色彩

巴尔扎克是法国文学史上最伟大的作家之一，其代表作《人间喜剧》被称为"资本主义社会的百科全书"。他一生坎坷，历经磨难。巴尔扎克出生于法国巴黎，他自幼未得到父母宠爱，青年时被送往巴黎学习法律专业。他曾办过企业，但却亏损破产。这一时期，他与各类人打交道，使他更加清晰地看透资本主义社会的丑陋，为其日后写作积累了良好素材。

巴尔扎克

尽管，他凭借自己的小说获益不菲，但由于自己不断挥霍，生活异常艰辛。1850年，巴尔扎克在巴黎去世，享年51岁。

里昂工人为什么会发动起义

里昂工人起义是法国工人阶级反抗资本主义压迫的一场武装斗争，包括1831年和1834年两个发展阶段。里昂是法国著名的纺织中心，拥有诸多的工厂。因此，这里的工人相对集中，但生活窘迫。1831年，里昂工人举行起义，要求提高工资待遇，减少工时，但被政府军队镇压，第一次起义失败。1834年，里昂工人再次武装起来反对政府逮捕和审判罢工领袖，但由于工人缺乏正确的理论指导和斗争经验，最终也被镇压。里昂工人起义标志着欧洲无产阶级第一次登上历史的舞台。

你知道柯尔伯的重商主义吗

法国太阳王路易十四执政初期，满怀雄心大略，谋求欧洲霸主的地位。在经济上，他听从柯尔伯建议，主张加大国家储蓄，争取更多的国际外汇。在对外贸易中，柯尔伯主张增加出口，减少进口，不断积累本国金银数量。为此，他制定了诸多措施，对外国工业品和航运船只课以重税，使外国产品在法国无法赚取利润。同时，国家鼓励本国工业产品出口。这些措施被称为重商主义。

初期，重商主义得到良好效果。但由于之后各国不断效仿，导致各国贸易交流障碍频频，难以为继。最终，重商主义在柯尔伯去世后也付之东流。

"三十年战争"的导火线是什么

德意志皇帝马提亚在位期间，为了巩固自己在波西米亚地区的势力，任命天主教徒斐迪南公爵为波西米亚的新国王。然而，波西米亚一直有保持自治的传统，议会和新教教会依然存在。倘若斐迪南登上王位，波西米亚将面临被剥夺自治权和宗教信仰的危险。因此，波西米亚的贵族冲进皇帝在布拉格的驻地，把皇帝派来的两位使者扔出了窗外。这次事件被称为"掷出窗外事件"，从而激化了欧洲各国的矛盾，成为了"三十年战争"的导火线。

"正义者同盟"是一个怎样的团体

"正义者同盟"是德国流亡者于1836年在巴黎成立的工人组织。后来，该组织逐步发展成为一个德、法、英、波兰和瑞士等国工人参加的国际性组织，但缺乏统一、有效的行动纲领。

1847年，该同盟召开改组大会，马克思和恩格斯应邀参加。会议上，同盟更名为"共产主义者同盟"，提出"全世界无产者，联合起来"的口号。该组织建立的目的是推翻资产阶级政权，建立无产阶级统治。

共产主义同盟的成立标志着马克思建党工作取得胜利，国际共产主义运动的兴起。

德意志西里西亚纺织工人为什么起义

德意志西里西亚工人起义是无产阶级反抗资本家压榨和剥削的一场工人武装斗争。普鲁士西里西亚是著名的纺织中心，纺织工厂繁多，因此聚集了大批纺织工人。但是，工人一方面要受行会压迫，另一方面还要遭受资本家剥削，生活艰辛。1844年，纺织工人进行罢工，要求增加工资，但却遭到资本家的殴打。6月4日，工人举行起义。

在强大的政府军队镇压下，纺织工人起义最终失败，但鼓舞了广大群众的革命热情，标志着德国无产阶级开始登上历史的舞台。

谁被称为"数学王子"

高斯是德国著名的数学家、天文学家和地理学家，在多个领域作出了巨大贡献。高斯出生于德国萨克森州的一个贫苦家庭，但他自幼便显示了较高的数学天赋，青年时入格丁根大学深造。他发现了"最

高斯

小二乘法""二项式定理的一般形式""二次互反定理"，以及"质数定理"等。他著作颇丰，包括《天体研究》《曲面的一般研究》《关于代数的基本定理》等。

他在数学上的造诣让他获得"数学王子"的美誉，也被人们称为能与阿基米德、牛顿等齐名的少数数学家之一。

你知道米勒兰入阁事件吗

米勒兰入阁事件是第二国际期间发生的代表资产阶级利益的机会主义思潮。米勒兰是法国社会党人，在1899年以社会主义者身份参加了资产阶级政府，引发了一股社会主义者参加资产阶级政府的思潮。米勒兰主义者盲目崇拜合法的、和平的议会斗争，鼓吹阶级合作和阶级调和，宣扬通过选举可以取得政权。他们反对革命暴力摧毁资产阶级国家机器，并破坏工人运动。

米勒兰思潮引起了法国社会党人的分裂，形成了入阁派和反入阁派。第二国际与米勒兰主义者进行了激烈斗争。

自行车的发明人是谁

现如今，自行车已成为大街小巷最常见的交通工具之一。然而，自行车的构造却经历了漫长的发展历程。自行车模型在中世纪便已出现，但未进入实际运用。后来，德莱斯对自行车改造，使其运用到实践中。他制作的自行车具备前后两个木质轮、中间起连接作用的横梁，以及可以调整方向的车把，通过蹬踏前轮获得动力。1886年，英国工程师约翰·斯塔利对自行车进行改造，制造菱形车架，使用充气轮胎，与现在自行车构造基本一致。因此，斯塔利被后人称为"自行车之父"。

欧姆有哪些物理学成就

欧姆是德国著名的物理学家。1787年，欧姆出生于德国巴伐利亚州的一个普通家庭。18世纪初的德国正处在电力高速发展的时期。然而，电流、电阻和电压等问题还未引起人们的重视。欧姆重视实验，希冀从实验中找到有关电流的一般规律。几经挫折后，欧姆终于发现电流与电压之间的关系，即"欧姆定律"。1841年，欧姆被皇家学会授予科普利奖

欧姆

章，以表示对他研究成果的肯定。后来，人们把电阻的单位称为"欧姆"，以表彰他对电磁学所作出的贡献。

电路求解大师——基尔霍夫的物理学成就有哪些

基尔霍夫是德国著名的物理学家和化学家，对多个领域作出了重大贡献。1824年，基尔霍夫出生在普鲁士柯尼斯堡的一个律师家庭，之后步入柯尼斯堡大学深造。凭借个人的努力和天分，他发展了欧姆定律，进一步阐释

基尔霍夫

了电压、电阻和电流三者的关系，创造出基尔霍夫电压定律和基尔霍夫电流定律。此外，他还对辐射进行探究，得出基尔霍夫定理，并为日后提出"绝对黑体"的概念打下坚实基础。

凭借在电流方面所作的突出成就，他被人们赞誉为"电路求解大师"。

垄断组织是一个什么样的组织

垄断组织是资本家为了获得独占生产权和市场，为攫取高额利润而联合起来组成的垄断经济同盟。垄断组织是资本主义的产物，形式多样，包括卡特尔、辛迪加、托拉斯，以及康采恩等。垄断组织使得少数企业可以获得巨大资本投入到技术、科研、市场等领域，使其该行业内处于最高地位。同时，垄断也可以使企业在面对困难时，能够获得更多的资源支持。

但是，垄断的出现导致各企业间争斗不断，后期，又插手政治，推动了殖民扩张，引发国际争端，成为了战争的源头。

第二次工业革命的主要内容是什么

第二次工业革命发生在19世纪后半期，在资

本主义各国之间几乎同时出现。它极大地推动了科学技术的发展，促进了生产力突飞猛进的提高。第二次工业革命最为显著特点是电力的广泛应用，而在应用领域最大的成就是内燃机的发明和使用。此外，这一时期化学工业的建立也成为应用技术的一大突破。第二次工业革命在促发诸多新兴产业的同时，还为一些老工业部门的更新换代，比如纺织、煤炭等行业，提供了重要的技术支持。

第二次工业革命产生的历史条件是什么

第一次工业革命为第二次工业革命提供了物质基础。物理学方面，焦耳发现能量守恒和转化定律。英国科学家法拉第发现电磁感应现象，为发电机的诞生提供了理论支持，而俄国化学家门捷列夫则发现了元素周期定律，奠定了无机化学的基础。德国植物学家施莱登和德国动物学家施旺则创立了细胞学说。自然科学的新突破为资本主义发展所要求的新技术革命准备了条件，而新技术革命的成果广泛应用于工业生产则引发第二次工业革命。

第二次工业革命有什么特点

第二次工业革命是科学与技术结合的产物，使人类生产力有了突飞猛进的发展。它使得科学与技术两者有机联合在一起。地域上，第二次工业革命在欧洲几个主要资本国家基本上同时出现，打破了以英国为轴心的技术革命产生的模式，其影响范围更加深远，推动进程也更加迅速。

由于历史原因，不同国家革命进程参差不齐，有的国家在19世纪60—70年代便完成了第一次工业革命，如美国、法国等，而一些后进国家则第一次工业革命与第二次工业革命交叉进行。

哪次起义为塞尔维亚人民争取彻底的自治奠定了基础

塞尔维亚在14世纪时遭受奥斯曼帝国的侵略，成为奥斯曼帝国的一部分。19世纪初期，奥斯曼近卫军对塞尔维亚人民苛政暴敛，压迫、残害塞尔维亚人民，逐步激化了双方固有的矛盾。1804年，卡拉乔治领导人民起义，反抗奥斯曼帝国的压迫，要求自治，但最终被镇压。1814年，奥布里安诺维奇再次起义反对土耳其帝国，通过游击战，曾大败土耳其军队，但最终因寡不敌众而失败。起义虽然失败，但在俄国的帮助下，塞尔维亚也获得征收赋税等部分权益，为日后塞尔维亚的彻底独立打下基础。

你知道尼德兰地区颁布的"血腥法令"吗

16世纪的尼德兰还处在西班牙统治之下，控制着西属殖民地贸易及西班牙大部分对外贸易和金融业务。因此，尼德兰对西班牙推行欧洲霸权政策具有重要的价值。为加强对该地区的控制，西班牙国王查理一世对尼德兰严密控制，横征暴敛，设立宗教裁判所，迫害新教徒。他还制定敕令，规定凡"异端"处以死刑，并没收财产，藏匿与帮助异端的人与异端同罪。人们把这个野蛮法令称之为"血腥法令"。西班牙的经济掠夺扼杀了尼德兰资本主义工商业的发展。

伊利里亚运动是怎么回事

伊利里亚运动是克罗地亚人组织的一场民族复兴的资产阶级运动。伊利里亚本是古代巴尔干半岛居民的统称。早在14世纪时，南斯拉夫地区便处在奥斯曼土耳其帝国统治下。在19世纪前半期，南斯拉夫地区人们开始反抗土耳其帝国的统治，寻求独立。

这场运动以伊利里亚主义为理论基础，主张以伊利里亚语言为统一南斯拉夫的官方语言，实现民族文化的复兴。运动内部不断激化的民族矛盾逐步减弱了自身实力，最终在1848年，封建势力重建，该运动最终趋于消亡。

你知道克里奥尔人的来源吗

克里奥尔人是指拉丁美洲地区的土生白

人。他们是西班牙移民至拉丁美洲后，出生在拉美当地的西班牙裔人。他们从事的职业多为地主、中下级军官、教师、律师等。他们是一个特殊的群体，一方面他们与当地土著居民时有摩擦，另一方面他们又同宗主国具有矛盾。政治上，他们与宗主国人具有形式上的平等地位。经济上，他们是工商业资产阶级，对宗主国实行的殖民政策极为不满。他们作为拉美人，民族意识逐步增长，成为日后拉美独立战争的中流砥柱。

为什么说海地是第一个黑人共和国

海地是中美洲地区的一个岛国。1790年，温特森·奥热领导自由有色人发动武装起义，但很快被镇压。1791年至1801年，海地人民在杜桑·卢维杜尔的领导下，先后大败西班牙、法国和英国殖民者。1801年，卢维杜尔制定宪法，表明海地不受任何国家干涉。但法国殖民者不甘失败，施展阴谋，杀害了卢维杜尔。

然而，海地居民依然英勇战斗，终于在1804年赢得了自己的独立，恢复印第安人对自己国土的传统称谓"海地"。因此，海地成为了第一个黑人共和国。

第一个黑人国家的缔造者是谁

海地在16世纪时便相继落入西班牙、法国殖民统治的魔爪之下。在法国资产阶级革命的影响下，海地人民开始反抗外国殖民统治。1790年，文森特·奥热发动有色人起义，揭开了海地革命序幕。1791年，杜桑·卢维杜尔开

杜桑·卢维杜尔

始领导起义。经过十年征战，在1801年，卢维杜尔声明海地独立，并颁布宪法，废除奴隶制，保护私有财产，宣布公民一切平等。

海地在卢维杜尔的领导下，实际上已成为一个独立国家，杜桑·卢维杜尔也就成了第一个黑人共和国的缔造者。

多洛雷斯呼声标志着什么

19世纪的多洛雷斯是西班牙殖民统治下的墨西哥的一个城市。欧洲资产阶级革命的爆发极大鼓舞了拉丁美洲殖民地的革命情绪。1810年9月，伊达尔戈在墨西哥北部的多洛雷斯地区的教堂，向印第安教众痛斥西班牙的殖民统治，号召人民拿起武器，争取美洲独立，史称"多洛雷斯呼声"，它宣告了墨西哥独立战争的开始。

战争爆发后，起义者很快占领墨西哥中部的一些城市，并乘胜向墨西哥城进军。1811年，起义军终因寡不敌众而失败。

阿根廷是怎样独立的

1810年，西班牙被法国占领的消息传到拉丁美洲，再加上海地革命的影响，拉普拉塔地区人民纷纷起义反抗西班牙的殖民统治。拉普拉塔地区独立战争的主要领导人是圣马丁。1813年，他指挥骑兵控制了阿根廷的局势，建立了临时政府，并组织起第一届执政委员会。1814年，他因杰出的军事才能被任命为北方军司令。在他的主张下，1816年，拉普拉塔地区国民代表大会召开，通过《独立宣言》。国民大会的召开标志着阿根廷已经获得独立。

玻利瓦尔对拉美独立战争的贡献是什么

玻利瓦尔是土生白人，青年时代曾留学欧洲，深受西方启蒙思想的影响。他率领义军攻入委内瑞拉，于1813年成立第二共和国。经过反复的斗争，在1818年10月，玻利瓦尔召开国民代表大会，宣布成立第三共和国，并当选为总统。之后，他又参与其他地区的解放斗争中。1819年8月，

玻利瓦尔

他率军解放哥伦比亚的波哥大，12月成立"大哥伦比亚共和国"。直至1822年解放基多，南美北部基本摆脱西班牙殖民影响。玻利瓦尔为拉美独立战争所作的贡献永远为后人铭记。

巴西是怎样取得独立的

1807年，葡萄牙被法国占领，其王室被迫前往巴西。自此，巴西处在了葡萄牙殖民者的统治下，实行直接统治。葡萄牙在巴西制定重税政策，剥削压榨当地居民，导致双方矛盾激化。而当地驻军巴西籍军官和士兵对葡萄牙高级将领日益不满，成为了战争导火线。1817年3月，伯南布哥州爆发巴西独立战争，加之葡萄牙本国爆发革命，葡萄牙国王便留下儿子佩德罗执政。

面对当时的形势，佩德罗被迫承认巴西的独立，自立为皇帝，建立起君主立宪制国家。直至1889年，巴西采取完全的自治，建立巴西联邦共和国。

巴西的葡萄牙殖民者监督黑人收可可

巴西废除奴隶制的原因是什么

1888年，巴西最终废除奴隶制，成为西半球国家中最后一个废除奴隶制的国家。巴西废奴的原因主要包括：1．随着巴西资本主义的发展，奴隶制逐步成为阻碍经济发展的桎梏。奴隶主种植园经济不再适应资本主义市场的要求。2．拉美民族解放的影响，特别是自由、平等观念的传入，起到思想启蒙的作用。3．奴隶日益不满自己所处的环境，开始组织起来进行武装斗争，争取个人独立。所有这些因素都影响了巴西的奴隶

主。因此，在1888年，巴西奴隶制最终被废除。

拉丁美洲独立战争的历史意义是什么

拉丁美洲独立战争是拉美人民反抗外来侵略，寻求民族解放的革命，属于世界资产阶级革命中的一部分。它涉及地区广泛，卷入人口众多，斗争时间漫长，沉重打击了西班牙和葡萄牙腐朽的封建势力，动摇了两国庞大的殖民统治体系。

拉丁美洲独立战争不仅加速了欧洲封建制度的瓦解，还改变了世界格局，促进了资本主义的发生、发展，加速了民族融合的进程。但拉美国家并未走上彻底独立的发展道路，还需要拉美人民进一步的抗争，争取完全意义上的独立。

什么是门罗宣言

门罗宣言是19世纪美国对拉美国家所倡导的外交原则。面对拉美地区汹涌的独立浪潮，美国门罗总统于1823年12月，宣布本国对拉美政策所采取的三项原则："美洲体系原则""互不干涉原则"和"非殖民原则"。其构成了美国对拉美事务的基本外交政策，指出任何欧洲国家都不得干涉南、北美洲的事务，提出"美洲是美洲人的美洲"口号。

这项宣言实则维护美国自身在拉美利益，但对于反对英国和神圣同盟插足拉丁美洲具有一定的积极意义。

阿亚库乔战役是怎么回事

阿亚库乔战役是拉美独立战争中玻利瓦尔领导的一次重要战役。1822年7月，圣马丁和玻利瓦尔在瓜亚基尔会晤后，圣马丁隐退。玻利瓦尔开始独立领导起义军。1824年12月，西班牙殖民军在秘鲁南部的阿亚库乔与起义军相遇。玻利瓦尔命苏克雷进行反击。苏克雷采用"将敌人整体分割切断，利用骑兵中路突破"的战略大败殖民军。

该战役的胜利迫使殖民总督投降。上秘鲁解

放，起名为玻利瓦尔。这场战役沉重打击了西班牙殖民者，为结束整个西属拉美的独立战争打下坚实基础。

马克思为什么要成立"共产主义者同盟"

共产主义者同盟是马克思、恩格斯建立的第一个工人阶级的政党组织，标志着国际运动的兴起。共产主义者同盟前身为正义者同盟，它由流亡巴黎的工人和手工业者组成，在当时已发展成为多国工人参加的国际性组织。但是，该同盟思想混乱，派系复杂，缺乏统一纲领，因此难以团结工人力量来维护工人阶级的利益。1847年6月，正义者同盟在马克思、恩格斯的建议下更名为"共产主义者同盟"，明确提出推翻资产阶级政权，建立无产阶级社会的主张。

伟大的友谊

"共产主义者同盟"是怎么回事

共产主义者同盟是一个工人阶级领导的国际性组织。它通过了恩格斯和沃尔弗起草的新章程，提出"全世界无产者，联合起来"的口号，规定同盟的目的是推翻资产阶级政权，建立无产阶级统治，消灭旧的以阶级对抗为基础的资产阶级社会和建立无产阶级、没有私有制的新社会。章程还明确确立民主集中制的原则。

共产主义者同盟的建立标志着马克思的建党工作取得了胜利，预示着国际共产主义运动必将蓬勃发展起来。

《共产党宣言》是怎样诞生的

《共产党宣言》是国际共产主义运动的第一个纲领。1847年，共产主义同盟在伦敦召开第二次代表大会。马克思、恩格斯均列席会议。大会一致通过二人所提出的建党原则，并委托他们起草同盟纲领。经过紧张起草制定，新纲领终于完成，这就是著名的《共产党宣言》，并在同盟大会上一致通过。1848年2月，《共产党宣言》被译为英、法、德、意、荷、丹六国文字在伦敦公开出版。

《共产党宣言》第一版

该宣言鼓舞、推动了全世界的无产阶级斗争，也标志着国际无产阶级运动的开端。

《共产党宣言》的主要内容是什么

《共产党宣言》指出资本主义社会的基本矛盾，即生产的社会化和私人占有制之间的矛盾，这对矛盾不可调和。它揭示了资本主义必然灭亡和共产主义必然胜利的社会发展规律，阐述了无产阶级发生、发展和壮大的过程，科学分析了无产阶级的历史地位和阶级特点，明确无产阶级的历史任务——埋葬资本主义和建设社会主义。他还总结阶级斗争的经验，强调无产阶级必须用暴力革命推翻资产阶级政权，提出了"全世界无产者，联合起来"的口号。

无产阶级政治经济学诞生的标志是什么

1848年欧洲大革命失败后，马克思深深意识到工人阶级要想取得胜利，必须要有理论武装起来。经过20年的努力，1867年，马克思出版巨著《资本论》第一卷。这本书利用唯物主义分析资本主义的剥削本质，阐述资本家通过攫取剩余价值获取巨额利润。而工人阶级则始终处在被压迫、倾轧的困境。它还试图揭露资本主义生产方式，剖析资本主义发展的规律，指出资本主义必然灭亡，为工人阶级武装斗争提供理论支持。《资本论》第一卷的诞生标志着无产阶级政治经济学诞生。

1848年的欧洲革命是怎样爆发的

1848年的欧洲革命是19世纪上半期资产阶

级革命势力与神圣同盟国际反动势力之间斗争的继续，是欧洲资本主义发展和国际工人运动发展的必然结果。生产力的极大发展迫使生产关系进行变革。旧的封建秩序依然不能满足新经济发展的要求。此时，工人运动日益成熟，马克思主义也已诞生。加之，农业上，1844—1847年欧洲爆发了一场严重的农业歉收，几十万人丧生。经济上，英国爆发的经济危机开始席卷整个欧洲。客观政治经济形势促使革命一触即发。

被马克思称为"现代社会中两大对立阶级间的第一次伟大战斗"的是哪次起义

六月起义是法国工人阶级武装反抗资产阶级压迫的一次斗争。1848年5月，制宪议会召开，选举组成执行委员会，立即下令禁止集会、结社，以及解散卢森堡委员会。之后，新政府又要解散国家工厂，把厂中工人或流放，或编入军队。制宪议会的倒行逆施激怒了成千上万的工人。6月22日起，工人们开始罢工，武装起义。但终因寡不敌众，这次起义被镇压。

六月起义是当时社会资产阶级和无产阶级第一次公开的、大规模的武装战斗，被马克思称为"两大对立阶级间的第一次伟大战斗"。

哪次革命揭开了巴黎公社革命的序幕

巴黎无产阶级在严重的民族危机前，建立起国民自卫军，成为保卫法国民族独立和实现巴黎公社革命的主力军。1870年3月15日，国民自卫军成立了中央委员会，这实际上是一个工人阶级执掌的政府组织。当法国梯也尔政府对外投降，对内镇压起义时，3月18日，中央委员会领导巴黎工人阶级发动武装起义，并占领巴黎。梯也尔政府仓皇逃到凡尔赛。

3月18日革命取得胜利，是无产阶级推翻资产阶级统治的伟大历史创举，也揭开了巴黎公社革命的序幕。

巴黎公社采取的伟大创举是什么

巴黎公社取得成功后，制定一系列政治、经济和文化教育等方面的措施。公社首先宣布巴黎公社为现今唯一合法政权，并选举产生了人民治安委员会、司法委员会，命令工人纠察队维持治安。公社还规定实行普选制，建立民主政权，建立民主监督机制。在社会经济上，公社制定一系列符合工人阶级和广大劳动人民利益的改革措施，提出实行全面教育，开办职业教育。公社声明坚持无产阶级国际主义原则，反对资产阶级民族沙文主义，号召法国其他城市举行起义，建立工人阶级政权。

巴黎公社失败的原因是什么

巴黎公社是无产阶级争取自身解放的一次伟大革命实践，但由于诸多原因而最终失败。失败的最根本原因在于当时的资本主义正处于上升时期，法国无产阶级革命尚不具备成熟的条件。主观原因在于公社在政治和军事上出现致命错误，没有乘胜向凡尔赛进军，给了敌人反击时间。

此外，公社还缺乏一个统一的指挥中心，没有统一的无产阶级政党的领导，最终也未形成工农联盟，使自身处于孤立无援的地步。巴黎公社基于这些主客观原因最终失败，但却为日后工人运动发展提供了巨大帮助。

公社战士英勇就义

你知道大卫·李嘉图吗

大卫·李嘉图生活于工业革命时代，是英国著名的经济学家。他提出了地租原理和价值学说，认为地租是劳动者创造价值的一部分，是农业中超额利润的转化形态。他进一步发展了斯密的劳动价值论，把商品的价值分为使用价

大卫·李嘉图

值和交换价值，认为劳动量决定价值量。他也主张实行自由竞争，认为限制国家活动范围，减轻税负有利于经济的发展。李嘉图的理论为资产阶级登上历史舞台寻求理论支持，为19世纪马克思主义经济学提供了重要理论来源。

印象主义绘画的开山之作是什么

法国画家莫奈的《日出·印象》被后人誉为印象主义的开山之作。莫奈1840年出生在巴黎，几经学习，擅长利用光与影的变幻表现艺术手法。《日出·印象》是作者在阿弗尔港口绘画出港口清晨的景象，着重利用雾气、日出光芒表现隐约朦胧的艺术气息。该画在第一次印象派画展中受人诘责，被批评是"只能给人一种印象"。莫奈本没给这幅画作命名，便借人们的评价，将画作定名为"日出·印象"。

之后，该画派得到越来越多认可，成为印象派的代表作，而莫奈也因此成名。

《日出·印象》

哪一部书提出了著名的巴黎公社原则

1870年，马克思在巴黎公社失败后，起草了《法兰西内战》宣言。该书指出无产阶级必须用革命暴力炸毁旧的封建国家的压迫机器，用新的民主的无产阶级国家政权来替代，并运用它来镇压剥削的资产阶级，实现人民管理国家和社会改革，逐步达到劳动者在政治上和经济上的完全解放。马克思在这里不仅总结公社失败的教训，还为之后的工人运动提供了指导，号召工农联盟一起镇压资产阶级的剥削统治。这本书也提出了著名的巴黎公社原则，指导无产阶级继续抗争。

工联主义是怎么回事

工联主义亦称工会主义，是19世纪五六十年代英国工会联合会制定政策的总称。英国工人阶级较早地建立了自己的工人组织。工联在蒲鲁东主义与马克思主义争斗中，支持后者，但其所坚持的工联主义也多受后人诟病。工联主义夸大工会作用，主张劳资合作，反对武装斗争。他们要求进行经济斗争，主张工会高于一切，决绝党派领导。此外，他们主张实行殖民主义政策，反对民族解放运动。工联主义所奉行的政策是一点点的改良，而摒弃了无产阶级的革命使命。

英国为什么撤销东印度公司

东印度公司是英国面向印度、中国等亚洲东部国家贸易的公司，后来逐步演变成侵略亚洲的工具。借助英国政府的大力支持，东印度公司先后击败荷兰、法国的竞争对手，独占印度市场。它主要经营棉花、丝绸和茶叶等商品。但它过多的干预印度殖民地事务，施行不平等交易，剥削压榨当地居民，逐步引起印度人民的不满。18世纪后半期，印度加强了对该公司的管理，颁布《皮特印度法案》，逐步剥夺其政治特权。1858年，印度人民大起义爆发，英国政府被迫撤销了东印度公司。

19世纪中叶英国为何奉行"光荣孤立政策"

光荣孤立政策是英国政府在19世纪后半叶实行的外交政策。随着资本主义发展到垄断阶段，欧洲各国逐步走上侵略道路，纷纷结成同盟，寻求协助。1882年，德国、意大利和奥匈帝国结成三国同盟。法俄两国逐步接近。面对此形势，英国首相帕麦斯奉行光荣孤立政策，以图自身独立，维持大陆均势，获取自身政治、军事霸权。然而，随着欧洲大陆势力发展，三国同盟与法俄联盟的形成，英国反而被孤立在外。1902年，英国放弃该政策，开始寻求联盟。

最早发现恐龙化石的人是谁

曼特尔是英国著名的古生物学家。年轻时，曼特尔曾为一名乡村医生，一次偶然的机会，他发现了一块恐龙化石，将其命名为禽龙。但是，他的发现在当时没能引起学界的重视。曼特尔并未气馁，反而更加倾心于收藏恐龙化石，潜心研究。后来，他自办一家恐龙化石博物馆，免费让人们观赏。而在1822年，他发现的禽龙牙齿已成为人类史上最早记载有关恐龙的化石。

禽龙

电磁场理论的奠基者是谁

法拉第是英国著名的物理学家和化学家，为人类电磁事业作出了巨大贡献。19世纪上半期，资本主义得到巨大发展，工厂遍布各国，因此，对动力的需求日益旺盛。法拉第自幼贫苦，但却勤奋好学。1821年，法拉第发现电流可以产生磁的现

法拉第

象之后，他又发现磁场变化可以产生电流。他把这种现象称之为电磁感应定律。

他一生致力于科学事业，不慕虚荣。1867年，法拉第在书房内与世长辞，被后人赞为"科学家中最成效、最高尚的典型"。

邮票是谁发明的

罗兰·希尔是英国的一名政府官员。19世纪以来，人们日常交流频繁，但却没有行之有效的方法解决远距离人们间的交往。面对这种状况，希尔向英财政部提出建议，主张让邮寄人付款，由中间机构提供一种凭证，这即是邮票的雏形。此外，他还针对邮费过高的现象，提出降低邮费的声明。在1840年5月，英国政府发行第一套邮票"黑便士"。

世界各国纷纷效仿这一措施，邮票在世界上普及起来。罗兰·希尔被人称为"近代邮政之父"。

生物进化论的创始人是谁

达尔文是英国著名的生物学家。19世纪之前，人们还大多相信基督造人的传说，把人类的起源归结于上帝或其神灵。达尔文一直热爱冒险，对大自然的一切充满好奇。1831年，达尔文随贝格尔号军

达尔文

舰航行世界各地，为他进行生物考察提供巨大便利。经过搜集大量的动植物标本，达尔文逐渐开始形成进化论的构想，认为自然万物皆由低向高的阶段发展。

1859年，达尔文经过多年努力，最终出版《物种起源》一书，完成了进化论的思想，成为生物进化论的创始人。该学说对人类认识自身发展有巨大裨益。

近代资产阶级第一个唯物论哲学家是谁

弗朗西斯·培根是近代资产阶级第一个唯物论学家。他认为自然界是由物质构成的，反对把客观世界神秘化，认为自然界是有规律的，可以被人类所认识的。他主张通过对事物观察和接触，取得知识

培根

素材，再经实验和例证加以检验，最后经过归纳升华出普遍规律。他重视知识的作用，提出"知识就是力量"的口号。其学说在于发现自然规律，从而使自然服务于人类，为人们谋取福利。但他的理论中依然包含承认神的观念，因此，不是一个彻底的无神论者。

夏洛蒂·勃朗特为什么要写《简·爱》

1847年，夏洛蒂·勃朗特公开出版了自己的著作《简·爱》，在当时英国文坛引起巨大震动。《简·爱》一书描写了一位个性独立的女孩，冲破种种桎梏寻求自尊、自由的故事。在19世纪，女孩子多受社会习俗限制，毫无自由。夏洛蒂出生于贫

夏洛蒂·勃朗特

苦家庭，尝尽生活艰辛。而这笔财富则磨炼了她独立、自强的个性。为了生计，也为了打破社会对女性的歧视，夏洛蒂历时一年，写就了这本经典著作。从此，夏洛蒂在英国文坛，甚至在世界文坛，崭露头角。

为什么勃朗特三姐妹都会成为作家

勃朗特三姐妹指的是夏洛蒂·勃朗特、艾米丽·勃朗特和安妮·勃朗特。她们出生在英国约克郡的一个贫困家庭，自幼生活贫寒。但这并未淹没三人的才华。三姐妹跟随做牧师的父亲学习识字，了解大量文学著作，逐步对文学产生了兴趣。三人想象力都非常丰富，善于描写自己周边环境和事务。迫于生计，三人开始从事文学创作，相继出版著作。艾米丽写就《呼啸山庄》，安妮著《艾格尼丝·格雷》，而夏洛蒂则稍后以《简·爱》成名。

三人的著作既在英国文坛掀起不小的波澜，同时又是亲姐妹。这不愧是英国文学史上的一段佳话。

谁提出了"我思故我在"的命题

笛卡尔是法国著名的哲学家和数学家，也是法国唯理论的创始人。在他的哲学思想中，他认为人的心灵是获得真理的唯一手段，理性认识是万能的，是真正知识的来源。他承

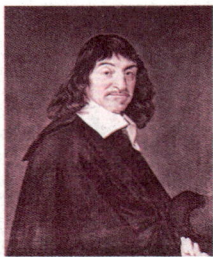

笛卡尔

认客观世界存在的同时，把思想和物质看作相互对立、互不影响的实体，主张对一切事物或公认的概念质疑。笛卡尔指出怀疑就是思考，就是接近事情真相，因此提出了"我思故我在"的命题。但他无法解释理性认识的来源，将源头归结于"上帝"，因此陷入了二元论哲学。

你知道《百科全书》中体现的哲学思想吗

《百科全书》一书是文艺复兴时期法国作家狄德罗支持编纂的，它囊括了哲学、自然和文学等方面内容。狄德罗花费20多年的时间编纂完成，标志着他从自然神论者走向了无神论者。他认为物质是宇宙的唯一实体，一切自然事物都是由最小的"元素"构成，不同元素构成不同物质。他还提出运动是物质固有的属性，动力在于物质本身的动力。而物质本身的动力则在于其内部元素之间的相互作用。他的观点为无神论提供有力的理论武器。

斯宾塞的政治理论是什么

斯宾塞是英国著名的政治家、思想家和社会学家。根据达尔文的进化论思想，他提出社会文化进化论，把自然界的自然法则套用到人类社会。他认为，人类社会像自然界一样，存在生存竞争。在竞争中，强者生存，弱者被淘汰。由此，穷人成

斯宾塞

为生存竞争中的失败者，理应受到社会和大自然的淘汰，成为强者争夺利益的牺牲品。这种思想为资产阶级的掠夺提供理论支持，成为帝国主义和种族主义政策的哲学基础，导致列强常以种族的优越性来为自己的劣行辩护。

是谁完成了电磁场理论

麦克斯韦是英国著名的物理学家、数学家，对电磁学的发展作出了巨大贡献。第二次工业革命期间，电力得到了广泛应用。法拉第的电磁学理论为认识电与磁的关系奠定了基础。麦克斯韦在法拉第学说基础上借助

麦克斯韦

数学原理阐释了该理论。1873年，他出版巨著《电磁学通论》，分析了电与磁二者的相互作用，并大胆预言了电磁波的存在。

他的研究把光学与电磁学连接起来，最终完成了电磁场理论，为电磁科技发展奠定了坚实基础。

热力学温标创立者是谁

开尔文是英国著名的物理学家，一生获得70多项科学专利。开尔文出生在爱尔兰地区，自幼聪明好学，20多岁便荣升为教授。19世纪的社会存在诸多测量温度

开尔文

的标准，比如华氏温标、摄氏温标等。然而，这些温度计都无法精确测量物体的真实温度。开尔文发明了利用热量来测量温度的方法，创立了绝对温度标准。1851年，开尔文提出了热力学第二定律，进一步发展了热力学研究。为了纪念他对热力学所做出的工作，人们把热力学的单位定位"开"。

电话的发明人是谁

贝尔是美国著名的物理学家，在电学和声学的研究上建树颇多。随着第二次工业革命的到来，人们生活水平有了巨大发展，相互间联系日益紧密，但人们之间依然无法实现远距离之间的便捷联系。贝尔在实验中，发现电波的变动可以导致声音的产生。于是，他放弃了大学职务，潜心研究电波与声音的关系。终于，在1876年，他成功地完成了电话实验。人类第一部电话机由此诞生，而它的发明者贝尔也为后人所铭记。

贝尔发明的有线电话

首创优生学的人是谁

优生学是一门以改进人类身体素质为目标的生物科学。19世纪之前，人们还未意识到遗传会影响后代的体质。1889年，英国著名的人类学家高尔顿提出"祖先遗传定律"，认为后代

高尔顿

的体质优劣受遗传的影响。如果经过精心的挑选，人们可以避免一些遗传病的产生，实现预防性的实现个体优生。高尔顿的优生理论首次科学的论证了遗传对于人类体制的影响。

但高尔顿的理论并非完善，依然存在一些漏洞，但却首创优生学，为提高人体素质作出了巨大贡献。

法兰西第二帝国是怎么灭亡的

1848年，菲利浦三世在内忧外患的局面中被迫退位，标志法国波旁王朝彻底覆灭。路易·拿破仑·波拿巴凭借金融贵族支持登上王位，建

立法兰西第二帝国，实行对内独裁、对外侵略的政策。然而19世纪的普鲁士在首相俾斯麦的辅助下，日渐崛起。普法两国矛盾开始激化。1870年，普法战争爆发。法国备战不足，坐失良机，在色当战役中被普军痛击。拿破仑三世见大势已去，便乘车逃离，中途被普军抓捕。

法国在色当战役的失败，导致拿破仑三世倒台，法兰西第二帝国随之灭亡。

谁获得了开凿苏伊士运河权

苏伊士运河全长约173千米，沟通地中海和红海，是当今世界上最繁忙的海上航线之一。运河开凿之前，从亚洲到欧洲走海路需绕行好望角，大大浪费时间。人们亟须一条捷径解决这个问题。

19世纪以来，法国开始有意识的打通苏伊士海峡，修建一条运河。拿破仑远征埃及时便已试图勘查，但不了了之。1854年，法国人斐迪南通过威逼利诱手段从埃及政府手中获得开凿运河权，役使大量埃及人民，历经10年时间，建成了苏伊士运河。该运河是埃及人民用自己鲜血和汗水凿通的，是人类史上的杰作。

你知道"二C计划"和"二S计划"吗

随着苏伊士运河的开通，非洲大陆的资源和广阔市场逐步成为资本主义国家瓜分的目标。在19世纪后半期，西非和南非金矿和钻石产地的发掘，以及众多新农作物的种植，大大提高了非洲在整个世界的政治和战略地位。

英法两国趋利而行，掀起了瓜分非洲大陆的狂潮。法国制定了一条西起塞内加尔、东至索马里横贯大陆的殖民帝国计划，以两地首字母S命名计划，称作"二S计划"。而英国则建立了一个北起开罗、南到开普敦纵贯大陆的殖民侵略计划，即"二C计划"。

伽罗华有哪些数学成就

伽罗华是法国一位天分极高的数学家。1811年，他出生于巴黎的一个殷实家庭。19世纪之前的人们已经完成了对一元四次方程根的解读，但对于更高次幂方程的解读却陷入了迷津。伽罗华另辟蹊径，提出"群"的概念，即每个方程对应一个域。这个域被称为"伽罗华域"。如此，每个方程都会有对应的一个伽罗华域，而该方程能否被解读，则看两者是否存在一一对应关系。

伽罗华

伽罗华21岁便早早离世，留下了三篇文稿。这些文稿的价值直到他去世多年后才获得世人的推崇。

"微生物学鼻祖"是谁

第二次工业革命在应用行业最大的表现便是化学工业的发展。而化学行业的进步又促进了微生物学领域萌芽。巴斯德出生在法国的东尔城，一生致力于化学、微生物学等学科。他发展了细菌理论，认为通过预防和遏制细菌的存活可以治愈疾病。1881年，他成功研制出克制蚕病致病菌的药物。1885年，他又研制出狂犬病疫苗，成功医治了一些狂犬病患者。

他的研究成果开创了微生物学新领域，为延长人类寿命，提高健康水平作出巨大贡献，被尊为"微生物学鼻祖"。

安培的物理学成就有哪些

电磁产品在人类生活中比比皆是，电磁的使用给人类生活带来了巨大便利。但电磁学的历史却相当短暂，经过法拉第、安培、奥斯特等科学家的发展，一步步走向成熟。在前人基础上，安培总结出电磁

安培

之间的相互作用的规律，为我们认识物质磁性提供了重要理论依据。1820年，他发现了电流和磁感线方向之间的规律，即安培定律。1827年，他把自己对电磁学的研究写成《电动力学现象的数学理论》一书。人们为纪念他对电磁学的贡献，把电流的单位定为"安培"。

欧洲人内阁是怎么回事

19世纪以来，非洲大陆逐步沦为欧洲列强的殖民地，成为任人宰割的一块肥肉。70年代，埃及仍属于奥斯曼帝国，但享有自治权。随着外国资本的入侵，埃及在政治、经济上日益依附于英、法等资本主义国家。1876年，埃及政府因外债危机被迫宣布破产下台。英、法等债权国趁机对埃及进行财政干预，控制埃及内政及外交事务，组成了欧洲人内阁。英国人担任财政部长，而法国人则入职公共工程部等。欧洲人内阁实质上是英法控制埃及政府的一个殖民工具。

普法战争竟是由一份被篡改的电报引发的，你相信吗

路易·拿破仑建立拿破仑第三帝国后，对内专制，对外侵略，导致国民怨声载道。而此时的邻居普鲁士则在俾斯麦的协助下，国力蒸蒸日上，逐步走上统一的道路。但法国这个对手的存在是普鲁士统一德国的一个巨大障碍。1870年春天，西班牙王位空缺，引发普法两国之间的利益争执。俾斯麦篡改了埃姆斯密电，在密电中使用了对拿破仑三世大不敬的话语。

这封电报到达国内后，法国引起轩然大波。同年7月，拿破仑三世对普开战，普法战争爆发。

苏伊士运河是在什么时候开凿的

苏伊士运河是连接红海和地中海的桥梁，位于亚欧非三大洲的交接点。运河的开通大大缩短了欧亚两地的海运距离。19世纪以来，伴随着非洲大陆金矿和钻石等矿产资源的发掘，欧洲列强逐步染指非洲，建立殖民地。19世纪后半期，法

国也加速了自己在非洲的侵略步伐。1854年，法国人斐迪南从埃及政府手中获得苏伊士运河的开凿权。

法国役使埃及人民历经10余年时间，在1869年，终于凿通了苏伊士海峡，开通了苏伊士运河。

德国的宪法纠纷是怎么回事

19世纪后期的德国依然是分崩离析的局面。但是，随着普鲁士的崛起，德意志统一的潮流势不可挡。1860年，普鲁士国王威廉一世锐意推行军事改革，并企图以德意志宪法形式通过立案，为武力统一德意志做准备。但这一方案遭到了以国王为首的其他邦国的反对。

这场纠纷实质上是资产阶级与以国王为首的容克地主之间的斗争，是资产阶级不再满足于宪法所赋予的微不足道的政治地位，谋求更多政治权利的斗争。

为什么德国能在19世纪统一

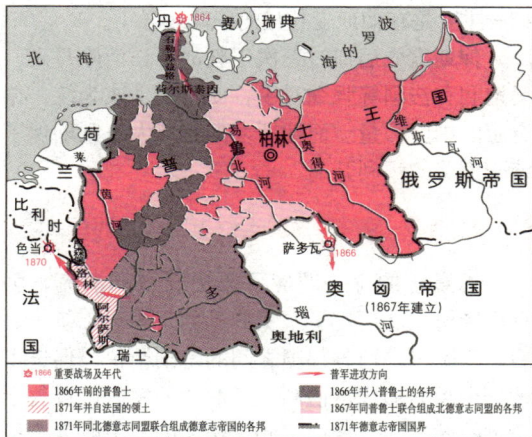

德意志的统一

19世纪50—70年代的德意志在邦国普鲁士的带领下，通过自下而上的王朝战争实现了统一。德国能够统一的原因是多方面的，但最根本的原因在于国内资本主义的发展亟须一个统一的市场和坚实的后盾。普鲁士在俾斯麦的领导下采取了

正确的策略，先弱后强，逐次消除阻碍德意志统一的对手，最后通过普法战争打败法国，终于赢得德意志的统一。

此外，1848年革命之后，德国的容克地主阶层逐步实现了资产阶级化，也需要统一的市场，支持统一。

德意志统一的中坚力量是什么？中坚人物又是谁

19世纪后期的德国之所以能够走上统一的道路主要在于资本主义的发展。但普鲁士成了德意志统一的领路人。德意志各邦国分崩离析，各自为政。普鲁士首先通过发展工商业等，逐步发展起资本主义，实力渐强，成为德意志联邦内唯一有能力肩负统一重任的国家。而普鲁士能够完成德意志统一主要是在俾斯麦首相的正确领导下。

俾斯麦

俾斯麦先后通过三次王朝战争，消除丹麦、奥地利和法国等强劲对手，使普鲁士成为统一德意志的中坚力量。而俾斯麦的雄才大略则确保了统一道路的顺利开通。

德意志统一后经济发展迅速的原因是什么

德意志的统一顺应了历史发展的潮流，为日后经济发展奠定了坚实的基础。德意志统一之后，废除了之前各邦国之间的苛捐杂税，促进了统一市场的形成，便利了工商业的发展。普鲁士通过战胜法国，获得了50亿法郎的战争赔款，极大地促进了资本的积累。德国还获得了法国的阿尔萨斯和洛林地区，获得大量的煤矿资源，为建立重工业基地打下坚实基础。

此外，德国政府还积极引进第二次工业革命成果，发展电力、化学工业，极大地促进了生产力的发展。

为什么普奥战争又称七星期战争

1815年维也纳会议之后，德意志成立了以奥地利为首的联邦。19世纪后半期，威廉一世治下的普鲁士开始崛起，寻求建立统一的德意志国家。由此，奥普矛盾激化。1866年6月，普鲁士借故占领奥地利的荷尔斯泰因地区，成为两国战争爆发的导火索。普鲁士在萨多瓦战役中大败奥地利。在法国的调停下，双方签订《布拉格和约》。奥地利退出了德意志联邦，普鲁士联合其他城邦建立北德意志同盟。普奥战争从1866年6月7日—7月26日，持续七个星期，所以也被称为七星期战争。

俾斯麦改革的主要内容是什么

俾斯麦在德意志统一的道路上起着举足轻重的作用。他上台后制定了一系列顺应潮流的措施：经济上，他主张建立帝国银行，实行货币改革，确立以金马克为首的币制单位。此外，他还通过关税法，保护民族企业。社会上，他采取一些社会主义的措施，保障工人权益，提高工人福利待遇，笼络社会各阶层人民。法律上，他锐意司法改革，颁布《帝国刑法典》，排除天主教对人们生活的影响。他的这些策略极大促进了普鲁士资本主义经济的发展，为实现德意志统一打下坚实基础。

征服传染病的人是谁

人类自远古以来便饱受传染病的折磨，比如令人闻之生畏的欧洲黑死病。直到19世纪末，人们才最终有办法与传染病抗争。而走在这条抗争路上的开拓者则是德国人科赫。第二次工业革命后，应用行业得到巨大发展，科学实验的方式逐步被人接受。1880年，他发现伤寒杆菌，随

科赫

后在1882年，经过多次试验又发现了结核菌。他总结自己的研究经验，制定了科赫法则，为病原细菌学的发展作出了重要贡献。1905年，凭借在细菌学方面的成就，他获得了诺贝尔生理学或医学奖。

你知道特罗泡会议是怎么回事吗

在法国大革命的影响下，那不勒斯发动革命，实行立宪君主制。这引起奥匈帝国的极大恐慌。1820年，奥匈帝国首相梅特捏与俄国沙皇亚历山大在特罗泡地区举行重要茶点会谈。会上二者达成一致决议：一切公认的欧洲国家，应该采取集体活动。同时各国也有责任保护其他国家免受因暴力而引起国内局势的变化。后来普鲁士也加入进来，形成了奥俄普三国同盟。三国为实现特罗泡会议的目的，授权梅特捏派出一支奥军进入那不勒斯。特罗泡会议实质上是奥俄普三国的反革命同盟。

发现电磁波的人是谁

电视机、收音机和广播为我们带来实时信息，极大便利了人们的生活，而这些产品无一不与电磁波的运用相关。19世纪的物理学家麦克斯韦指出了电磁波的存在，但并未证实。

赫兹

1888年，赫兹经过数年试验，终于证实了电磁波的存在，印证了麦克斯韦电磁波理论的正确性，还指出了电磁波的一系列化学属性。

此后，他又发现了光电效应，为日后光电子理论的创立提供了指导。为纪念他对物理学的贡献，人们把波动频率的单位设定为赫兹。

谁统一了意大利北部诸邦

19世纪的意大利资本主义取得了一定的发展，呼吁统一的声音日益高涨。但哈布斯堡家族统治的奥地利不愿看到一个统一的意大利，因此处处阻挠。1859年，奥地利国内爆发了反封建的革命。撒丁王国首相加富尔利用外交策略，得到了法国国王拿破仑三世的支持，乘机推翻了北部的封建政权，在意大利北部建立自由政权，兼并了北部诸邦。后来，法国单独与奥地利媾和，企图恢复意大利北部封建政权。然而，意大利的人民群众挫败了法奥的伎俩，维持了北部的统一。

加里波第是意大利统一运动中的"三雄"之一，他究竟是怎样一个人

加里波第是意大利统一运动的领袖之一，在意大利历史上画上了传奇的一笔。加里波第出生于一个水手家庭。19世纪中叶，意大利国内统一呼声日益高涨。加里波第在1856年，招募了一支轻装步兵，开始了自己的传奇人生。

加里波第

他两次大败奥地利军队，使意大利摆脱了奥地利的威胁。1860年，他收复西西里，又率军攻打罗马的教皇国。终于，在1870年，加里波第攻下了罗马城，完成了意大利的统一。但他并未请功封赏，而是解甲归田，成了一名普通的意大利公民。

谁是"小提琴之王"

小提琴是西方音乐中的主要乐器之一，被称为乐器中的"王后"。小提琴发源于17世纪的欧洲，在19世纪时的意大利得到了长足发展。帕格尼

帕格尼尼

尼是意大利的一位小提琴音乐家，天资聪颖，音乐天赋极高，一生创造了20多首经典的小提琴随想曲。他创作的小提琴曲包括《^{b}E大调协奏曲》《爱的场面》《24首随想曲》等。他12岁既已登台献艺。后期，他又习作吉他，并借此创新小提琴的手法。他对小提琴的掌握，已达到炉火纯青的地步，被后人誉为"小提琴之王"。

发明直流电源的人是谁

在直流电发现之前，人们更多使用的是静电。但静电无法提供持续性能源，因此很难进行保存。1792年，伏特通过实验，向世人证明电存在于两类不同的导体所组成的电路中。为了能够把这种电流

伏特

变得更加持久和平稳，伏特随后进行了多年试验。终于在1799年，他发明了伏特电堆，制造出了第一个长时间的、稳定的电流源。并按照这个原理，他发明了世界上第一块伏特电池，成了一件划时代的大事。人们为表彰他为电池学所作的开拓性贡献，把电动势单位命名为"伏"。

马可尼为什么能发明"无线电通信"

马可尼

赫兹证明了麦克斯韦提出的电磁波理论，证实了电磁波的存在。但赫兹并未进一步认识到电磁波的价值。马可尼出生在意大利的一个殷实家庭，自小便受到了良好的教育。青年后，他倾心物理研究，坚信可以把电磁波运用到通信中。1888年，他成功地完成了电磁波的发射和接受实验。1897年，他在伦敦成立了"马可尼通讯公司"。1898年，几经改良，他终于成功发射了无线电，初步实现了电磁波通讯。

无线电通讯的运用为人类交流提供了巨大便利，而马可尼也在1909年获得了诺贝尔物理学奖。

谁是遗传学始祖

杂交水稻、克隆人等一系列热门话题背后都离不开遗传学。然而，遗传学真正进入人类历史的时间却只有短短的100多年。奥地利的孟德尔是遗传学的启蒙者。他生于一个农艺家庭，从小热爱植物。青年时，他被教堂遣送学习，接受了良好的大学教育，为以后的植物实验打下了基础。孟德尔在1856年，历时8年，完成了豌豆的杂交试验。之后，他出版了毕生心血——《植物杂交试验》，总结了遗传规律，为日后遗传学的发展打开了大门。

《战争论》的作者是谁

《战争论》一书是西方军事史上的经典之作，对西方世界的诸多战争进行了系统阐述。该书作者是普鲁士的军事理论家克劳塞维茨。他生于普鲁士的马格德堡地区，自幼接受良好的教育，掌握了大量的军事理论。拿破仑统治的法国逐步强盛起来，

克劳塞维茨

寻求欧洲大陆霸权。克劳塞维茨作为普鲁士的年轻军官，不愿遭受法国的欺凌，积极参加反

法战争。1815年，他荣升为普鲁士少将。他认为战争是政治的外向延伸，是国家外交的一部分，但他还未意识战争对国内政局的影响。

为什么说俄国十二月党人起义是俄国解放运动的起点

十二月党人是19世纪初俄国一批受到资本主义思想启蒙的贵族。当时的俄国处于沙皇的专制统治下，实行对内独裁、对外侵略战略，谋求欧洲大陆霸权，充当欧洲宪兵的角色。国内人民备受压迫、倾轧，生活窘迫。1816年，十二月党人先后成立"北方协会""幸福协会"等组织，主张实现人民民主，推翻沙皇集权统治，建立君主立宪或共和国制度。1826年，十二月党人起义，虽因敌我实力悬殊，而最终失败，但加速了俄国政治民主化的进程。

你知道东方问题是指什么吗

18世纪的奥斯曼帝国是一个横跨欧、亚、非三大洲的国家。在国内民族不断地纷争和周边国家逐步崛起的困境下，帝国开始走向衰亡边缘。在19世纪中叶，帝国濒临崩溃，但依然囊括小亚细亚、巴尔干、波斯湾沿岸和红海沿岸等地，地理位置和战略价值相当重要。俄、法、英等国垂涎已久，于是便产生了继承奥斯曼帝国遗产的问题，史称东方问题。

19世纪晚期，随着奥地利扩张重点转移到巴尔干地区，各国矛盾开始激化，为大规模战争爆发埋下伏笔。

俄国农奴制是怎样废除的

农奴制是沙俄专制集权的一个象征。随着资本主义的发展，农奴制阻碍了资本主义经济的发展。农奴不断起义，反抗贵族的压迫。面对这种形势，1861年，沙皇亚历山大二世进行农奴制改革，颁布"二一九法令"，规定：废除农奴制，农民享有人身自由和一般公民权，地主不能买卖

和交换农奴；在全部土地归地主所有的前提下，农民可以预留一份自己的份地，但必须要缴纳一份保证金。

通过实行自上而下的农奴制改革，俄国废除了残存多年的农奴制，为资本主义发展提供了条件。

俄国农奴制改革有何作用

亚历山大二世实行的农奴制改革，是一次自上而下的主动变革。它客观上为资本主义的发展提供了劳动

亚历山大二世

力、资金和市场。但它也加重了农民的负担，是对农民的一次合法掠夺。改革虽然解放了大量农奴，但造成了人民购买力降低，国内市场不能充分打开，反而引起了广大人民对改革的不满。这次改革并不彻底，保留了大量封建残余。改革并未触动沙皇专制制度，所以，俄国仍需要民主革命。

1853—1856年克里米亚战争的导火线是什么

罗马帝国自4世纪分裂为东、西罗马帝国以来，基督教便开始分化为天主教和东正教。两个教派极力论证自己教权的合法性和正统性，争夺圣地耶路撒冷的归属权。1852年，土耳其政府在法国政府的压力下，宣布圣地的管辖权归于天主教会。

然而，以东正教为国教的俄国乘机要求保护土耳其国内东正教教徒。由此，巴勒斯坦圣地归属问题激化起来。英、法支持土耳其。一场大战在所难免。1853年，沙俄入侵土耳其，克里米亚战争爆发。

你知道天气预报是怎么产生的吗

天气预报图标设计图

现在，每日观看"天气预报"已经成为我们日常生活中必不可少的内容。但天气预报的产生却与一场战争有着密不可分的关系。克里米亚战争期间，法国因一场大风暴，致使海军几乎全军覆没。拿破仑三世于是下令勒威耶研制出一种观测天气的工具。勒威耶是一名年轻且勤于思考的天文学家。他通过综合分析世界各地的天气状况，开始了天气预报业务。1856年，他在法国建立起了气象台。自此以后，天气预报的功效日益显著，引发各国纷纷效仿。

《维也纳同盟条约》的主要内容是什么

19世纪中期的俄国对内专制，对外侵略，充当欧洲宪兵的角色，积极寻求欧洲大陆霸权。为了遏制俄国势头，法、奥、英、土四国于1854年，在维也纳开会，达成了《维也纳同盟条约》。条约规定协约各国不得与俄国单独协商，一旦交战，协约国相互帮助，共同打击俄国。此外，四国还同意建立委员会，共同协商解决莱茵河事务。

该条约的签订，旨在欧洲大陆范围内孤立俄国，成为俄国在克里米亚失败的一个重要原因。

功利主义的创始人是谁

功利主义是资本主义发展的衍生物，体现了资本家对政治权力的渴望。杰雷米·边沁是功利主义的创始人，著有《道德和立法原理》一书。他认为功利是人行为处事的一个根本原则。个人的自由和价值是其理论的核心。他认为政府不应该干涉个人追求权力的行为，而唯有功利思想才是衡量一个人信仰或制度的最高标准。

边沁的功利思想反映了18、19世纪英国工业资产阶级争取选区制度，积极参与政权活动的诉求。

无政府主义思想的重要代表人物是谁

无政府主义是工业资产阶级不满政治无权的状态，过分强调自由主义的一种小资产阶级思潮。巴枯宁出生在俄国一个官僚家族，是俄国无政府主义的重要代表人物。他鼓吹个人绝对自由，反对任何形式的集权、专制。绝对的自由和平等是巴枯宁无政府主义的核心。他积极参与国际工人运动，企图以无政府主义代替马克思的科学社会主义。

马克思、恩格斯在第一国际后期同他进行了激烈斗争。最终，在1872年的海牙国际会议上，巴枯宁主义遭到了唾弃。

维也纳体系是怎么瓦解的

维也纳体系是19世纪初俄、奥、普、法四国在维也纳会议上达成的分割欧洲大陆势力范围的协议。这个体系是建立在各国相互妥协基础上，因此有很大的不稳定性。19世纪二三十年代以来，由西班牙爆发进而席卷意大利、俄国的革命风暴不断冲击维也纳体系确立的封建秩序。法国七月革命的爆发，使维也纳体系名存实亡，导致确立的欧洲版图被迫再次改动。

1848年，欧洲革命的爆发，使维也纳体系彻底瓦解。六七十年代以来的资产阶级革命和统一战争把维也纳体系彻底粉碎。

什么是"三皇同盟"

法兰西第二帝国灭亡后，欧洲大陆出现短暂的权力真空。为了实现各自目的，俄、奥匈两国签订协议，规定当双方遇到利害冲突时，彼此需要协商解决；如果第三国进攻缔约一方，两国皇帝应相互谅解，合力对外；如果认为有必要，对方可以通过特殊军事会议予以军事援助。德国皇帝后来也参与进来。由于俄、德、奥匈三国皇帝签订协约，因此称作"三皇同盟"。其本质上是旧时王朝外交产物，内部充满矛盾，是一个松散的同盟。

俄国出现的第一个马克思主义组织是什么

随着19世纪后半期国际工人运动的不断进展，马克思主义思想在各国得到了广泛传播。此外，第一国际曾培养了大批优秀的工人运动领袖，在世界各国组织工人运动。因此，马克思主义组织在各国如雨后春笋般出现。1883年，普列汉涅夫在俄国建立了第一个马克思主义组织劳动合作社。

该组织积极传播马克思的著作，弘扬科学社会主义思想，把国际组织的思想及时的传播到俄国工人当中。劳动合作社对于俄国社会主义思想的传播作出了启蒙性的贡献。

发现元素周期律的人是谁

化学工业的发展和运用是19世纪的一大重要成就。俄国的门捷列夫在总结研究前人成果的基础上，经过不断试验发现了元素和相对原子量之间的关系，证实了元素随着原子量的增高而呈现出周期性的变化，制作出世界上第一张元素周期表。根据周期表，他还预言了一些现实中还未发现的元素，比如铝、硅等。

1871年，门捷列夫完成了巨著《化学原理》，全面阐释了自己的理论。

门捷列夫

元素周期表的发现推动了化学行业快速发展，门捷列夫也凭此被后人铭记。

俄国文豪托尔斯泰内心世界究竟有哪些痛苦和矛盾

19世纪的俄国依然处在沙皇统治下，底层大众日夜劳作，却过着挨冻受饿的生活。在这种社会状况下，托尔斯泰深深地感受到封建社会的罪恶，利用笔杆书写自己对贫苦大众的同情，对沙皇黑暗统治

托尔斯泰

的无奈。他一生写出了《复活》《战争与和平》《穷人》等脍炙人口的佳作。他同情底层群众，却又无法改变他们的命运，内心备受煎熬，只有借助小说揭露、讽刺贵族的无情。而这也引起了沙皇政府的憎恶。1901年，托尔斯泰被教会去除教籍。1910年，他因无法忍受政府的打击，而逃往国外。

谁是"俄国音乐之父"

格林卡是俄国历史上著名的音乐家，开创了俄国民族音乐剧的先河，为俄国音乐的发展和进步起到了承上启下作用，被称为"俄国音乐之父"。格林卡出生在斯摩棱斯克的一个庄园家庭，自幼便学习一些基本的乐理，掌握了小提琴等乐器。1833年，他赴维也纳学习作曲，致力于把西欧的音乐和本国的民族音乐有机结合在一起。归国后，他创作了俄国第一部大型民族乐剧《伊凡·苏萨宁》。之后，他创作古典音乐，写出了《卡玛林斯卡亚幻想曲》，为日后俄国交响乐的发展奠定了基础。

为什么柴可夫斯基被称为"俄罗斯之魂"

每当提起俄国的音乐剧，我们在脑海中往往会闪过白裙、天鹅和静谧湖面……而这正是柴可夫斯基的作品——《天鹅湖》。柴可夫斯基

是俄国历史上最伟大的作曲家之一，一生致力于写作俄国民族风格的音乐。他作品繁多，包括《黑桃皇后》《叶甫盖尼·奥耶金》《睡美人》《b小调第六交响曲》等。

柴可夫斯基

他的作品往往透过精湛的技艺来表达细腻的感情，写出带有俄罗斯独特的民族情节。正因为这些经典作品散发出的民族感情，柴可夫斯基被誉为"俄罗斯之魂"。

美国是怎样扩张领土的

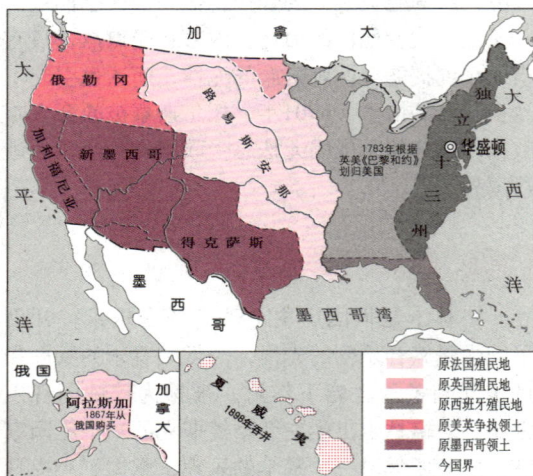
美国领土扩张形势图

如今的美国横跨北美洲大陆东西，濒临大西洋和太平洋，其领土面积是继俄罗斯、加拿大、中国后世界第四大。但在1783年建国之初，美国领土只包括参加独立战争的13块殖民地。建国后，美国开始了领土扩张过程，先后通过谈判、武力征服等方式，得到了密西西比河沿岸土地。1810年，美国开始通过不平等合同，购得西班牙在北美的殖民地，后又武力强占墨西哥的土地。经过一系列的扩张，在19世纪末，美国领土达到了如今的规模。

你知道杰斐逊的"分权学说"吗

杰斐逊是美国历史上最杰出的总统之一，他一生追求民主和自由。在建立政府方面，他主张施行分权制衡，强调权力分为立法权、行政权和司法权，认为立法权应该分属两院制议会。为了更好地达到制衡作用，他还指出国家和地方政府的分权能更好地实现对权力的制约。另外，他要求人民也要对国家权力进行制约，认为如果政府行为侵犯了人民的利益，人民有权推翻政府。杰斐逊的分权说进一步促进了政治民主化进程，对美国政治体制的发展具有重要影响。

杰斐逊

你知道美国的《文官制度条例》吗

美国在建国后逐步实行两党制，实现了对权力的制约，加速了政治民主化进程，但也造成了官员贪赃枉法，营私舞弊的结果。为改变这种情况，美国在1883年颁布了《文官制度条例》，规定：文官录用实行公开竞争考试办法，择优录取；定期考核，按能力和政绩大小予以升降奖惩；文官的任期不与党派上台相关。这一条例的实施大大减少了腐败现象的产生，提高了政府工作效率，促进了行政工作管理的专业化。

谁在华盛顿执政期间建立了联邦党

由于政治观点的迥异，美国在建国之初便逐步形成了以杰斐逊为代表的共和党和以汉密尔顿为代表的联邦党。汉密尔顿参加了独立战争，取得了约克镇战役的胜利。建国后，他主张加强政府权力，加大对人民的管理。他提出要把权力集中在由优秀人才掌握的政府手中，否定宪法中人民对政府的制约。联邦党建立后，其政策与共和党相左。

由于联邦党缺乏完整的纲领和行之有效的机

勾，最终在1820年前后解散，在历史长河中从此消声匿迹。

你听说过西点军校吗

西点军校是由托马斯·杰斐逊在1802年倡导建立的一所军事学校，现已成为世界上最负盛名的军校之一。学校尊崇"职责、荣誉、国家"的校训，旨在为美国输送高素质的军事作战人才。学校在选拔人才的标准上异常严格，必须具备合乎标准的身体条件、学业成果和道德水平。学生经过四年大学的艰苦磨炼后，获得学士学位和陆军校尉军衔，毕业后必须为国家服役五年。

正是凭借着严格的挑选和培训机制，西点军校自创办以来，为美国输送了一批又一批的优秀军事人才。

西点军校校徽

"战鹰"意指什么

美国在独立战争中打败了英国，赢得了国家的独立，但这并未完全消除英国对北美大陆的威胁。英国控制着加拿大殖民地，依然保持对美国的威胁。此外，美洲土著居民占据着北美大陆的大部分，而美国政府控制范围只局限在东部沿海地区。美国政府中的一些强硬派人士主张武力把英国从加拿大地区驱逐出去，并强行驱赶北美大陆的土著居民，这批人形成了以卡莱为首的派系，被称作"战鹰"。他们的做法反映了早期美国为满足资本主义发展的需求，寻求原料而扩大领土的要求。

哪次战争使美国彻底摆脱了英国的控制和干涉

英国在独立战争失败后，损失了北美大陆这块市场和原料基地，因此一直觊觎新生的美国。英国当时依然控制着加拿大，常常劫掠美国商船。1807年，美国政府被迫颁布《禁运令》，谋求反击。1812年，美国正式对英国宣战，进攻在加拿大的英军。但美国处于绝对劣势，作战初期屡战屡败。1814年，英国军队几乎攻占了纽约。由于补给问题，英军在西南地区的战役告负，被迫签订了《根特和约》，再次承认了美国的独立。美国从此彻底摆脱了英国的控制和干涉。

美国历史上的"和睦时期"是指哪一时期

资本主义在政治上的进步主要体现在多党派的出现。美国建国后形成共和党和联邦党。然而，以杰斐逊为首的联邦党缺乏统一的纲领和有效机构，因此组织涣散。1816年，门罗作为共和党代表获得美国总统席位。而联邦党竞选失败后，更加无力与共和党竞争。因此，在门罗执政的10年间，即1816—1826年，美国国内党派和睦，没有了党派攻讦的场面。国内人民一致支持连任两届的门罗总统。美国历史在这10年间出现了少有的和平局面，被称为"和睦时期"。

美国何时开凿了伊利运河

伊利运河全长363千米，沟通了美国东西部之间的水运，是连接美国五大湖与纽约的桥梁。在没有铁路、飞机的年代，水运是最为便捷的交通运输方式。1817年，纽约市长克林顿开始主持修建伊利运河，历时八年，借助哈得孙河把五大湖和纽约城连接在一起。伊利运河的开通不仅缩短了美国东西部之间的距离，降低了运输成本，还为纽约城的繁荣作出了巨大贡献。大批人口开始涌向纽约，造就了它成为美国第一大城市，而纽约港也成了美国第一大港。

伊利运河

19世纪上半期美国扩张有什么特点

美国建国后，开始走上了不断扩张的道路。它通过强行购买、战争兼并、抢夺印第安人土地等形式，把美国领土扩张到东至大西洋沿岸，西至太平洋沿岸，北到英属加拿大，南至佛罗里达地区。它的扩张具有自身特点：殖民地与本国领土在地理上相连，经济上可以协调发展；通过这些新开垦的土地，美国获得了源源不断的劳动力和资金，促进了工业生产大发展；殖民地与本土经济连为一体，成为了统一的经济体。因此美国扩张既是领土的扩张，也是经济的扩张。

美国《密苏里妥协案》辩论的主要因素是什么

奴隶制在美国上曾引起诸多争议。19世纪初期，美国已有22个州，其中以工业资产阶级为主的自由州和种植园奴隶主支持的蓄奴州数目相等。1819年，密苏里地区申请建州加入联邦。但将密苏里地区界定为自由州还是蓄奴州的问题在美国国内引起争议。1820年，国会通过《密苏里妥协案》，确认密苏里作为蓄奴州加入联邦，而从马萨诸塞地区中划出缅因州作为自由州加入联邦，并制定了蓄奴州和自由州数目相等原则。但该法案只是暂时缓和了工业资产阶级和种植园奴隶主之间的矛盾。

美国独立战争后，经济迅速发展的原因是什么

美国建国后，确立了独立自主的地位，制定了一系列有利于资本主义发展的政策。国会通过立法的方式维护资产阶级利益，通过领土扩张获得丰富资源，扩大了国内市场。而且，美国作为新兴国家，没有传统生产方式的束缚，更易接受外来新技术。政府还鼓励创新，制定了维护发明专利的措施。大量移民涌入美国，带来了巨大的市场和劳动力，为美国的经济带来发展动力。此外，美国外交上采取中立态度，为自身发展制造了一个和平的国际环境。

空想社会主义者欧文创办的"新和谐村"是共产主义的移民新村吗

欧文出生在美国的一个贫困家庭，后来凭借聪明的经商头脑，开办了纺纱工厂，成了一名资本家。幼时的贫困和成人后的富裕让他看清了资本主义社会的虚伪。他认为货币是造成一切罪恶的根源，主张用社会主义和平改造资本主义社会。1824年，他在美国印第安纳州建立了新和谐村。村中人人平等，财产共享，民主管理，吸纳了大批的人员参与。

欧文

然而，他的设想带有很大的空想性，提前建立超越当前生产力水平的社会，但他的实践为马克思主义的诞生提供了经验和教训。

美国自什么时候开始修筑铁路

第一次工业革命把人类带入了"蒸汽时代"，蒸汽机在18世纪末已经开始运用到交通工具中。1825年，英国人斯蒂芬森改进"旅行者号"火车，大大提升了火车性能。美国人意识到火车的出现将会引起人类交通史上的一次革命。1826年，美国修建了一条由马萨诸塞州到纽邦索特的铁路。第二年，宾夕法尼亚州又修建一条短途铁路。铁路在美国开始兴起。

1828年，马里兰州最大城市巴尔的摩至俄亥俄州铁路的破土动工，标志着美国开始大规模修建铁路。自此，美国运输业开始进入铁路时代。

美国反奴隶制协会是一个什么样的团体

奴隶制的存在成为阻碍美国资本主义发展的桎梏，遭到了北方工业资产阶级的强烈反对。因此，1833年，一批工人、知识分子和农民在费城组建起一个全国性的反奴隶制协会。协会总部设在纽约，在全国设有分部。他们主张解放黑人奴隶，尊重奴隶人权，给予奴隶政治权利。协会成

SHIJIE LISHI

立后在全国范围内开展废奴运动。1839年后，协会内部出现分裂，形成了激进派和温和派。该组织代表美国新兴工业资产阶级利益，极大地推动了废奴运动的发展。

美国的大觉醒运动是怎么回事

美国独立战争前，在欧洲大陆启蒙思想的影响下，美国民主意识开始萌芽。这在宗教上就表现为大觉醒运动。运动发起者以宗教复兴为口号，把矛头对准英官方教会的教义，宣扬灵魂自由，鼓励民主平等、信仰自由。该运动发生于18世纪三四十年代，是一场大规模反对宗教专制的思想解放运动。大量的群众开始涌向街头，声讨殖民地官方教会的罪责。运动虽然以失败告终，但提高了广大群众的觉悟，弘扬了平等思想，促进了美国民主意识的发展。

为什么会出现加利福尼亚"淘金热"

寻求宝藏——黄金一直是人们口中乐此不疲的话题之一。1848年，美国通过战争夺得了原属墨西哥的旧金山地区。同年，一名旧金山工人偶然发现了沟渠中流动的金砂。旧金山挖出金矿的消息不胫而走，怀揣发财梦的人们从四面八方赶来。慢慢地，旧金山从一个小山村变成了一个容纳过万人口的城镇。这股淘金热持续了十多年，鼓励着人们开发西部这片原始的土地。

加利福尼亚"淘金热"为资本主义的发展提供了资金来源，是美国领土扩张的必然结果。

美国内战的前奏是什么

美国在1820年制定的《密苏里妥协案》，规定蓄奴州和自由州数目相等，并且蓄奴州只限定于北纬36°30′以南地区。1854年，堪萨斯和内布拉斯加两地申请加入联邦。根据《密苏里妥协案》，两地因位于北纬36°30′以北，理应为自由州。但南方奴隶主垂涎于两地富饶的农业，因此操纵国会通过了《堪萨斯——内布拉斯加协议》，规定两地奴隶去留由居民投票。之后，南方奴隶主雇人干扰当地居民投票，两地被迫定为蓄奴州。南北两种制度的矛盾进一步激化，揭开了南北战争的序幕。

美国为什么会爆发南北战争

美国南北战争是一场资产阶级革命。美国建国后，逐步形成了北方资本主义工商业和南方种植园两种经济类型。两种经济之间的矛盾日益激化。北方实行雇佣制，需要大量的劳动力、原料和广阔的市场。然而，南方种植园经济以奴隶制为基础，占用了过多的黑人奴隶，其生产原料也多销往海外。

南方不仅限制了北方资产阶级工商业发展所需的劳动力和原料来源，还与外国合作打压北方资本主义的发展。堪萨斯内战的爆发成了美国南北战争的导火线。

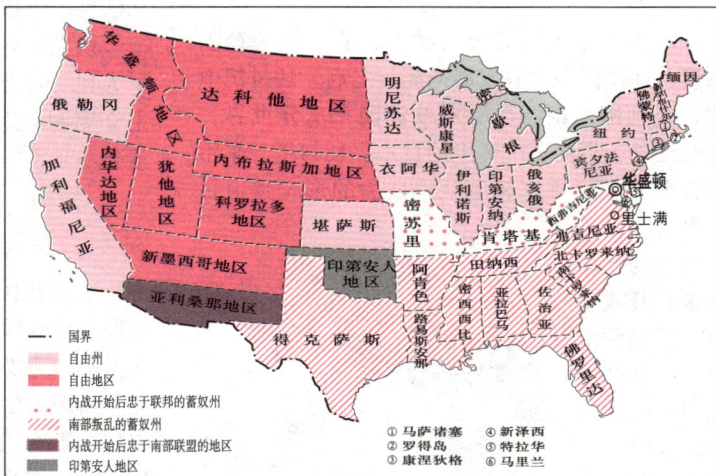

南北战争爆发前后美国的政治形势

电子自动打火的先驱是谁

电子自动打火是我们生活中常见的现象，然而，貌似简单的一个物理学现象却包含了丰富的电磁学知识。1829年，美国科学家约瑟夫·亨利在做磁铁实验时，发现通电线圈在断电的时候伴有火花出现。经过多次试验，亨利发现了自感定律。他将这一发现应用到了点火方面，变成了我们现在常见的电子打火现象。亨利是个勤奋的科学家，较早地发现了电磁感应现象，但因缺乏系统理论知识，他并未意识到该现象的重要性。人们为纪念亨利的贡献，把电感单位称为亨。

为什么惠特曼被称为"美国诗歌之父"

美国建国后，大批欧洲移民的到来为美国带来了欧洲当前的艺术形式。沃尔特·惠特曼出生在长岛，后迁居纽约。青年时，他曾在乡村任教，接触了西方古典学，受到西方浪漫主义艺术的熏陶。1855年，他出版了自己的第一本诗集《草叶集》，收录了12首诗作。《草叶集》描写大自然的神奇和万物欣欣向荣的景象，表现了作者对民主、自由的向往，象征美国当前如小草般蒸蒸日上。《草叶集》之后多次再版，并加入了更多惠特曼的作品，开创了美国诗歌的先河。惠特曼也因此被称为"美国诗歌之父"。

什么是"黑船事件"

日本在德川幕府统治时期，实行闭关锁国政策，逐步落在世界发展的脚步之后。19世纪中期，美国国力渐强，针对欧洲国家瓜分世界，开始把矛头指向了沉睡中的日本。1854年，东印度舰队将领培理率领舰队以武力的形式强迫日本签订《日美亲善条约》，要求：开放下田、箱馆两港口，给来往美国船只补给物资，并给予美国最惠国待

美军登陆日本

遇。由于当时培理所率领的船只均涂着黑漆，因此该事件被称为"黑船事件"。黑船事件是资本主义侵略本性的表现事例之一。

资本主义历史上第一次世界性的经济危机发生在什么时候

资本主义经济危机是由生产社会化和生产资料的私人占有之间的矛盾决定的，是资本主义制度无法消除的。英国成了世界上最早爆发经济危机的国家，然而经济危机变成世界性始自1857年的经济危机。随着欧洲大陆资本主义发展，资本主义世界市场开始形成，经济体系在全球开始建立。1857年经济危机呈现出波及范围广、危害程度高和持续时间长的特点。

这次危机沉重打击了资本主义制度，促进了工人运动的发展，为马克思主义的建立提供了现实依据。

你知道亚洲第一部宪法吗

明治天皇统治日本期间，开始了大刀阔斧的改革，力图把日本变成一个现代化强国。1889年，明治天皇颁布了御赐的《大日本帝国宪法》。这是亚洲第一部宪法。该宪法借鉴德国宪法，规定天皇享有至尊地位，具有召开和废止议会的权力，可以对外宣战和媾和。帝国议会具备立法权，但最高决策机构是枢密院。

该宪法带有浓重的保守色彩，但它也赋予了人民一些基本权利，确立了日本资产阶级君主立宪制，对于推进日本的政治民主化迈出了重要一步。

约翰·布朗起义成功了吗

美国建国后保留了南方的奴隶制，成为种植园经济的重要基础。一些具有资产阶级思想的人开始反对奴隶制，参与解放黑人的活动。约翰·布朗出生于康涅狄格州的农民家庭，受废奴思想的影响，立志为废除奴隶制而斗争。1859年10月，布朗率领自己的儿子、13个白人和5个黑

人在弗吉尼亚州的哈普斯渡口起义，占领军火库，解放了当地的奴隶。布朗起义令联邦政府中的奴隶主们极其惊慌，调集大军镇压起义。布朗起义最终失败了，但其英勇精神却鼓舞了后人。

美国内战结束的标志是什么

罗伯特·李将军在投降书上签字

美国南北战争初期，北方军队由于准备仓促，节节败退。林肯为挽回败局，接连颁布《宅地法》和《解放黑人奴隶宣言》等措施，激起了广大黑人和普通民众的战斗热情。1863年开始，北方军队开始反击，取得了葛底斯堡大捷。1864年，格兰特将军东线杀敌，把敌军逼到里士满附近。谢尔曼将军在西线攻克亚特兰大。1865年4月，南军主力罗伯特·李陷入了北方军队重重包围之中，被迫投降。持续四年之久的美国内战，以罗伯特·李将军的投降而告终。从此，美国走上了统一的资本主义发展道路。

林肯政府为什么能赢得美国南北战争的胜利

南北战争是美国历史上的第二次资产阶级革命，最终以北方的胜利告终。林肯总统在战争中采取了正确的策略，对战争胜利起到了至关重要的作用。林肯一开始便把恢复国家统一作为战争的目标，有效地阻止了外国干涉。面对战争初期北方的战败局面，他颁布了《宅地法》，遏制了南方奴隶制在西部的扩张，同时也满足了广大农民对土地的渴望，大大激发了农民和外来移民参加反对南方奴隶主战争的热情。并在军

林肯在演说

事上任命格兰特将军为总指挥。林肯政府所做的一切为北方最得战争胜利起到了不可磨灭的作用。

林肯颁布《解放黑人奴隶宣言》的动机是什么

《解放黑人奴隶宣言》

到1862年7月为止，美国南北战争已经进行一年多，但北方在战争中推进缓慢，导致北方人民参军热情锐减，军队数量补给不足。英国政府着手承认南方政府的合法性，意图出兵干预。林肯政府面临着巨大的军事压力。此外，联邦政府掌握了大部分的边境地区，能有力地封堵南方奴隶的逃跑路线。

面对国内外的紧迫形势，林肯不得不颁布《解放黑人奴隶宣言》来增加军队人数，瓦解南方势力，平息国内的叛乱。

被林肯称作"引发一场伟大战争的一本书"究竟是本什么书

美国南方种植园经济保持着奴隶制，通过压迫、剥削奴隶的剩余价值来获得丰厚利润，使黑人奴隶过着饥寒交迫的生活。这引起了一些进步人士的密切关注。1852年，斯托夫人出版了自己的小说《汤姆叔叔的小屋》。小说讲述了善良勤朴的黑人奴隶汤姆，对主人忠心耿耿，但却遭到贪婪奴隶主的欺侮、刁难。最终，汤姆被男奴隶主莱格里殴打致死。小说以悲剧结尾，描写了奴隶的悲惨命运。小说出版后，废奴运动迅速扩大，南北两种制度矛盾进一步激化。

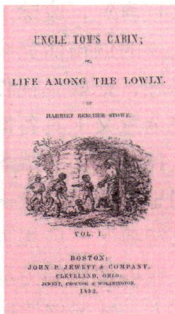

《汤姆叔叔的小屋》

你知道《宅地法》吗

林肯为了扭转北方在南北战争初期军事上的失利局面，鼓舞广大士兵的战斗热情，于1862年5月颁布了《宅地法》。该法案是一部具有资本主义性质的立法文件，规定：凡支持、拥护共和国的成年公民，从1863年6月1日起，只要交纳10美元登记费，就可以在国有土地中领取160亩土地。耕种五年后，这块土地便成为私有财产。

《宅地法》公布后，极大鼓励了人民参军的热情，也促进了美国西部土地的开发，为资本主义发展提供了原料来源和市场需求。

林肯是怎么遇害的

林肯在美国南北战争中采取正确的策略，打击了南方奴隶主，维护了美国的统一。他的做法维护了北方工业资产阶级的利益，促进了北方资本主义经济的发展。然而，他的做法极大地危害了南方奴隶主的利益，成为奴隶主的"眼中钉"。1865年4月，林肯在华盛顿福特剧院观看演出时，一名同情奴隶主的演员约翰·威尔克斯·布斯乘林肯不备，向其开枪。第二天林肯不治身亡。一代领袖就这样匆忙地结束了人生历程，但他为美国、为奴隶所作出的贡献必将为后人永远铭记。

美国的"黑人法典"旨在什么

美国政府在南北战争中颁布了《解放黑人奴隶宣言》，废除了奴隶制。然而，奴隶制并未因法律的颁布而完全废除，一些人依然残留着蓄奴思想，把奴隶视作一种财产和廉价劳动力，并非完全意义上具备健全人格的人。因此，南方诸州从1862年南北战争爆发后至1865年之前的一段时间里面颁布了众多维护奴隶制的法令，统称"黑人法典"。"黑人法典"把黑人视作劣等人，旨在榨取他们的劳动价值。1865年，美国开始重建南方，才最终废除了黑人法典。

你知道美国南北战争后"南方重建"的内容吗

美国南北战争后，南方奴隶主被打败了，国家统一得到了维护。然而，战后的南方面临着两项紧迫的任务：第一，南方各州如何重返联邦，实现统一；第二，新解放的黑人应具有何种权力和地位。从林肯开始，美国开始了长达数年的南方重建。重建主要对南方进行经济建设和政权机构建设，历经林肯重建、约翰逊重建和共和党激进派重建三个时期。

南方重建使南方出现了资产阶级化的种植园主和广大资本主义农场，为战后美国经济迅猛发展提供了前提条件。

谁是"发明大王"

美国实现国家统一后，时逢第二次工业革命的到来，于是大量引进新技术，并鼓励、支持国内技术的创新。一批发明人才纷纷崭露头角，爱迪生便是其中之一。爱迪生只上过3个月的学，但他勤于思考，善于动手，靠自学成才。1863年，年仅16岁的爱迪生发明了自动发报机，从此，他迈上了发明之路。1879年，他研制成功耐用碳丝灯泡，为世界带来光明。之后，他又发明了留声机、潜水镜等。他一生共有2 000多项发明，成为名至实归的"发明大王"。

爱迪生在实验室

谁创建了美孚石油公司

如今面对报纸媒体铺天盖地的石油报道，我们总会感叹石油对我们生活的巨大影响。然而，在石油史上，我们始终无法忘怀一个人——

约翰·洛克菲勒。1839年，洛克菲勒出生在美国纽约州，年轻的他极具经商头脑。他很早便意识到原油提炼的重要性，开始投资石油业。1870年，洛克菲勒创建俄亥俄标准石油公司。经过多次投资，1880年，他创建的标准石油公司几乎垄断了整个美国石油。1890年，他建立了美国第一个垄断组织托拉斯，并把公司改名为美孚石油公司。

洛克菲勒

八小时工作制是怎样产生的

八小时工作制如今早已成为各个行业基本的工作要求。然而，在19世纪，资本家为榨取更多的剩余价值，强迫工人每天工作10多个小时。不久工人纷纷罢工，要求增加工资，缩短工时。1866年，第一国际通过了八小时工作制的主张，保障工人权益。在工人罢工的逼迫下，美国国会通过了八小时工作制的法律，但却没有强制执行。

因此，1886年，美国爆发了全国性的芝加哥工人大罢工，并发生了流血冲突。最终，八小时工作制才得以确立。

日本的幕府时代是如何衰落的

日本自源赖朝建立镰仓政权后，便进入幕府统治时代。天皇只作为象征性的最高领导，不具有实权。德川幕府统治时期，为了加强国内统治，开始实施闭关锁国政策，对外仅与中国、朝鲜等少数国家交往。19世纪以来，随着资本主义国家逐步兴盛起来，纷纷暴露出侵略扩张的本性。日本国内一批深受西方思想启蒙影响的先进武士也开始日益不满幕府的统治。日本逐步落入了内忧外患的困境，国家逐步衰落。

日本19世纪30年代最大的一次市民反封建武装起义是谁领导的

江户幕府统治下的日本日渐衰落，人民生活困苦。自18世纪30年代开始，日本遭受旱灾，粮食收成大减，饿殍遍野。然而，幕府却不愿意分发粮食赈灾。大阪市下级官吏大盐平八郎上书建议分粮无果，便在1837年2月组织门生，举行起义。起义军联合当地老百姓攻打大阪富豪，分发粮食。幕府急忙派军镇压。起义军寡不敌众，以失败告终。大盐平八郎和家人不久也被俘虏处死。但起义鼓舞了日本其他城市的反抗决心，进一步打击了腐朽的幕府统治。

19世纪中叶的日本为什么要进行天保改革

天保改革是日本江户幕府的首席元老水野忠邦领导下的一次具有封建性质的自救式改革。19世纪30年代以来的旱灾，导致日本饥民遍野，社会动荡不安。大盐平八郎起义虽被镇压，但却鼓舞了其他不满幕府统治的反抗斗争。此外，幕藩体制的实行，导致地方和幕府之间矛盾重重。随着幕府统治力的下降，地方势力逐步上升，与中央矛盾激化。1841年，幕府被迫实行天保改革，但由于改革措施触犯了广大平民和地方贵族的利益，改革进行两年后最终以失败告终。

哪次战役揭开了日本近代史上大规模内战的序幕

随着人民对幕府统治的不满，一些有志之士开始支持当时的明治天皇。这部分人称作倒幕派。1867年11月，德川庆喜碍于倒幕势力，口头上答应"奉还王政"，把权力归还天皇。然而，他却保留了军政大权。倒幕派趁机口诛笔伐，令德川庆喜交出军政大权。1868年，德川庆喜讨伐萨摩藩，企图重新执政，战争爆发。双方在鸟羽、伏见地区交战，倒幕派最终获胜。

德川家族逃亡江户，重聚力量，再次发动反对倒幕力量的战争。从此，日本进入了大规模内战的局面。

"明治维新"运动是怎样爆发的

在19世纪中期，日本面临内部争斗不断，外部遭受资本主义列强频频侵袭的局面。为了改变这种内忧外患的局面，睦仁天皇在倒幕力量的扶持下，开始了一系列内政外交的改革，因年号为明治，史称"明治维新"。政府颁布了废藩置县的法令，废除藩政制度，把全国划分为3府、72县，由中央任命府县知事；允许土地买卖，引进西方技术，鼓励发展近代工业；提倡向欧美学习，努力发展教育。明治维新是一次资产阶级化的下级武士领导的不彻底的资产阶级改革。

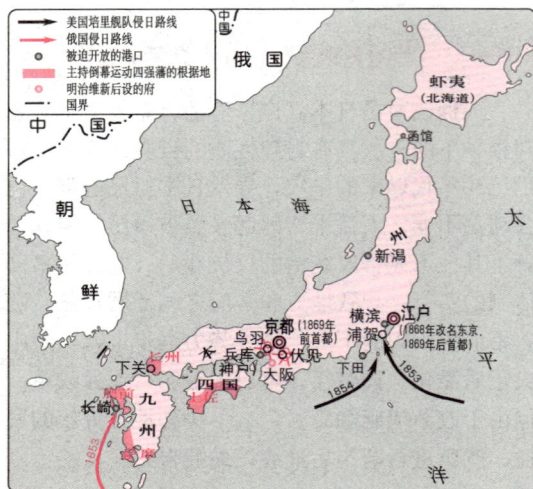

日本的反幕府斗争与明治维新

戊辰战争是怎样爆发的

1867年，年幼的睦仁天皇继位，倒幕派代表大久保利通、西乡隆盛声称获得天皇"密诏"，举兵讨伐幕府。1868年1月，长州、萨摩等藩在京都发动政变，发布"王政复古"诏书，强令幕府将军德川庆喜辞官。德川庆喜以"清君侧"为名，率大军从大阪向京都进军，戊辰战争正式爆发。伏见、鸟羽等战后，幕府军大败。倒幕派攻陷江户，德川庆喜投降。1869年，最后一支幕府残余军队投降，戊辰战争结束。该战争击垮了幕府统治，为明治维新创造了前提条件。

岩仓使团赴欧洲考察的目的是什么

岩仓使团由横滨出发
赴欧洲考察

推翻幕府统治后，倒幕派开始协助明治天皇改造、治理国家。1871年，为了打破闭关锁国局面，更加直观地感受西方的发展成就和制定自身变革实践的措施，明治天皇派遣岩仓具视赴西欧国家考察。天皇派遣了一批富有改革意识的大臣，如大久保利通、伊藤博文等。他们认真考察了西方的政治经济制度、科技、文化等，寻找西方发达进步的根源，为明治政府的改革献言献策。这次岩仓使团考察为日后日本经济发展和政治制度的确立打下了坚实基础。

日本"自由民权运动"是代表哪个阶级的

自由民权运动是明治初期发生的以反对专制政权、争取资产阶级民主自由权力为主旨的政治运动。运动要求开设国会、制定宪法、减轻地税和修改西方列强强加的不平等条约。1874年，板垣退助等人结成爱国公党，拉开了自由民权运动的序幕。此后，日本各地纷纷建立起类似机构。后来，自由民权派成立全国性结社爱国社，使运动发展成为全国性的政治运动。面对明治政府的镇压、收买等手段，自由民权派在1887年最终瓦解。

你知道《江华条约》吗

《江华条约》是日本与朝鲜签订的一份不

平等条约。19世纪的朝鲜在封建王朝统治下腐朽落后，成为列强蚕食、侵略的对象。日本经过明治维新后，逐步强盛，开始走上对外侵略道路。1875年，日本军舰开入江华海峡，制造云扬号事件。1876年，日本侵入江华岛，逼迫朝鲜政府签订《江华条约》，规定：向日本开放釜山、仁川、元山等通商港口，赋予日本领事裁判权等。这个条约严重损害了朝鲜主权，使朝鲜开始沦为日本的殖民地。

朝鲜东学党起义是怎么回事

朝鲜沦为日本的殖民地后，逐步成为了日本的原料产地和商品市场，国内民族矛盾和阶级矛盾激化。1894年，东学道接主全琫准领导全罗道古阜郡农民举行起义。起义军制定"富国安民、尽灭权贵、逐灭倭寇"的口号，号召全国各地军民联合在一起。5月，朝鲜政府被迫与起义军签订了《全州和约》，然而背地里却求助清朝政府。日本以清军登陆为由在仁川强行登陆。起义军把矛头对准日本侵略者，但由于内部分裂，起义最终失败。东学党起义成为朝鲜历史上最大的一次农民起义。

朝鲜哪次起义使日本获得了驻兵权

《江华条约》签订后，朝鲜人民沦为日本资本主义和本国封建主义的剥削和压迫之下，遂展开不屈不挠的斗争。1882年，汉城爆发了反封建专制和反日本侵略的壬午兵变。是年7月，汉城起义士兵和贫民起义队伍汇合，占领武器库，冲进监狱，解放被捕士兵和群众，袭击日本公使馆。国王闵妃急忙调兵镇压，并同日本签订《朝日友好条约续约》，寻求日本军队支援。日本乘机获得了在朝鲜驻兵等特权，朝鲜民族危机进一步加深。

"黑洞事件"是怎么回事

"黑洞事件"是英国殖民者为侵略孟加拉而蓄谋策划的一起莫须有的事件。17世纪末的英国开始走上了对外侵略扩张的道路，落后、封闭的南亚成了其侵略亚洲的先行阵地。英国的殖民统治引起了当地居民的不满。1756年，希瓦吉发动起义，围攻英国领事馆。英军将领霍尔维尔声称，起义军逮捕了一批英国士兵，将他们关入黑房子之内，并密谋将其杀害。霍尔维尔的言论引起英国民众的愤怒，民众鼓动国家发动战争。1857年，英国发动普拉西战役，向内陆和印度半岛延伸势力。

哪次战役揭开了南亚次大陆沦为英国殖民地的序幕

普拉西战役

"黑洞事件"后，英国找到口实，开始为侵略印度进行备战。普拉西是印度的一块富庶地区，对孟加拉具有重要的军事战略价值，因此引起了英军的垂涎。1757年，英军将领罗伯特·克莱武收买了扎法尔。之后，普拉西战役爆发，英军在扎法尔的协助下，势如破竹，大败印度军队。扎法尔也凭着英国政府的扶持获得孟加拉总督一职，成为了英军统治孟加拉的侵略工具。自此，印度开始逐步沦为英国政府的殖民地。

密拉特起义的原因是什么

密拉特起义的原因是涂油子弹事件。英国政府在19世纪以来在印度建立起殖民统治，对印度人民欺压、剥削。印度居民大多信仰伊斯兰教和印度教，他们把牛视为圣物并加以崇拜。1857年，英国殖民当局向士兵发放弹药，然而这些子弹都被涂上了牛油。这件事极大侮辱了印度士兵。因此，密拉特的印度士兵拒绝使用这些子弹，被殖民当局逮捕。密拉特居民闻讯开始展开营救士兵行动，反抗英国殖民统治。

涂油子弹事件最终导致了密拉特起义的爆发，掀起了印度民族解放战争的序幕。

"印度复兴之父"是谁

印度民族大起义虽然失败了，但客观上促进了印度民族资本主义的发展，激发了印度民族意识，涌现出一批启蒙家。马哈捷瓦·戈文达·伦纳德是印度国家经济学派的奠基人。他著有《论印度政治经济学》一书，阐述了印度自身的政治和经济制度及其发展脉络、特点，被称为印度经济思想发展的里程碑。他把这套理论运用到实践中，在1872～1873年倡导了第一次国货资产运动。

马哈捷瓦推动了印度启蒙运动的发展，为印度民族统一建立了思想基础，被称为印度复兴之父。

享有"东方诗哲"美誉的人是谁

"天空中没有留下痕迹，但我已飞过……"

泰戈尔

优美的句子和悠远的意境道出了作者无怨无悔的心灵寄语。这句话出自拉宾德拉纳特·泰戈尔之

口，一位被称为"东方诗哲"的文学家。泰戈尔出生在印度的加尔各答，一生写出了50多部诗集，包括《飞鸟集》《园丁集》《新月集》等。他除了在文学上有极高造诣外，还作了1 500多幅画。此外，泰戈尔还致力于寻求印度民族的解放，痛斥英国的殖民统治。1913年，他获得了诺贝尔文学奖，成为第一个获得诺贝尔文学奖殊荣的亚洲人。

勤王运动是怎么回事

19世纪40年代以来，法国逐步加紧了对越南吞并的步伐。越南人民不断掀起反法的民族斗争。1885年，越南发生了由封建文绅领导的爱国运动。阮朝大臣尊室说组织爱国力量在顺化发动反法起义，包围法国军营，后遭到法军镇压。咸宜帝发出勤王檄文，得到国民响应。越南中部和南部各省纷纷起义，组成了以农民的起义军，形成了越南史上著名的勤王运动。该运动虽以失败告终，但沉重打击了法国的殖民统治，鼓舞越南人民的反抗意识。

菲律宾联盟是个什么样的组织

自16世纪以来，菲律宾便沦为了西班牙的殖民地。随着西班牙的衰落，一批接受了西方思想启蒙的知识分子开始掀起寻求国家独立的斗争。1892年，黎萨尔领导了菲律宾独立运动，并建立了争取经济政治权力的民族组织——菲律宾联盟。联盟提出统一菲律宾群岛，反对一切暴力和不公行为、发展工商业和教育。

该联盟的一系列活动极大解放了菲律宾人民的思想，增强了菲律宾的民族意识。但在殖民当局的打压下，该组织被迫解散。

埃及阿里王朝的奠基人是谁

埃及自1517年便沦为了奥斯曼土耳其帝国的一个行省。1805年奥斯曼土耳其帝国驻埃及军官穆罕默德·阿里夺取政权，自立总督，建立了代表地主和商人利益的阿里家族统治。19世纪上半期，阿里在埃及实行了大刀阔斧的改革，消除旧的封建割据势力，建立中央集权，改革土地税制，推行工农业发展。阿里还对军事进行改革，建立了强大的陆海军，支持发展教育事业。穆罕默德·阿里的改革使埃及变成一个独立的国家，并逐步走向强盛。

提奥多西二世为什么被尊为埃塞俄比亚历史上第一位现代君主

西方殖民者的入侵，促使埃塞俄比亚走上了统一的进程。一批具有先进思想的封建主开始联合起来，反抗殖民入侵。1853年，封建主卡萨联合各地小封建主打败了其他公国，实现了国家的统一。卡萨于1855年自立为帝，自称提奥多西二世。统一后，提奥多西二世进行了一系列政治、经济、文化等方面的改革，大力发展近代教育，开启了埃塞俄比亚走向现代的阀门。

然而，改革遭到了国内外反动势力的阻挠。一些旧封建主联合英军击败了提奥多西的部队，改革最终失败。

非洲规模最大的反殖民主义的人民战争是什么

马赫迪起义

马赫迪起义是苏丹人民以宗教为旗号爆发的反对英国殖民统治的农民战争。1881年8月，马赫迪举行起义，在科尔多凡省建立根据地，声势日壮。马赫迪采取正确策略与英国殖民军周旋，多次击败英国殖民者。1885年，起义军解放了除萨瓦金港外的全部苏丹领土。马赫迪因病去世后，阿卜杜拉继续其未竟之志，建立了新政权，定都恩图曼。英军不甘在苏丹战场

的失败，在1895年，相继派遣约15000多名远征军。马赫迪起义最终失败，但其为苏丹人民以后的反帝斗争树立了榜样。

第一国际是什么组织

第一国际召开会议

第一国际是19世纪工人运动发展进步的必然产物。1857年，世界性经济危机的爆发，使整个欧洲处于萧条之中。工人阶级生活日益窘迫，纷纷举行罢工。然而，罢工多以失败告终。工人开始意识到联合起来的重要性。1864年，为实现英法工人联合起来共同战斗，工人代表在伦敦圣马丁堂集会。马克思、恩格斯出席会议。大会决定成立一个国际性的工人组织，建立临时中央委员会，选举奥哲尔为主席。后来，这个组织正式定名为国际工人协会，即第一国际。

你知道第一国际的《成立宣言》吗

第一国际是国际性的工人组织，成立后缺乏一个统一的纲领。马克思应邀于1864年11月，起草《成立宣言》。宣言首先分析了1848年以来资本主义迅速发展和工人生存状况日益恶化之间的矛盾根源，指出夺取政权是工人阶级的伟大使命。宣言还提出如今摆在工人运动面前的三项任务，要求各国工人应该组织起来监督本国政府的外交活动，采取公正的对外政策。

《成立宣言》的发表为第一国际制定了正确的方针和政策，为工人运动指明了方向。

巴黎公社是怎样建立的

巴黎公社是法国工人阶级建立的无产阶级政权。面对严重的民族危机，巴黎无产阶级建立了国民自卫军，成为一个可以与梯也尔政府对峙的政权。在色当战役失败后，梯也尔政府对外媾和，调兵遣将企图消灭新生的工人组织。1870年，国民自卫军进攻巴黎，梯也尔政府被迫逃亡凡尔赛。巴黎工人在3月26日举行公社选举，建立政权。巴黎公社正式建立标志着人类历史上第一个无产阶级政权诞生了。

巴黎公社犯的一个致命失误是什么

巴黎公社成立后，人们把注意力更多地放在如何构建、组织公社这一问题上，而忽略了对外部敌人的防御。梯也尔政府在巴黎失败后，逃往凡尔赛，赢得喘息进行调整。与此同时，巴黎公社召开选举工人委员会，着力建立民主组织，并颁布诸多民主章程。梯也尔逃亡凡尔赛后与德国媾和，寻求军事支持。1870年4月，梯也尔领导军队从凡尔赛出发，围攻巴黎市区。尽管国民自卫军浴血奋战，但因寡不敌众，最终失败。巴黎公社是工人阶级的伟大尝试，为马克思主义提供了经验和教训。

《国际歌》是怎样诞生的

梯也尔领导的凡尔赛军攻陷了巴黎，巴黎公社战士壮烈牺牲。战斗结束后不久，公社委员欧仁·鲍狄埃怀着悲愤和苍凉的心情创作了革命颂诗《英特纳雄奈尔》。颂诗反映了公社成员保卫家园、最终走

鲍狄埃

向胜利的大无畏精神和奔赴共产主义的决心。这首诗成了日后《国际歌》的歌词。

后来，法国作曲家比尔·狄盖特经过多次修订，终于为这首词谱上了激昂慷慨的曲调。《国

际歌》成为了世界工人阶级的歌，表现了工人阶级为实现共产主义而奋斗终生的豪情壮志。

什么是"费边主义"

费边主义是19世纪后期英国流行的一种代表资本主义自由派的社会思潮，主要代表人物是韦伯夫妇和萧伯纳。费边主义以费边社为组织基础，旨在通过渐进性的改革实现社会主义。费边社是英国社会工党的产物，反对实行暴力革命，也反对无产阶级专制。该派以《费边论丛》为思想基础，反对马克思主义，鼓吹与资本主义和谐共存，通过改良手段使资本主义附属于社会主义。费边主义诞生后对英国工人运动产生了不小影响，遭到马克思主义者的反驳。

1899—1902年英布战争的导火线是什么

随着矿产资源的开发，非洲逐渐成为欧洲列强侵略的焦点。布尔人是指一些居住在南非的德国和荷兰人后裔，建立了德兰士瓦共和国和奥兰治自由邦。1867年后，南非相继发现了钻石和黄金矿藏，且储量极大。欧洲殖民者蜂拥而至，其中以英国为急先锋。为了占有这片丰富宝藏，英国不断囤积援兵，开始与布尔人交恶。布尔人为了保护自己利益，靠拢德国，并联合当地土著共同打击外来殖民。1899年10月，英布战争爆发。

红十字会是怎么建立起来的

每当遇到灾难时，我们总会在救灾现场看到一群身穿白衣、佩戴红十字标志的医务人员。他们就是红十字会——世界上最大的国际慈善救援机构。红十字会的形成历经了百年历史。1859年，亨利·杜南目睹了奥法战争的爆发，发现大量的伤残士兵无药可医，于是义务参与救援活动。1862年，他呼吁各国

红十字会标志

应关注受伤的士兵，并把自己的构想写入《索尔弗利诺回忆录》。

翌年，杜南建立了"伤兵救护国际委员会"，即红十字会的前身。日后，该组织不断壮大，发展成为国际性的中立的救援医护机构。

非洲民族解放运动有什么特点

19世纪后半叶，反殖民主义反帝国主义的民族战争几乎遍及整个非洲大陆。非洲的民族解放运动呈现出了自己的特点：反殖民主义斗争的主要形式是武装斗争和武装起义；各地区武装斗争的领导者几乎都是由封建地主阶级和传统社会的统治者担任，总体水平比较低下；非洲民族解放运动带有浓厚的宗教色彩，缺少联合，没有形成统一的运动；城市反帝运动开始兴起，民族意识开始觉醒。非洲的解放运动沉重打击了西方帝国主义，促进了非洲地区的民族觉醒。

为什么称英国为"日不落帝国"

英国自工业革命之后迅速崛起，资本主义迅速发展起来。为了更多地掠夺原料和市场，英国开始走上了侵略扩张的道路，先后在非洲、美洲、亚洲等开辟了殖民地。第二次工业革命后，资本主义发展到垄断组织阶段，英国殖民扩张达到顶峰。到1912年为止，英国的殖民地面积已经达到了1 300多万平方千米。由于这些殖民地遍布全球各地，同一天内不同地方均可以见到日出，因此，英国被称为"日不落帝国"。日不落帝国是资本主义侵略扩张的结果，给当地居民造成了沉重的负担。

英国与哪个国家订立同盟意味着放弃了坚持半个多世纪的"光荣孤立政策"

进入20世纪后，帝国主义国家之间矛盾日益显现。19世纪末，俄国开始崛起，抢占中国领土，威胁到英国在远东的利益。为了打破俄国在东亚地区的强盛势头，英国开始拉拢日本。

1902年，英日签订《英日同盟条约》，条约规定：相互承认双方在中国和朝鲜的既得利益；两国在远东地区相互协助，一方与其他国家发生冲突时，另一方保持中立；如果一方遭到多国打击，另一方有责任进行援助。该条约的签订标志着英国放弃了"光荣孤立政策"即中立政策，表明了英国实力的下降。

世界航海史上的大悲剧——泰坦尼克号沉没究竟是怎样发生的

20世纪90年代发行的电影《泰坦尼克号》风靡全球，巨轮的失事引发了无数人的唏嘘慨叹。

1909年，哈德·沃尔夫船厂造出了世界上最大、最豪华的巨轮——泰坦尼克号。1912年，该船在船长爱德华·史密斯的带领下自南安普敦出发，驶向美国。由于船长的疏忽大意，巨轮驶向了多冰川的地区。在距离纽芬兰不远的地方，巨轮撞上了迎面而来的冰川，船体受损漏水，船上1 500多名人员遇难。史上最豪华的巨轮就这样沉入了海底。这场巨大的船难促使了《国际海上安全条约》的诞生。

泰坦尼克号

哪个国家发动了达达尼尔海峡战役

资本主义进入垄断组织阶段，催生了帝国主义的发展。英、德、法等国相继走上对外扩张道路，不仅与殖民地居民矛盾重重，列强之间也争斗不断。1915年，英、法、俄三国为了阻止德国与土耳其联盟，企图抢先征服土耳其。英法两国出于个自利益，打算在俄国出兵前抢先占领达达尼尔海峡和博斯普鲁斯海峡。同年2月，英法舰队开入达达尼尔海峡，但遇到了德土联军的阻挠，损失巨大。3月，英法舰队退出海峡，标志着达达尼尔海峡战役失败。

坦克首次在战场上亮相是在什么时候

坦克作为当今陆战工具的主力，已经有接近百年的发展历史。当时为了阻止士兵冲刺，战场往往布满铁网、战壕。为了冲破这些封锁线，人们既需要一种攻坚利器，英国人斯顿便勾勒出把陆战车和大炮结合在一起的想法。1916年，经过改进，英国人首次在战争中使用了坦克。这种坦克用履带前进，内置有强力马达，完全符合陆战需要。同年9月，英国把坦克投入到索姆河战役当中，取得了一定胜利。战后，大量新型的坦克接连不断地研发出来。

三国同盟包括哪三个国家

三国同盟是奥德意三国为同英法俄三国争夺世界霸权建立的军事同盟，是帝国主义列强争霸斗争的产物。20世纪的欧洲大陆，法德矛盾成为主要矛盾，双方相互寻求联盟。1882年，德奥意签订了《三国同盟条约》，规定：在意大利没有直接挑衅的情况下，如果意大利遭到法国攻击，德奥全力支持；如果德国受到同样攻击，意大利也同样支持；如果三国中有任何一方遭受两个或以上的强国攻击，其他两国保证予以支持。《三国同盟条约》和《三皇同盟条约》共同构成了以德国为核心的同盟体系。

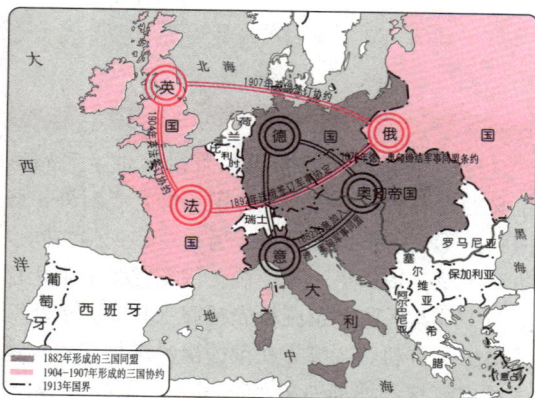

三国同盟和三国协约

为什么埃菲尔铁塔会成为巴黎的象征

埃菲尔铁塔

埃菲尔铁塔是巴黎最有名的古迹之一，是外国游客游览法国必去的圣地。埃菲尔铁塔落成于1889年，高约324米，从塔座到塔顶共1 711阶。该铁塔是为了纪念1789年法国资产阶级革命100年所建。

建筑师居斯塔夫·埃菲尔设计的该塔全身由镂空钢铁架构成，塔身呈一个倒写的V型，被巴黎居民亲切地称作"巴黎少女"。埃菲尔铁塔作为法国大革命100年展览的象征，赢了世界人民的目光，成为了巴黎城市的象征。

什么是第二国际

1876年召开的费城大会标志着第一国际正式结束。然而，19世纪80年代工人运动日益兴盛，各国工人交流增多，迫切需要一个国际性的工人组织。1889年7月，国际社会主义代表大会在巴黎开幕。来自世界22个国家的代表参加大会。会议通过了"国际劳工立法决议"和"五一国际劳动节"的决议。该会议还确定了不再设中央常设机构，无纲领、章程等。这次会议标志着第二国际的建立。第二国际更加注重各国政党的独立性，促进了国际工人运动的极大发展。

法国为什么力图夺回阿尔萨斯和洛林

拿破仑三世统治下的法国在色当战役中败

于普鲁士，被迫割让了阿尔萨斯和洛林地区，并赔偿50亿法郎。之后，普鲁士在阿尔萨斯和洛林两地区发现了大量的铁矿资源，成为德国发展重工业的一个有力补充。对于法国来讲，这既是一段民族屈辱的历史，也是经济发展的迫切要求。1915年11月，法军开始了对两地的攻击，但是遭到了德军的顽强抵抗。最终，两地在第一次世界大战结束后，才回到法国人手中。

协约国是怎样形成的

奥德意三国同盟建立后，对英法俄形成了严重的威胁，促使了欧洲另一个军事集团——协约国的出现。然而，英法俄三国之间矛盾重重，导致协约国的形成明显更加繁琐、缓慢。1894年，法俄协约正式签订，两国相互辅助，共同对抗三国同盟的威胁。英国随着实力的下降，也开始寻求盟友，1904年，与法国结成盟友，调整两国在殖民地的矛盾。1907年，英俄两国在法国周旋下也达成协议。三国协议的达成标志着欧洲正式形成两大军事集团。

施里芬计划的主要内容是什么

法国为了防御德国的攻击，修建了一条从阿尔卑斯山起，经贝尔福、厄比纳尔、土尔到凡尔登的混凝土防御工事，仅在土尔和凡尔登之间留下一个缺口，做诱敌之用。德国参谋长施里芬针对法国的防御工事提出了施里芬计划，即集中优势兵力，率先击溃西线的法国，然后调头袭击东线的俄国。这样，德国就可避免陷入两线作战。

然而，施里芬低估了法英联军的实力，在西线作战未取得胜利的前提下，又调兵攻俄，最终陷入两线作战。施里芬计划失败。

为什么说马恩河会战宣告了施里芬计划的彻底破产

马恩河战役是"一战"时期英法联军与德国军队在马恩河地区进行的一场战役。20世纪初期，德国逐渐走上了扩张的道路，与法国矛盾日益激化。两大军事集团之间备战升级。德国将领

毛奇依照施里芬计划，在西线囤积重兵，企图率先取得西线战争。1914年，法国迫切收复阿尔萨斯和洛林地区，冒失出兵，陷入德军埋伏。然而，德国将领毛奇擅自调动东线部队支援西线，在马恩河地区与法军交战。英法联军成功地击败了德军，迫使德军无法兼顾两线。马恩河会战宣告了施里芬计划的失败。

第一次世界大战的导火线是什么

同盟国和协约国两大军事集团的形成，加上欧洲各国之间错综复杂的国际矛盾，导致世界大战一触即发。1914年6月，奥匈帝国皇储、狂热的军国主义分子斐迪南偕夫人到波斯尼亚首府萨拉热窝检阅部队，并指挥以塞尔维亚

费迪南夫妇被刺杀

为假想敌的军事演练。这引起了塞尔维亚人民的极大不满。一名塞尔维亚青年趁机枪杀了斐迪南夫妇，导致巴尔干局势瞬间升级，史称"萨拉热窝事件"。

这一事件的发生后，两大军事集团积极备战，以此为借口，发动了第一次世界大战。

第一次世界大战中列强的参战目的各是什么

第一次世界大战是一场非正义、掠夺性的帝国争霸战争。参战各国都是为了争夺各自利益。德国参战是为了建立一个从北海、波罗的海到亚得里亚海，从柏林到巴格达的大德意志帝国，击垮英国的海上霸权，夺取英法殖民地。奥匈帝国参战是为了获得巴尔干霸权。英国则是为了击败德国，肢解奥斯曼帝国，维持欧洲大陆的均势局面。而法国则为了报复德国，收回阿尔萨斯、洛林地区。俄国是为了建立一个斯拉夫国家。日本参战目的则是为了确立其在远东和太平洋的优势。

为什么说巴尔干战争加速了第一次世界大战的爆发

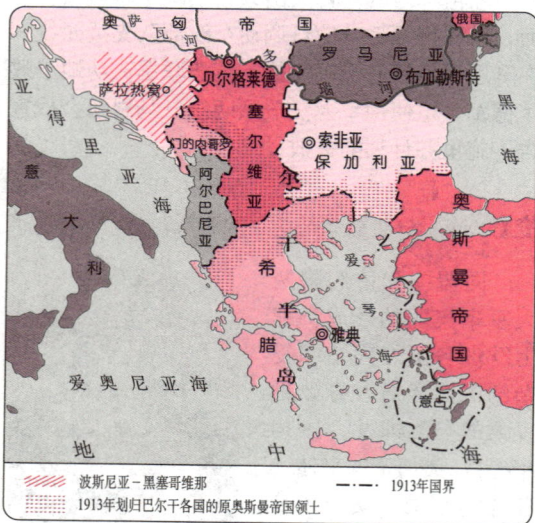

第一次世界大战前的巴尔干半岛

巴尔干战争是保加利亚、塞尔维亚、希腊和门的内哥罗联合反对奥斯曼土耳其的战争。民族主义的萌芽使得民族繁杂的巴尔干地区矛盾重重。1912年，第一次巴尔干战争爆发，巴尔干国家取得胜利，使奥斯曼帝国几乎丧失全部欧洲领土。1913年，第二次巴尔干战争爆发，巴尔干国家战胜了奥匈帝国支持的保加利亚。两次战争使得塞尔维亚实力大增，与奥匈帝国矛盾加剧，最终导致了萨拉热窝事件的发生。

为什么巴尔干半岛被称作"欧洲的火药桶"

巴尔干半岛位于欧洲的东南部，地处欧、亚、非三大洲的汇合处，既控制着地中海和黑海的门户，也控制着通往印度洋的航路，战略地位十分重要。这里民族众多，不同的民族文化、宗教信仰和生活习惯导致各民族之间摩擦不断。20世纪初，随着奥斯曼土耳其帝国的日益衰落，各民族掀起了解放运动，正在扩张的帝国主义国家也觊觎这一地区，趁机而入。这些因素导致巴尔干地区的矛盾错综复杂，其中既有帝国主义列强之间的矛盾，也有巴尔干各族人民与帝国主义矛盾，还有巴尔干各民族同土耳其封建统治者的矛盾，以及巴尔干各国和各民族之间的矛盾。所有这些矛盾、特别是列强之间的矛盾使巴尔干半岛地区经常发生纠纷、冲突和战争。

1912—1913年，巴尔干地区爆发了两次巴尔干战争。战争中的交战方背后都有帝国主义的支持，因此，两次巴尔干战争实际上反映了两大帝国主义集团的矛盾斗争。两大集团对巴尔干的争夺和巴尔干各国之间的矛盾更加剧烈和复杂，终于成为帝国主义矛盾的焦点和"火药桶"。此后，随着萨拉热窝事件的发生，第一次世界大战的战火由此引燃。

哪次战役与凡尔登战役、索姆河战役并称为第一次世界大战中影响最深远的三大战役

德军根据施里芬计划开始实施军事行动，企图集中优势兵力首先攻破英法驻守的西线战场，然后转战东线打败俄国，实现称霸欧洲的目标。1914年9月，英法军队和德军在马恩河地区交战。这是"一战"中第一次大规模

英国军队开赴马恩河

的战略决战。双方投入兵力高达150万人，德军最终以失败而终。德军在六周内打败法国的计划告破，迫使德国最终陷入了两线作战的困局，也标志着施里芬计划的失败。

你知道无限制潜艇战吗

第一次世界大战中使用的新式武器——德国潜艇

德国在第一次世界大战后期战争中逐步落

于下风，于是孤注一掷，从1917年起，德国潜艇针对协约国和中立国的军事、民用船只实行无限制攻击，史称"无限制潜艇战"。德皇威廉二世为了切断英法两国之间的海上联系，打断两国的海上补给线，在1917年2月下令，无论协约国还是中立国的船只，不加警告，一律攻击。德国的军事策略前期起到了一定作用，但是后期随着英国护航制和反潜措施的施行，无限制潜艇战最终失败。而且，这也成为了美国参战的重要原因之一。

谁出任德奥军队总司令

保罗·冯·兴登堡在一战期间被委任德奥军队总司令。兴登堡出生在德国的一个贵族家庭，自幼便受到了普鲁士军国主义的影响，长大后如愿进入军事学校。1863年，他参加普法战争，荣获战功，升任为中尉。第一次世界大战爆发后，德军按照施里芬计划开始军事行动。兴登堡被委任为东线指挥官，并于1914年发动了坦能堡战役，迫使俄军退出普鲁士。战役结束后，兴登堡声名鹊起，被德军总参谋长毛奇委任为西线主战场的总司令。

保罗·冯·兴登堡

第一次世界大战中最大的海战是什么

随着两线战事的吃紧，德军企图在海上冲破英军封锁，破坏英法联军的物资供应。1916年5月—6月期间，德国发动了第一次世界大战中规模最大的海战——日德兰海战。德军将领舍尔，面对实力强大的英国海军，制定了诱敌深入的策略，企图各个击破。然而，德军的情报被俄军截获，其战略意图也被英军知晓。因此，英海军将领杰里科将计就计，派一小支舰队追随德军的诱饵，自己亲率大军攻击德国基地。日德兰海战以德国的失败而告终，宣告战略的主动权已经转移到协约国手中。

为什么把凡尔登战役称为"绞肉机"

凡尔登战役中法军战壕遭到德军炮火的猛烈袭击

1916年是欧洲两大军事集团决战的一年。双方均派出了自己的全部兵力，以夺取战争的最后胜利。德军以前所未有的规模发起了凡尔登战役，投入50个师的兵力对凡尔登法军阵地发起猛攻，并抢占了一些阵地。然而法军殊死抵抗，经过多次消耗战，在12月底，又收回了失去的全部阵地。

这次战役是第一次世界大战中历时最长的一次战役，双方伤亡人数也达到了70余万人，因此被称为"绞肉机""屠场"。凡尔登战役后，协约国开始占据了战争主动权。

你知道索姆河战役吗

为了实现施里芬计划，德军在东线战场集中了大量兵力，给英法联军制造了巨大压力。为减轻凡尔登战场的压力，英法联军在法国北部的索姆河地区发动对德军的战役。英法联军企图突破德军构筑的防御阵地，并在战役中投入了新型作战武器——坦克。但由于德军迅速有效地补充了防线，英法军队并未能突破德国的防线，但一定程度上减轻了凡尔登战场的压力。索姆河战役是第一次世界大战中规模最大的一次战役，也是最大的一次消耗战。

《反杜林论》反映了什么思想

欧根·卡尔·杜林是19世纪下半期德国著名的哲学家、政治家。他倡导折中主义和小资产阶级的庸俗经济学。这在德国国内引起了诸多工人的推崇。杜林批判马克思的科学社会主义。为矫正工人思想，恩格斯自1876年先后发表文章批判杜林主义观点，重新阐释马克思主义的科学性和合理性。

1878年，恩格斯汇总这些文章出版了《欧根·杜林先生在科学中实行的变革》。1885年，本书改名为《反杜林论》出版，对于人民正确认识马克思主义作了科学的引导。

首创量子论的人是谁

19世纪后半期，随着第二次工业革命的进展，物理科学得到空前发展，开始走进近代物理学发展期。马克斯·普朗克便是揭开近代物理学的开创者之一。普朗克出生在普鲁士的一个贵族家庭，自幼接受良好的教育。大学期间，他专修物理学，后转入理论物理的学习。1900年，在研究热辐射问题时，他提出了辐射定律，认为物质辐射并不是连续发射的，而是一段段的，即光电子假说。

普朗克的假说把人类带入了量子的世界。后来，人们在普朗克开创的道路上继续前进，建立了量子学。普朗克也因此在1918年获得诺贝尔物理学奖。

谁是20世纪数学的指路人

20世纪的数学领域除了哥德巴赫猜想外，还有其他22个问题令数学家着迷。而这23道数学题均由大卫·希尔伯特提出。希尔伯特出生在德国的格尼斯堡地区，自幼便显示出数学方面的天赋。他提出了一个更为系统和严谨的几何公理，弥补了非欧几里得数学的缺陷。他还为证明论和数理逻辑的提出奠定了基础。他一生著述颇丰，著有《几何学基础》《理论逻辑原理》等，被称为数学界的"无冕之王"，代表了20世纪数学发展的最高水平。

你知道国际护士节的来历吗

1853年，克里米亚战争爆发，俄国和英法土等国交战。随着战争的进行，双方死亡人数不断增多。由于缺乏医药品和相应的卫生保障，大批军士死亡。弗罗伦斯·南丁格尔率领一批医护人员奔赴战场，救护受伤的士兵，使死亡率下降了一半。战后，她制定了一套系统护理的措施。1860年，她在伦敦开办了护士培训学校，以期培训更多的人员参与到救护事业。她将救护经验编写成了《护理笔记》一书，为近代护理学发展提供了重要经验。为纪念南丁格尔，每年的5月12日定为国际护士节。

南丁格尔

为什么约翰·施特劳斯被称为"圆舞曲之王"

维也纳之所以被称为音乐的天堂，不仅因为那里是西方音乐的荟萃地，还因为那里诞生了众多优秀的乐曲家。施特劳斯便是其中代表人物之一。他出生在奥地利维也纳的音乐世家，自幼具备了极高的音乐天赋。他刻苦学习小提琴，创作了一系列脍炙人口的经典乐章，比如《蓝色多瑙河》《吉卜赛男爵》等。他一生共创作168首圆舞曲，117首波尔卡舞曲，并指挥了众多的演奏会。

约翰·施特劳斯

他的音乐热情欢快、节奏感强，具有浓郁的浪漫主义色彩。因此，他被后人尊称为"圆舞曲之王"。

"大陆漂移说"是怎么提出来的

地球表面陆地本为一个整体，但随着地壳运动等因素的影响，大陆板块开始分裂，这就是"大陆漂移说"。魏格纳第一个提出该学说，他的这一发现有一段趣闻。有一次魏格纳生病住院，遵从医生嘱咐，只能卧床休息。医院墙壁上正好悬挂着一幅世界地图。百无聊赖的魏格纳抬头观察地图，偶然间发现了一个奇怪的现象：美洲大陆突出的地方与非洲大陆凹进去的地方大致吻合。这一现象极大引起了地质学家魏格纳的兴趣，经过多年研究，魏格纳在1912年提出了"大陆漂移说"，该学说后来发展为板块构造学说。

第一次世界大战的影响是什么

第一次世界大战是帝国主义为争夺霸权，分割世界的非正义战争，是人类历史上一次空前的灾难。这次战争造成了人力、物力的巨大损失和破坏，使欧洲的工业发展水平倒退八年之久，导致欧洲政治、经济地位的下降。俄罗斯、德意志和奥匈帝国瓦解，欧洲版图开始发生变动。美国和日本乘机兴起，国际关系出现新的格局，亚洲、美洲的政治影响开始加剧。一战还促进了一系列无产阶级革命和资产阶级民主革命的爆发，加速了殖民地、半殖民地民族解放运动的高涨。

为什么召开海牙国际和平会议

19世纪末期，西方资本主义国家相继进入帝国主义阶段，开始走上对外侵略扩张的道路。各国军事备战愈演愈烈。1899年和1907年，沙皇尼古拉二世先后召集各国在荷兰海牙开会，会议确定了和平解决国际争端，规定了中立的权利和义务，禁止使用炸弹等军事协议。与会各国最终签订了《和平解决国际争端条约》。

海牙会议是西方各国暂时妥协的会议，对国际争端作出了相应规定。但会议并未能阻止各国扩张的步伐，大战一触即发。

名画《向日葵》是谁的作品

凡·高是法国印象派的重要代表之一，对现代的绘画艺术具有重要的影响。凡·高出生在一个贫苦的家庭，但自幼热爱绘画。他的画作多透过环境的变化来衬托事物的个性。《向日葵》是凡·高的代表作之一，整个画面以黄色为主，通过变化的光线和粗厚有力的笔条，彰显出向日葵喷薄而出的激情，烘托出向日葵的灵气和娇美，远远观看犹如一团红红的火焰。凡·高还留下了《麦田》《星夜》等画作，成为了当今昂贵艺术品的代表。

凡·高

你知道亚琛会议吗

根据四国同盟定期举行会议的决定，欧洲协调的第一次会议于1818年9月在亚琛举行。俄、普、奥、英、法五国参加了会议。会议主要解决法国赔款和盟国从法国撤军的问题。1818年10月，五国签署了《亚琛条约》，各国作出一定妥协，同意提出撤退驻军。法国接受四国邀请加入同盟。

旧的四国同盟体现着战胜国对战败国的制裁，而新的同盟则具有持久联盟的性质，目的在于保持欧洲的协调。随着欧洲革命运动的发展，同盟内部矛盾日益增多。

国际妇女节是怎么来的

随着经济的发展和政治民主的进步，妇女在工作和生活中的作用日益明显，不甘于社会的附庸角色。1909年，美国芝加哥劳动妇女开始罢工，争取自己的权利和义务。这是世界上第一次妇女罢工。1910年，第二次国际代表大会通过了设立国际妇女节的决议，但是并未制定确切日期，也未受到各国的认定。

此后，妇女在各个行业的作用和地位逐步上升，主人翁意识加强，1975年，联合国大会上正式确立每年的3月8日是国际妇女节。

为什么说自由女神像是美国的象征

在美国纽约港口矗立着一座雕像，雕像右手高举自由火炬，左手托着一本法律书，神态端庄祥和，象征着美国追求民主和自由的信心。

自由女神像

该雕像是法国于1885年赠送，高约46米，底座为93米，由美国总统克利夫兰亲自揭幕。后来，美国政府在雕像周围点起了长明灯，象征美国自由、法制长明。自由女神像落成之后，成为美国的象征。每年数以万计的游客参观这座雕像。1984年，雕像被列为世界文化遗产，成为美国国家级文物。

美国何时占领了珍珠港

珍珠港是夏威夷群岛中的一个重要港口，位于太平洋北部，是一个优良的海港。珍珠港是美国殖民扩张的结果。

自19世纪中叶以来，美国殖民者开始入侵夏威夷，并在岛上建立种植园等。1887年，一批种植园开始反对夏威夷国王统治，把持了议会的重要职务。国王成为傀儡。1889年，夏威夷贵族威尔克斯科斯反抗外来殖民者，因寡不敌众而败退。美国出兵占领了珍珠港。如今的珍珠港是美国在太平洋的重要海军基地。

美国为什么通过了《谢尔曼反托拉斯法》

资本主义发展到垄断阶段后，逐渐出现了一批垄断财团。美国的石油大亨洛克菲勒就是代表之一。垄断企业的出现严重打击了中小企业的生存，导致一大批人员失业，引起了社会的暴动和不安。1890年，俄亥俄州议员约翰·谢尔曼提出了《反托拉斯法》，旨在抑制垄断这种行为，规定凡加入托拉斯联盟的企业或个人均属违法，并处以不超过5 000美元判处。然而，该法案虽经国会通过，但并未组织垄断企业发展，反而使得垄断局面愈演愈烈。

谁是"飞机之父"

莱特兄弟

在天空中飞翔一直是人类的梦想，嫦娥奔月便是人类对飞行的一种美好愿景。但人类真正能够在蓝天中翱翔还要感谢美国莱特兄弟的发明。19世纪内燃机的发明和物理学的发展为飞机的出现提供了前提。1901年，莱特兄弟在总结前人经验的基础之上，制造了轻型内燃机，并成功试飞。1903年，莱特兄弟制造的飞机已经可以飞行半小时之久，把人类开始带入了飞机时代。几经改革，1908年，莱特兄弟创立了飞机制造公司，开创了飞行时代。莱特兄弟也被人们称为"飞机之父"。

谁提出了海权论

地球上71%的面积属于海洋，因此地球也被称为蓝色的星球。然而，由于生产力的局限，人们并没有认识到海洋的重要性。

美国海洋学家艾尔弗雷德·马汉根据拿破仑的"海上霸权"，提出了海权论，认为海洋将会成为国家发展的关键，掌握制海权将是掌握未来的成功之匙。针对美国海洋力量薄弱的状况，马汉提出美国应该在世界上占据重要的海峡和港口，以局部控制大局的策略。之后美国按照这个理论建立了菲律宾基地和夏威夷军事基地，以达到控制太平洋的目的。海权论满足了美国帝国主义对外扩张的需要。

为什么邓肯被誉为"现代舞之母"

伊莎多拉·邓肯出生在美国旧金山的一个贫困家庭。艰辛的生活锻炼了邓肯追求自由、独立的个性。她的舞蹈，突破传统芭蕾舞的风格，讲求随性自然，在宽大的舞袍中，展露肢体的柔美。而且她的舞蹈没有固定的样式，只是凭借自己的听觉和感觉即兴发挥，翩翩起舞，动作自然、率性天真。

在美国的舞台上，邓肯取得了巨大的成功，与美国追求自由和民主的风气也相适应，开创了美国现代舞先河。因此，邓肯被誉为"现代舞之母"。

伊莎多拉·邓肯

谁第一个到达了北极

寒冷的天气、壮硕的北极熊和皑皑的白雪一直是北极给人类留下的印象。过于寒冷的天气阻止了人类探求其真面目的步伐。在过去的几千年里，人类始终未能揭开北极的神秘面纱。

美国探险家皮里一直对这块土地充满好奇，试图亲自征服这块未知之地。从1886年起，他多次探察格陵兰岛和加拿大北部地区，为后来登陆北极打下坚实基础。1908年，他从埃尔斯迷岛出发，沿途克服了种种苦难，终于到达了北极，成为了人类历史上第一个到达北极的人。

皮里

美国第一位女议员是谁

女性在近代史一直处于被忽略的位置，但进入20世纪后，妇女开始走向舞台，在各个行业均取得不俗的成绩。珍妮特·兰金出生在美国的蒙大拿州，平时积极关注妇女和儿童的权利，逐步走向美国的政治舞台。她曾周转蒙大拿州，积极为妇女争取权利，成为共和党议员。1917年，她当选为美国国会议员，成为美国第一位女议员。她一生追求和平、平等，为妇女的权利而奋斗，于

珍妮特·兰金

1973年去世，享年86岁，开创了美国史上妇女参政的先河。

美国为什么对德宣战

第一次世界大战开始后，美国宣布中立，不支持任何一方。但随着战争进程的发展，美国开始放弃中立立场。由于英国实行海上封锁，美国与协约国的经济贸易增多。俄国二月革命后，美国担心俄国单独媾和，导致协约国作战失败，从而加强了日本在远东的实力。如果将来德日联合，美国称霸也就无从谈起。战争马上接近尾声，美国的参战将直接决定哪一方战争集团的胜利，从而增加了战后分赃会议的决定权。1917年4月，美国对德宣战，大大增强了协约国的军事力量。

俄国第一个马克思主义团体是什么

普列汉诺夫是俄国马克思政党的创始人，对宣传和弘扬马克思主义作出了巨大贡献。1883年，普列汉诺夫在日内瓦建立劳动合作社，成了俄国第一个马克思主义团体。该团体积极地把马克思的著作和学说翻译成俄文，介绍给国内的广大无产阶级。此外，劳动社还积极参与国际工人组织，同修正主义、民粹主义做坚决的斗争。后来，普列汉诺夫逐渐背离列宁主义，转向了孟什维克党派。1903年，该团体也完成了使命，在社会民主党人第二次代表大会上解散。

布尔什维克是怎么来的

布尔什维克是俄国工人阶级的政治组织，是马克思主义在俄国的代言人。1903年，俄国社会民主党人在布鲁塞尔召开第二次代表大会，讨论俄国建党的纲领和章程问题。但谈到工人阶级是否应该实行无产阶级专政和党员具备什么资格等问题时，与会代表意见不一致。之后会议通过了这一决议，导致一部分代表退场。以列宁为代表的大多数人赞同会议结果，被称为布尔什维克，即多数人的意思。而以普列诺夫为代

表的少数人不赞同决议，被称为孟尔什维克，即少数人的意思。

日俄战争是怎样爆发的

日本经过明治维新后，逐渐走上了侵略扩张的道路。甲午中日战争后，日本通过《马关条约》，占领了辽东半岛。这与俄罗斯在远东的利益相悖。日俄矛盾开始升级。1904年，早有准备的日军突然袭击了俄国停靠在旅顺的舰队，日俄战争爆发。俄舰队由于补给不足，在交战中接连失败。

后来，虽然俄援军到达，但却由于长途奔波被以逸待劳的日军一举击溃。加上俄国国内爆发了革命，日本巩固了日俄战争的胜利，成了东亚的霸主。

俄国为什么会爆发1905年革命

沙皇尼古拉二世统治下的俄国对内专制、对外侵略，国内人民生活困苦不堪，工人纷纷走上街头进行罢工。1904年，日俄战争的失败更是激化了国内阶级矛盾。1905年，俄国工人掀起了全国性的总罢工，第一次建立了工人苏维埃政权，要求打倒专制主义。在工人的罢工逼迫下，政府开始设置国家杜马，宣称实行民主改革。然而，沙皇的谎言很快被拆穿，工人罢工变成武装起义，1905年革命爆发。尼古拉二世借助欺骗手段，调动军队把起义镇压下来，革命最终失败。

你知道二月革命吗

二月革命

二月革命是俄国历史上第二次资产阶级革命。1917年，随着一战的进行，俄国陷入了全面的政治、经济危机当中，国内人民日益不满沙皇统治。1917年，彼得格勒工人举行大罢工，成了二月革命的导火线。同时，布尔什维克号召工人武装起来，进行武装斗争。工人开始夺取兵器，建立武装纠察队，很快控制了全城。后来，起义在全国蔓延开来。前线的尼古拉二世被迫宣布退役，标志着罗曼诺夫王朝最终走下了历史舞台。

俄国二月革命后为什么会形成两个政府

二月革命后，俄国出现了两个政权，一个是工人阶级控制的苏维埃政权，另一个是资产阶级领导的临时政府。两个政权并存是由多因素造成的：临时政府处于合法的统治地位，由一些体面的人物长官，具有较强号召力；临时政府掌握了宣传机构，获得了大众认可；工人阶级觉悟不高，无法有效地组织应对当前的局面；重要的领导人仍流亡国外，不能很好掌控大局；苏维埃把更多精力放在了军事战斗方面，而忽略了争取民众的工作。然而，两个政权的局面并不能维持长久。

菲律宾民族运动从改良走向革命的标志是什么

随着西班牙势力的不断衰落，菲律宾人民开始掀起了民族解放运动。爱国人士波尼法修成立了卡蒂普南的秘密组织，主张人人平等，提出了保卫祖国的口号。1895年，卡蒂普南发动了争取民族独立的战争，建立起地方政权。菲律宾民族解放运动开始走向革命。然而，1897年，地主阶级阿奎那多夺取了革命领导权，杀害了波尼法修。同年11月，起义队伍通过临时宪法，建立了新政府，与殖民当局签订了《破石洞条约》。阿奎那多逃往香港，起义最终失败。

新奥斯曼协会的主要奋斗目标是什么

克里米亚战争之后，土耳其逐渐沦为西欧各国的殖民地。随着资本主义的发展和启蒙思想的传播，一批具有先进思想的青年掀起了反抗殖民的斗争。1865年，基马尔建立了奥斯曼协会，旨在废除专制君主制，实行君主立宪制，推翻阿卜杜尔的统治，制定新宪法。1866年，奥斯曼协会采取和平请愿的方式，希望通过宪法，但遭到失败。70年代后该协会又活跃起来，推翻了阿卜杜尔的统治，逼迫政府通过了《1876年宪法》，推行一些资本主义的措施。但之后，新上台的阿米德二世实行专制，镇压了该协会。

你知道"重农学派"吗

19世纪后，资本主义逐渐推广到了农业领域。一批经济学家开始把研究重点聚焦于生产领域。魁奈和杜尔阁是重农学派的代表人物。他们认为国家应当发展资本主义农业，建立以资本主义农村为基础的社会，主张自由生产、自由竞争和自由贸易政策。

这为19世纪西方的自由经济政策提供了理论基础，标志着资本主义发展到了一个新的阶段，开始从流通领域延伸到生产领域。该学派的出现，大大推进了农业现代化的进程，为资本主义的发展创造了条件。

"麦克马洪线"是谁提出来的

麦克马洪线是英国殖民政策的一部分，是英国非法划定的中印两国的界线。中国西藏地区面积广大，资源丰富，且远离中国政府的管辖。英国政府一直觊觎中国西藏地区。

1913年，英属印度的殖民当局外交大臣麦克马洪与西藏的非法代表私自划定了中印两国的西部界限，把不丹和中国西藏之间9万平方千米的地方划归了印度。英政府企图通过这条非法的边界线为以后中印关系留下隐患，自己渔翁得利。"麦克马洪线"严重侵犯了中国的国家主权，不被历届中国政府承认。

谁提出了人民主权的思想

约翰·洛克是英国近代史上著名的政治家、思想家，对西方民主理论最重要的贡献是明确提出了人民主权的思想。他认为人民在订立契约时，仅出让了自己的部分权利，而保留了一部分重要的权

约翰·洛克

力，比如财产权，对政府的监督权和反对权。因此，人民才是国家主权的唯一拥有者。无论是立法机关还是行政机关，若违背人民的意志，人民就有权组织起来推翻政府。洛克的人民主权思想肯定了人民是政府存在的基础，大大推动了西方民主发展历程。

你知道诺贝尔奖的来历吗

诺贝尔是瑞典的一位化学家，在世界范围内享有盛誉。1833年，他出生在斯德哥尔摩的一个殷实家庭，自幼接受良好的家庭教育。16岁时，他热爱上了化学发明。他一生申请了299种专利，发明了猛炸药、无烟火药等，被后人称作"炸药之父"。1896年12月10日，诺贝尔逝世。他生前立下遗嘱，用自己遗产作基金，设立了诺贝尔奖，奖励各行各业为人类作出巨大贡献的杰出人物。诺贝尔奖每年都在12月10日颁发，以纪念这位无私的发明家。

诺贝尔奖章

为什么居里夫人被称为"镭的母亲"

居里夫人出生在波兰，但在法国成长为一名化学家和物理学家，两次获得诺贝尔奖，是成功女性的典范。19世纪后半期，化学工业开始蓬勃兴起，新理论和实验器材的运用为新

居里夫人

发明的出现提供了理论和物质基础。1898年，居里夫人和丈夫经过数年艰苦的工作，终于在400吨沥青矿中提取了1克放射性的镭，之后又测出镭的相对原子量。长期处在放射性极高的实验室中，居里夫人身体异常虚弱。居里夫人把一生都献给了化学事业，因此被后人尊称为"镭的母亲"。

世界近代史上有哪些著名战争

自新航路开辟以来，人类便开始进入了世界近代史。这是一段资本主义兴起和发展的历史，伴随着新旧力量更替的冲突，也伴随着新事物之间的斗争。

这一时期的战争次数和规模均超越了前期，典型的战争有西班牙王位继承战争、美国独立战争、拿破仑战争、法国大革命、普法战争、1848年革命、三十年战争、巴黎公社革命、巴尔干战争、美西战争、日俄战争、甲午中日战争、两次鸦片战争、第一次世界大战等。这些战争都造成了人力物力的巨大浪费，给后人敲响了警钟。

你知道《国富论》这本书吗

《国富论》全名《国民财富的性质和原因的研究》，由亚当·斯密所作。斯密是工场手工业时期的经济学家，奠定了"自由放任政策"的古典经济学模式。书中指出：国民的劳动是一国财富的源泉，对国民财富起决定作用的是从事劳动的人数和劳动生产率。劳

亚当·斯密

动生产率的提高和由此引起的国民财富的增长都依赖于国际分工，而分工又取决于市场的大小。

斯密在书中第一次提出了劳动价值论，提出商品的价值由生产该产品所耗费的劳动量决定。《国富论》为马克思主义发展提供了借鉴和经验。

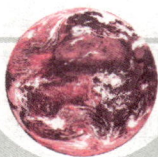

世界历史 1000 问

世界现代史卷

第一次世界大战是什么时候结束的

德国挑起了第一次世界大战，企图通过战争来实现称霸欧洲的目的。然而随着战争的进行，特别是美国的参战，导致协约国和同盟国力量对比发生严重变化。1918年，协约国开始反攻，把德军驱赶出了法国和比利时国境。德军基本上处于失败的境地。与此同时，保加利亚、土耳其、奥匈帝国相继投降，同盟国支离破碎。11月，德国国内爆发革命，威廉二世被迫退位，德军败局已定。11月11日，德国代表在巴黎贡比涅森林福熙元帅的列车上签订停战协定。不可一世的德国最终战败。

俄国为什么退出第一次世界大战

十月革命后，工人苏维埃政府取得了政权。面临着百业待兴的局面，亟须时间稳定国内外形势。1917年12月，俄国同德奥在布列斯特地区签订和约，单方面退出一战。该和约规定：双方立即停战，结束战争状态；德国占领波兰、立陶宛、白俄罗斯和拉脱维亚地区；红军需撤出芬兰、乌克兰等地，把巴桐和阿尔达甘地区割让给土耳其；苏俄要向德国支付60亿马克。这是一个不平等和约，但它使俄国退出了帝国主义战争，赢得了巩固政权的时机，为夺取国内战争的胜利和粉碎帝国主义的武装干涉奠定了基础。

什么是国际联盟

国际联盟是第一次世界大战后战胜国建立的一个国际性组织机构。1919年4月，巴黎和会通过了《国际联盟盟约》，宣称成立国联的宗旨在于"促进国际合作，保障国际和平和安全"。国际联盟主要机构包括会员国全体大会、行政院、常设秘书处，以及国际法庭等常设机构。国联要求各会员国应为实现其宗旨而履行自己的责任和义务。

国联在第一次世界大战后发挥了一定的积极作用，但由于长期处于英、法等国的操纵下，成了主要资本主义国家争权夺利的工具。二战爆发后，国联名存实亡。

什么是国联委任统治制度

第一次世界大战结束后，为了更好地实现利益分配，英、法操纵下的国联对战败国实行委任统治制度。

日内瓦万国宫(国联总部所在地)

国联规定把德国、前奥斯曼帝国的领土和殖民地交由国联，由国联将其分为三份给英、法、比、日等战胜国自行处理。委任统治制度改变了过去帝国主义私下瓜分和直接抢占殖民地的方式，强调通过国际协商的方式处理殖民地问题。该制度是帝国主义列强面对殖民地兴起的风起云涌民族解放运动所作出的回应，反映出殖民统治开始弱化。

为什么国际公约禁止化学武器的使用

毒气弹、细菌战……这些化学武器威力惊人，往往对人体和环境造成极大地摧残，闻之令人毛骨悚然。

第一次世界大战期间，德军在比利时的普雷地区释放了毒气弹，顿时黄色的烟雾在风力的辅助下，吹向了英法联军的阵地。不一会，英法士兵开始咳嗽、流鼻涕，身体变得虚弱。战后统计，这次的毒气弹攻击导致5 000多名士兵阵亡，另有一万多名士兵中毒。之后，化学武器广泛用于战场，给人类造成极大伤害，引起了人们的高度重视。1925年，日内瓦国际会议通过了《禁止使用化学武器公约》。

俄国十月革命有什么意义

1917年10月，在布尔什维克党人的领导下，苏维埃政权在俄国纷纷建立，标志着十月社会主义革命最终胜利。十月革命首先标志着世界上第一个无产阶级掌权的国家诞生了，使马克思主义从理论最终成为现实。俄国冲破了帝国主义的封锁，显示出马克思主义理论的正确性。十月革命沉重打击了帝国主义统治，鼓舞了广大殖民地掀起反封建和反殖民的民族解放运动，为落后和饱受压迫的国家指明了方向。

攻打冬宫

苏俄颁布的《和平法令》和《土地法令》的主要内容是什么

十月革命后，苏维埃政府为满足和笼络广大群众，在1917年11月召开苏维埃第二次代表大会，颁布了《和平法令》和《土地法令》。《和平法令》对外宣布终结帝国主义战争，提出不割地、不赔款的建议，无条件废除俄国地主、资产阶级政府与帝国主义签订的任何条约。《土地法令》则宣布立刻废除地主土地私有制，而实行全民的、国家的土地所有制，命令地主、皇族的土地一律无偿交予全体劳动者使用。这两个法令的颁布为苏维埃政府创造了一个稳定的政治环境。

列宁和布尔什维克党采取了哪些措施巩固无产阶级政权

苏维埃政府掌权后，制定了一系列巩固政权的措施：建立健全国家机构，建立了人民法院和工人民警组织；建立契卡部门，镇压反革命破坏活动和怠工；建立了以工农红军为主体的军队，维护国家安全；没收一切银行，收归国有，合并统一为国家银行，废除沙皇政府和临时政府签订的一切债务；垄断对外贸易，实行八小时工作制，工厂实行大国有工业化；废除等级制度，实行国教分离政策，宣布人民一切平等。政府采取的一系列政策巩固了国家政权的稳定，为苏俄的发展打下了坚实的基础。

苏俄内战自何时开始

俄国建立了工人阶级政权，引起了资产阶级国家的极度恐慌。协约国以保护俄国为借口，开始对苏俄进行武装干涉。1919年，西伯利亚的沙皇海军上将高尔察克率领自卫军，向苏维埃政府进攻。在伏龙芝将军指挥下，红军粉碎了第一次进攻。之后，高加索的邓尼金在美、英两国支持下，攻击新政权，但最终失败。1920年，弗兰格尔在美、法支持下，大举进攻红军，依然未能敲破苏联红军把守的国门。经过三次战争，苏俄粉碎了帝国主义的武装干涉，巩固了国家的统一。

和平共处理论最先由谁提出

苏维埃取得国家政权后，面临内忧外患的局面。内部，新生政权刚刚成立，时刻面临资产阶级的反扑。外部，英、法等帝国主义国家企图绞杀新生政权。为此，列宁提出了和平共处理论，向各交战国家废除不平等条约，提议缔结不割地、不赔款的和约，不承认沙皇政府和临时政府所签订的一切合约。列宁还提出了不同社会制度可以和平共处的理论，认为双方应该在平等、互利基础上相互尊重。列宁的这一系列思想逐步发展成了和平共处理论，成为国与国之间交往的准则。

列宁是怎么遇刺的

列宁是伟大的马克思主义者，为发展和实践马克思主义理论作出了巨大贡献，是无产阶级的伟大导师。以列宁为首的苏维埃政府粉碎了旧的国家机器，沉重打击了俄国旧贵族和资产阶级的利益。这批人怀恨在心，成为了反革命分子，企图通过暗杀等卑劣手段杀害工人领袖。1918年，列宁在彼得格勒演讲完后，

列宁

曾遭受枪击，但只是受了小伤。同年8月，列宁在莫斯科郊外的赫尔松工厂演讲，遭到了反革命分子的枪击，当场昏迷倒地。后经抢救，列宁虽复原，但身体却变得虚弱。列宁冒着生命危险，主持革命和建国工作，不愧为无产阶级的斗士。

为什么把共产国际称为"第三国际"

国际工人运动需要一个国际性组织来领导，团结世界各国工人保障自身利益。1864年，英国圣马丁堂的工人大会成立了第一国际，在巴黎公社起义后解散。1889年，在恩格斯的支持下，第二国际成立。第一次世界大战爆发后，各国社会党人维护各自国家利益，导致第二国际解散。

十月革命取得胜利，鼓舞了世界各国的工人运动。1919年，在苏维埃政府的号召下，30多个国家的工人阶级代表齐聚莫斯科，通过了《共产国际宣言》，标志着第三国际的成立。

苏联红军于何时成立

苏联红军

苏联红军成立于1918年初。当时，俄国革命家利昂·托洛茨基从流放地返回苏联，同列宁一起开始筹备组建苏联红军。1月底，苏维埃人民委员会通过了关于建立工农红军的法令，苏维埃政党的军队由此成立，即"苏联红军"。之后，进行了多次改革，在苏联历史中起到了重要作用，多次捍卫了苏维埃政权。"苏联红军"这一名称仅使用到1946年，之后改称"苏军"。

罗曼诺夫王朝于何时终结

1917年3月，俄国爆发了二月革命，罗曼诺夫王朝因此终结，末代沙皇尼古拉二世被迫退位。1613—1917年，在长达304年的时间里，罗曼诺夫王朝对俄国进行着统治，它是俄罗斯历史上第二个、也是最后一个王朝。1917年3月8日（俄历2月23日），彼得格勒50家工厂约13万男女工人举行罢工和游行，拉开了二月革命的序幕。随着革命规模的不断扩大，沙皇尼古拉二世的统治日薄西山，罗曼诺夫王朝被二月革命推翻，俄国资产阶级民主革命获得了胜利。

谁被誉为"全世界无产阶级和劳动人民的伟大导师"

马克思

卡尔·马克思被誉为"全世界无产阶级和劳动人民的伟大导师"。马克思（1818—1883年），德国犹太人，他是马克思主义的创始人，对政治、经济、哲学等学科有着突出的贡献，是政治家、哲学家、经济学家、革命理论家。其著作对科学社会主义的发展有着深远的影响，其代表作有《资本论》《共产党宣言》《费尔巴哈提纲》等。他和恩格斯共同创立的马克思主义学说，对于无产阶级政权有着深远的指导意义，因而誉为"社会主义国家之父""全世界无产阶级和劳动人民的伟大导师"。

共产国际三大在哪里召开

共产国际三大于1921年6—7月在俄罗斯的克里姆林宫举行。克里姆林宫位于俄罗斯首都莫斯科的市中心，它和红场是俄罗斯的代表性建筑。"克里姆林宫"由俄语音译而来，是"城堡""内城"的意思。它始建于12世纪，是莫斯科最古老的建筑群。伊凡三世于1480年将其建成一座固若金汤的城池，之后成为历代沙皇的宫殿。1917年，皇室被推翻后，在此成立了苏维埃联邦社会主义共和国，可以说克里姆林宫见证了俄国近代历史的变迁。克里姆林宫整体呈不等边三角形，以宫殿和教堂的数量众多、建筑华丽而闻名，面积为2.75平方千米，是世界上极具特色的城市景观之一。

苏联于何时成立

苏联是对苏维埃社会主义共和国联盟的简称其英文为 Union of Soviet Socialist Republics，它于1922年12月30日成立，曾是世界上陆地面积最大的国家(22 402 200平方千米)，盟国最多时有15个。苏联是联邦制国家，首都是莫斯科。国家元首是苏联最高苏维埃主席团主席，1990年后为苏联总统。政府首脑为部长会议主席，1990年后为苏联总理。苏联国庆日是每年的11月7日，国旗的图案由镰刀、锤子和闪耀五角星组成，旗为红色，图案为黄色。苏联的成立标志着一种新的社会制度的建立，它提倡消灭剥削制度，解放生产力，建设共同富裕的国家。

列宁的政治遗嘱是什么

列宁的政治遗嘱是指列宁在逝世前口授留下的一系列文章和信件。1922年12月23日，列宁开始口授他的政治遗嘱，到1923年3月2日止，完成了《给代表大会的信》《关于赋予国家计划委员会以立法职能》《关于民族或"自治化"问题》《日记摘录》《论合作社》《论我国革命》《怎样改组工农检察院》《宁肯少些，但要好些》等八篇书信和文章。此外，还有一些札记和备忘等，这些文献资料被后人称为"列宁的政治遗嘱"。这些珍贵的资料总结了社会主义国家建设的经验，提出了建设国家的新构想，对于苏联的社会主义建设有着重要的影响。

苏联农业全盘集体化的方针是正确的吗

集体农庄的农民正在劳动

苏联农业全盘集体化始于1929年，至1937年完成，为苏联社会主义工业化的实现提供了保障。但是，它违背了马克思主义的一些基本理论和原则，造成了苏联农业的长期落后，因此，苏联农业全盘集体化是在特殊历史条件下的产物，没有普遍的指导意义，这个方针是不正确的。它没有按照农民自愿和改良主义的原则，把农民生产的东西拿去得太多，严重损害了农民的生产积极性，同时又促成了苏联小农改造的长期停滞，没有摆脱平均主义的倾向，对苏联的农业生产和社会生活造成了极大的损害。

为什么斯大林被称为"铁打的人"

斯大林时期的宣传画

斯大林，全名约瑟夫·维萨里奥诺维奇·斯大林，1879年12月21日生于格鲁吉亚梯弗里斯州哥里城，苏联领导人，曾任联共（布）中央总书记、苏联部长会议主席，杰出的政治家、革命家、军事家。他15岁开始参加革命，1898年加入俄国社会民主工党，成为高加索地区主要的革命活动者，后又积极从事阿塞拜疆和波斯地区的革命活动。自1902年4月至1913年3月，在反对沙皇的革命中，他先后被捕7次、流放6次、从流放地逃出5次他坚强不屈的革命精神和英勇的作为使他赢得了"铁打的人"的称号。

为什么说《布列斯特和约》像充饥的画饼

《布列斯特和约》是1918年3月3日，苏维埃俄国与德国及其同盟国在布列斯特—里托夫斯克签订的条约，其全称为《布列斯特—里托夫斯克和约》。苏俄签订该条约的目的是为巩固苏维埃政权，进行社会主义国家的政治和经济建设，加强苏俄红军军力争取时间。但是，苏俄也付出了惨重的代价，它丧失了将近100万平方千米的土地和近5 000万居民，而且在被占领区有占全国

90%开采量的煤炭、73%的铁矿石、54%的工业及33%的铁路遭到破坏。之后，苏俄政府在德国战败后，立即于11月12日宣布废除此条约，苏联失去的国土和人民得以回归。因而，在一战中，人们说《布列斯特和约》为苏维埃俄国起到了画饼充饥的作用。

哪次起义标志着德国十一月革命的开始

1918年11月3日，德国最重要的海军基地基尔发生水兵起义，标志着德国十一月革命的爆发。1918年10月底，德国海军司令部命令驻基尔舰队出海作战，遭水兵拒绝，许多水兵因此被捕。11月3日，基尔舰队的水兵公然违抗出海同英国舰队作战的命令，并要求释放被捕的水兵，得到了码头工人积极响应，游行示威迅速发展成为武装起义。接着，起义的工兵们建立了工兵代表苏维埃，控制全城，揭开了十一月革命的序幕。十一月革命促使德意志第二帝国宣告结束，同时也加速了第一次世界大战德军投降。

波兰共和国是什么时候重建的

1918年11月11日，波兰共和国得到重建。沙皇俄国、普鲁士、奥地利三国曾于1772年8月5日、1793年1月23日和1795年10月24日三次签订协定，瓜分波兰，波兰在最后一次被瓜分中亡国。1918年8月，苏维埃俄国政府宣布废除一切关于瓜分波兰的条约，承认波兰的独立自主。同年10月和11月，奥匈帝国同德国实力衰微，失去了控制波兰的能力。与此同时，波兰爱国者在克拉科夫成立了"波兰清算委员会"。10月23日，社会民主党人在华沙组成了波兰政府；11月11日，该政府宣布由毕苏茨基任领导人。至此，波兰结束了123年的亡国历史，得以重建。

谁被列宁誉为"革命之鹰"

罗莎·卢森堡被列宁誉为"革命之鹰"。罗莎·卢森堡（1871—1919年），出生于俄属

波兰边界的扎莫神奇城，自幼聪颖。成年后，她积极反对资本主义、修正主义和帝国主义的世界大战，是民主革命的英勇斗争战士，有着高度的革命乐观主义精神。她撰写了很多有关民主革命的理论书

罗莎·卢森堡

籍，代表作有《社会改良还是革命？》《马克思主义的停滞和进步》《俄国社会民主党的组织问题》《我们想要什么？》《疲劳还是斗争？》《斯巴达克联盟想要什么？》等。在民主革命过程中，她于1919年1月15日遇害。她被认为是国际共产主义运动史上杰出的马克思主义思想家、理论家和革命家。

英国"红色星期五"是怎么回事

英国的"红色星期五"是指1925年7月31日，正好是星期五，英国工人通过罢工获得应得的工资的事件。当天英国煤矿业的采矿、运输和铁路工人组成"三角同盟"举行罢工，保守党政府因此被迫承诺向矿主提供一笔9个月的补助金，使他们可以按时给工人发放工资。这次罢工是英国工人取得的工人阶级斗争的一次重大胜利。但是，保守党政府的行为未能从根本上解决英国煤炭工业受德国煤炭工业竞争的影响而带来的危机，也未能根本解决工人阶级和资产阶级之间的矛盾，只是暂时缓和了阶级矛盾。

《凡尔赛和约》的签订意义是什么

第一次世界大战后，为惩罚和削弱战败国德国，战胜国与德国于1919年6月签订《凡尔赛和约》，全称《协约国和参战各国对德和约》，标志着第一次世界大战的正式结束。根据和约的规定，德国失去大量领土和海外殖民地，它的经济、政治和军事实力都受到了极大地削弱。德国不仅承担全部的战争责任，还要赔偿协约国巨额的战争赔款。英国通过和约成为法、德的安

全保证国，因此国际地位上升，而法国则由此失去了欧洲的霸主地位。这个和约在一定程度上稳定了欧洲局势，但是未能从根本上解决欧洲资本主义发展存在的矛盾，对德国的过分压制导致了新的战争。

签署《凡尔赛和约》

毕苏茨基于何时实现了个人军事独裁

约瑟夫·克莱门斯·毕苏茨基，1867年12月5日生于前波兰立陶宛联邦祖武夫，波兰政治家。1918年11月11日，波兰共和国获得独立，国家元首由毕苏茨基担任。

约瑟夫·克莱门斯·毕苏茨基

1919～1921年间，他率领波兰军队进行了波兰和苏联的战争。1923年，反对派民族民主党发动政变，控制波兰政府，毕苏茨基因此退出政坛。1926年5月开始，波兰国内矛盾加剧，12日，毕苏茨基带领中小资产阶级及其政党和共产党发动了军事政变。5月14日，他带领军队占领华沙，推翻了联合政府。他虽未担任总统，但是担任国防部长和武装部队总监，握有实权，从而开始了他的军事独裁时期。

匈牙利苏维埃共和国失败的历史教训是什么

1919年3月21日，匈牙利共产党领导匈牙利工人阶级，成立了匈牙利苏维埃共和国，社会主义革命得以胜利实现。这是继俄国社会主义革命之后，欧洲首个无产阶级专政国家，被称为"中欧无产阶级的曙光"。但是，由于匈牙利共产党采取的措施背离了马克思列宁主义道路，违背了社会主义发展规律，政权历时四个月后，因罗马尼亚攻占布达佩斯而解体。匈牙利苏维埃政权未能得到广大农民群众的支持，没有建立起稳固的工农联盟，其领导人在农业上推行的"立即实现社会主义"的"直接过渡"，直接导致了共和国走向灭亡。

西班牙德·里维拉军事独裁何时终结

德·里维拉，全名M.普里莫·德·里维拉·伊·奥瓦内哈，是20世纪20年代初期的西班牙一位将军。1923年9月13日，他发动了军事政变，在巴塞罗那市建立起政党爱国联盟。9月15日，成立了军人政府，按照意大利法西斯的方式进行管理，逐渐形成了他个人的军事独裁。为了巩固独裁统治，他进行了一系列的残暴行为：打击少数民族运动，逮捕共产党领导人，镇压无产阶级，国内矛盾因此被激化。1930年1月28日，由于全国人民对其政权的反对，里维拉被迫辞职，同年3月16日，在巴黎逝世。

德·里维拉

土耳其为什么爆发基马尔革命

第一次世界大战后，土耳其面临被列强瓜分的亡国危机，1919年6月，为救亡图存，基马尔领导了土耳其的资产阶级革命。1920年4月，大国民会议在安卡拉召开，成立了以基马尔为首的国民政府。1922年8月，土耳其军民发起反对列强的侵略，一举驱逐了希腊侵略军。接着，革命军直抵伊斯坦布尔，土耳其末代苏丹携妻儿乘英国军舰出逃。同年11月，大国民会议宣布废除君主制度。1923年7月，各列强承认土耳其独立。10月，土耳其共和国宣告成立，基马尔革命保卫了土耳其的民族独立。

英国殖民军何时发动了第三次英阿战争的

第三次英阿战争发生在1919年，是指英国殖民军在阿富汗境内与阿富汗人民发生的战争。第一次英阿战争发生在1838—1842年，第二次发生在1878—1880年。第二次英阿战争后，英国将阿富汗纳为自己的殖民地。由于阿富汗是英国通往中亚的必经之路，战略价值极为重要，因此英国为了保证其在亚洲的殖民统治，不断入侵阿富汗。1919年5月6日，英国殖民军向阿富汗宣战，阿富汗得到了印度革命运动者和伊斯兰教徒的支持，为阿富汗的反侵略战争创造了有利条件。1919年6月3日，双方签订停战协议，英国承认阿富汗为内政、外交独立自主的国家，至1921年11月，英国放弃了对阿富汗外交权的控制，阿富汗获得独立。

古巴马查多独裁政权是怎么垮台的

格拉多·马查多

1924年11月格拉多·马查多出任古巴总统，后逐渐形成马查多独裁政权。格拉多·马查多（1871—1939年），曾是古巴独立战争的英雄；1924年11月，在美国摩根银行支持下当选为总统，他对外投靠美国，对内采用铁腕独裁统治。1927年，他控制了古巴各政党；1928年再次当选为总统，实行更为严酷的独裁政策，同时，使美国几乎控制了国内的经济命脉。他大量攫取非法利润，促使社会矛盾加剧。1933年，古巴发生大罢工，在军队强制反对下，马查多下台。同年8月24日，他流亡美国，最后于美国迈阿密逝世。

伊朗是如何废除外国领事裁判权的

伊朗全称伊朗伊斯兰共和国，1935年以前称为波斯。1927年，伊朗宣布废除所有与外国签订的不平等条约。1928年宣布废除外国在伊朗的领事裁判权，实行关税自主。1828年，伊朗同俄国签订《土库曼恰伊条约》，依照该条约，俄国在伊朗享有领事裁判权，其在伊朗的侨民不受伊朗法律管辖，不论其发生何种违背伊朗法律的违法或犯罪行为。即使俄国公民成为伊朗民事刑事诉讼的当事人，伊朗司法机关无地权裁判，只能由俄国领事或由其设在伊朗的司法机构依据俄国法律裁判。随后，其他列强相应获得了同样特权。这一条约严重侵犯了伊朗的国家主权，破坏了国家的独立与完整。1927年3月，伊朗政府进行了司法机构改革；5月，伊朗政府照会各国驻德黑兰大使：从照会发出之日起一年之内，各国在伊朗单方面取得的领事裁判权一律作废。1928年5月10日，伊朗终于废止了列强的领事裁判权。

甘地为什么发动全国性非暴力不合作运动

第一次世界大战之后，世界各国掀起了民族主义运动，印度同英国殖民者的矛盾不断激增，英殖民主义限制印度民族资本主义的发展、国家的自治。1919年4月13日，英国殖民者在印度策划了阿姆利则惨案，使印度379名民众致死，1 200人受伤，该惨案直接激化了英印矛盾。由此，印度为了争取民族独立与自由，反对英国殖民主义的统治，获得国家自治，于1920年9月，甘地开始计划发动全国性非暴力不合作运动。该运动具有一定的斗争性和革命性，在争取印度独立的过程中有着一定的积极意义，但是也有自身的妥协性。

什么是非暴力不合作运动

非暴力不合作运动是由"圣雄"甘地领导印度人民反抗英帝国主义殖民统治的民族主义运动。甘地，全名莫罕达斯·卡拉姆昌德·甘地（1869～1948年），曾任印度民族解放运动的领导人和印度国民大会党领袖。这场运动的特点就是"非暴力"与"不合作"，以和平方式抵制殖民政府、机关、法庭、学校，采取总罢工、抵制英货、抗税等非暴力的手段进行反英斗争。这场运动从1920年开始，持续了20年之久，直至1942年8月遭到英国殖民者的残酷镇压而结束。

甘地

阿拉伯王国何时改称"沙特阿拉伯王国"

具有"石油王国"之称的阿拉伯王国是于1932年9月正式将国名定为"沙特阿拉伯王国"的。20世纪初，阿拉伯王国的伊本·沙特率领沙特家族攻占了利雅得；1906年击败了拉希德家族，恢复了对内志的统治地位。1920—1922年，拉希德家族被伊本·沙特征服。1924年9月起，汉志王侯赛因的属地也遭到伊本·沙特的入侵。1927年5月，沙特和英国签订条约，英国承认沙特作为汉志和内志及其属地之王的完全独立地位。确立了自己对阿拉伯王国的统治后，沙特于1932年9月正式改称阿拉伯王国为"沙特阿拉伯王国"。

"退出印度运动"是指什么

退出印度运动是指1942年8月，由"圣雄"甘地发起的反英殖民运动。这次运动的目的在于促使印度迅速独立，摆脱英国殖民统治。此次运动以"非暴力不合作"的方式，参加者高呼"要么行动，要么死亡"（do or die）的口号，唤起人民民族意识的觉醒，要求与英国在印度的殖民政府迅速谈判。但是这次运动遭到了英属殖民政府的残酷镇压，运动进行至11月底，多达上千民众被杀，3 000多人受伤，近10万人遭到拘禁，甘地和国大党其他领导人被送往非洲。

在俄国十月革命的影响下，朝鲜举行了哪次起义

在俄国十月革命的影响下，朝鲜举行了"三一人民起义"。1919年3月1日，为反抗日本帝国主义的殖民统治，朝鲜工人、学生、农民和其他阶层的群众多达一万多人，在汉城塔洞公园举行集会，这就是著名的"三一人民起义"。起义的口号是"朝鲜独立万岁""日本人和日本军队滚出朝鲜""朝鲜是朝鲜人民的朝鲜"，直接表达了朝鲜人民渴望独立自主的心声。集会结束后，30万群众开始游行示威。起义的火焰在全国蔓延开来，12月底，在全国218个府郡中，有211个府郡的群众参与了起义，参加斗争的人数达到了200万以上。但是日军镇压手段残忍，杀害7 500多人，打伤16 000多人，拘禁46 900人，导致此次起义以失败告终。但是，此次起义标志着朝鲜人民的民族解放运动进入了以工人阶级为先锋的新阶段。

阿根廷"一月流血周"是指什么

在俄国十月革命的影响下，阿根廷工人阶级和人民群众掀起了反对殖民主义的民族解放运动。布宜诺斯艾利斯的工人于1919年1月初举行罢工，其中英国华森公司冶金厂的罢工工人首先惨遭殖民者杀害。1月7日，布宜诺斯艾利斯全市工人举行大规模的总罢工，为遭到殖民者毒害的死难者送葬，20万群众参与其中。殖民者和当局政府采取镇压政策，警方枪击罢工群众，于是工人

武装同警察展开了激烈的斗争。在政府正规军的血腥镇压下，罢工被迫于1月15日结束。自1月7日至15日，参加罢工的群众伤亡人数达6 000人，被捕人数过万，因此被称为"一月流血周"。

桑地诺是怎么遇害的

桑地诺（1893—1934年），是尼加拉瓜反美游击队的领导人。1927年，他开始率领尼加拉瓜人民起义，反抗美国占领军。1929年6月25日，他前往墨西哥，获得了墨西哥政府援助的军用物资。桑地诺领导的游击队人数最多

桑地诺

时达3 000多人，坚定地抵抗美帝国主义对尼加拉瓜的侵犯，并且最终迫使美帝国主义从尼加拉瓜撤军。不幸的是，1934年2月21日晚，他被阴谋夺取独裁地位的安纳斯塔西奥·索摩查·加西亚暗杀。

1929年，国王亚历山大一世把王国更名为什么

1929年，国王亚历山大一世将"塞尔维亚—克罗地亚—斯洛文尼亚王国"更名为"南斯拉夫王国"。第一次世界大战爆发后，南斯拉夫境内的各族人民要求建立起一个独立统一的国家。1915年，流亡伦敦的南斯拉夫政治

亚历山大一世

家成立了南斯拉夫委员会，目的在于统一国家。1917年7月，塞尔维亚首相帕希奇和南斯拉夫委员会主席特卢姆比奇发表宣言，将塞尔维亚和南斯拉夫其他地区联合成一个统一的国家。1918年12月1日，国王亚历山大一世在贝尔格莱德宣告成立"塞尔维亚－克罗地亚－斯洛文尼亚王国"。1929年1月，亚历山大国王开始进行独裁统治，10月宣布塞尔维亚－克罗地亚－斯洛文尼亚王国正式改名为南斯拉夫王国。

为什么要召开巴黎和会

巴黎和会会场

第一次世界大战结束后，1919年1月，胜利的协约国集团为解决战争所造成的问题及奠定战后的和平，在巴黎的凡尔赛宫召开和会。巴黎和会召开的原因在于缓解战争矛盾，构建地区稳定的新秩序，以和平的方式来化解第一次世界大战遗留下来的诸多问题，同时，各国出于自身的目的，都想通过这次会议获得更多更大的利益。这次会议的结果是签订了《凡尔赛和约》，列强在欧洲等地的矛盾得到了缓解，但是并未从根本上解决资本主义国家的内部矛盾。

巴黎和会的主要内容是什么

1919年1月在巴黎凡尔赛宫召开的巴黎和会，与会的各国代表有1 000多人，其中全权代表70人，但会议为英、法、美三国所操纵。此次会议的主要内容是签订了处置战败国德国的《凡尔赛和约》，同时，英、法、美三国还分别同德国的盟国奥地利、匈牙利、土耳其等国签订了一系列和约。这些和约和《凡尔赛和约》共同构成了凡尔赛体系，确立了帝国主义在欧洲、西亚和非洲统治的新秩序。这次会议并没有解决帝国主义之间争夺殖民地的矛盾，对战败国德国的过分打击压制，为新的世界大战埋下了伏笔。

苏俄为什么没有参加巴黎和会

1917年11月7日，列宁领导的十月革命获得胜利，成立了苏维埃政府——人民委员会，苏俄成为社会主义国家。第一次世界大战后，英、

法、美三国强力压制欧洲地区的社会主义革命，"巴黎和会是帝国主义国家在第一次世界大战"后的会议，表面目的在于稳定地区形势，实则各怀心机。但是，和会的另一个目的还在于帝国主义国家联合打击苏俄社会主义国家，以防社会主义革命在本国的蔓延。因此，苏俄作为社会主义国家，并没有参加巴黎和会。

热那亚国际会议讨论了哪些问题

1922年4月10日—5月19日，英、法、德、意、日、苏俄等29国代表参加了在意大利热那亚城进行的国际会议。美国只派"观察员"出席会议。其讨论的主要内容是欧洲经济问题，因而也被称为"热那亚国际经济会议"。1922年4月16日在热那亚会议期间，苏、德两国代表在意大利热那亚近郊拉巴洛签订《拉巴洛条约》（全称《德国和俄罗斯苏维埃联邦社会主义共和国协定》）。条约的缔结突破了帝国主义妄图孤立、封锁苏俄的联合阵线，为苏维埃国家和不同社会制度国家的和平共处打下基础。由于西方帝国主义国家坚持在经济上奴役苏俄的计划，因而热那亚国际会议未能解决欧洲的经济问题。

道威斯计划是什么

第一次世界大战后，道威斯计划是由道威斯委员会提出的解决德国赔款问题的报告。第一次世界大战后，德国按《凡尔赛和约》支付赔款问题成为资本主义国际经济

道威斯计划的提出者——道威斯

与政治中难以解决的纠纷。1924年7月16日—8月16日在伦敦召开道威斯会议，通过了道威斯计划，其主要内容是：由协约国监督改组德意志银行，实行货币改革，并由协约国贷款8亿金马克

以稳定其币制。在赔款总数尚未最后确定的情况下，规定德国赔款年度限额，即由第一年10亿金马克开始，逐年增加，到第五年增至年付25亿金马克。道威斯计划的执行，对德国经济的恢复和发展起了重要作用。1928年德国声称财政濒于破产，无力执行该计划。1930年，该计划被杨格计划所取代。

什么是杨格计划

1928年，德国声称财政濒于破产，无力执行道威斯计划，1930年，由美国银行家杨格组织制定了杨格计划，来继续实施德国的支付赔款计划。该计划的主要内容：德国赔款总额确定为1 139.5亿马克，在58年零7个月内偿清；取消赔偿委员会及有关国家对德国国民经济与财政的一切形式的监督；成立国际清算银行，管理有关德国赔偿的金融业务。该计划减少了德国的赔款负担，通过国际清算银行的业务活动，扩大了外国资本。但该计划实施不久后，1931年6月德国声明因经济恶化而无力支付赔款。纳粹上台后，德国更不承认该计划，杨格计划由此告终。

美国进步主义运动是指什么

19世纪末20世纪初，美国开展了历史上一场很有影响的社会运动——进步主义运动。这场运动包括政治改革、经济政策调整、社会公正的实施和道德水准的提高等方面内容。同时，新闻自由、结社自由、政治竞选、三权独立为进步主义运动的成功起到了巨大的作用。在这场进步主义运动中，美国总统西奥多·罗斯福通过反托拉斯法有力地打击了垄断集团，制定法律保护环境、保障劳工利益、保护食品安全等，使美国社会经济得以复苏，综合国力迅速提升。

什么是"柯立芝繁荣"

第一次世界大战后，1923—1929年，柯立芝出任美国总统，国家进入了经济发展的"黄金时代"，因而，将这一时期的经济繁荣称为"柯

立芝繁荣"。这一时期，美国工业生产增长近一倍，国民总收入由1919年的650.9亿美元增至1929年的828.1亿美元；人均收入从1919年的620美元增至1929年的681亿美元。这种繁荣集中表现在汽车、电气工业、建筑业和钢铁工业等工业生产的急剧高涨。但是，这种发展并不平衡，加之股票投机成风，生产和资本的进一步集中则加深了资本主义社会的固有矛盾，因而它孕育着新的危机。

1924年，美国为什么拒绝日本人移民至美国

20世纪20年代的美国，政治保守，在移民问题上地方主义盛行。1924年，美国拒绝日本人移民至美国，其原因主要有五点：其一，日美文化差异较大，日本人难以同化；其二，日本人的出生率较美国人高，对美国人口的发展是潜在的威胁；其三，日本人对美国人构成了经济威胁；其四，日本劳工可能在美国发展其殖民地；最后，日本人排除华人和朝鲜人入境。

美国何时通过新移民法

1924年，美国国会制定了新移民法《国别来源法》，将每年某一国的移民数进一步限制为该国1890年在美国移民总数的2%，进一步限制了东南欧的移民数量，并将亚洲人排斥在外，向西欧和北欧的移民敞开了国门。新的移民政策体现了美国的政治保守，对待移民问题的褊狭。

"加勒比狼狗"指的是谁

"加勒比狼狗"指的是拉斐尔·莱昂尼达斯·特鲁希略·莫利纳（1891—1961年）他是多米尼加共和国总统，同时也是多米尼加共和国历史上最残暴的独裁者（1930—1961年）。1930年，他发动政变，出任多米尼加共和国总统，长于经商，善于行政管理，政治统治残忍无情，残酷镇压人民起义，曾下令屠杀越境的海地人1.2万名，因而被称为"加勒比狼狗"。他在执政末期，国内反对势力持续增长，日渐失去

军队的支持，在自驾前往自己的农庄时遭遇枪杀身亡。

林白首次飞跃大西洋是在什么时候

1927年5月20日，林白独自一人驾驶瑞安式NYP单翼飞机"圣路易斯精神"号由纽约起飞，次日到达巴黎，历时33个小时，飞行距离3600英里。林白，全名查尔斯·林白（1902—1974年），他在得克萨斯州陆军飞行学校

查尔斯·林白

学习后，1926年担任航邮飞行员。1927年完成飞越大西洋的壮举。林白的成功预示着人类航空事业和空中旅行事业的腾飞。他在完成飞越大西洋的壮举后，又先后驾驶飞机到许多国家访问。他曾任航空公司的技术顾问，一些航线试航即由他完成。后由于他发表的一些言论和接受过德国政府的勋章而受到谴责。1941年他退出美国航空兵团后备队，1994年被艾森豪威尔总统授予空军后备队准将军衔。1974年8月26日逝世。生前写过几本记述自己飞行经历的书。

为什么说《威斯敏斯特法》标志着英联邦正式形成

第一次世界大战后，英国海上霸权和经济实力受到严重削弱，帝国难于维护。为了解决这一问题，在1926年的帝国会议上，英国代表团团长A.J.贝尔福提出"自治领"这一概念。英国议会经过讨论，于1931年12月11日通过《威斯敏斯特法》，肯定了"自治领"这一发放。由此，英联邦正式形成，联邦成员有联合王国、加拿大、澳大利亚、新西兰、南非联邦、爱尔兰共和国和纽芬兰。"自治领"是独立和平等的主权国，他们共同拥戴英王为国家元首。

美国第一次经济大危机发生在什么时候

美国第一次经济大危机发生在1929年10月

24日。这次危机随后席卷整个资本主义世界，成为是资本主义世界史无前例的最大的一次经济危机。在历经10年的大牛市后，美国金融崩溃。从1929年到1933年，美国国民生产总值从2 036亿美元降为1 415亿美元，降幅高达30%。银行系统破产数高达10 500家，占全部银行总数的49%。失业率高达25%。尽管有"新政"等缓解措施，但是美国经济复苏仍举步维艰，直至1941年，美国国民生产总值才超过危机前的1929年。

大危机时期的纽约华尔街一片混乱

美国的"轮椅上的总统"指的是谁

美国的"轮椅上的总统"指的是罗斯福（1882—1945年），他是美国第31位、第32任总统，也是美国历史上唯一蝉联四届的总统。1921年8月，罗斯福带全家在坎波贝洛岛休假，在扑灭一场林火后，他跳进了冰冷的湖水中游泳，因此患上了脊髓灰质炎症（小儿麻痹症），从此瘫痪而终身坐在轮椅上，因此被称为"轮椅上的总统"。罗斯福在位期间，推出了新政，缓解了美国经济危机，并在二战期间，促成了反法西斯同盟的建立，为美国确立战后超级大国的地位建立了基础。

罗斯福为什么提出"睦邻政策"

罗斯福出任美国总统后，对拉美实行"睦邻政策"这一政策在美国和拉丁美洲的关系上起到了深远的影响，分析罗斯福提出睦邻政策的原因，主要有以下三点：第一，美国受经济危机的困扰，实施睦邻政策是为了加强美国与拉丁美洲的经济联系，为美国寻求更为广阔的市场；第二，美国对拉美的"大棒政策"引起拉丁美洲国家的强烈不满；第三，法西斯侵略的扩张使美国日益感到团结各种力量进行反法西斯战争的必要。因此，罗斯福推出了"睦邻政策"。

什么是"罗斯福新政"

"罗斯福新政"是指1933年罗斯福就任美国总统后，实行的一系列挽救1929—1933年发生的经济危机的经济政策，其核心是救济、改革和复兴。新政以增加政府对经济直接或间接干预的方式来缓解大萧条带来的经济危机与社会矛盾。此间，国会制定了《紧急银行法令》《国家产业复兴法》《农业调整法》《社会保障法案》等法案，通过政府行政力量，将集中起来的社会财富向社会底层人员分散。从而使经济逐渐恢复平衡，促进经济发展。

美国《中立法案》的主要内容是什么

1937年5月1日，美国颁布了罗斯福总统签署的《中立法案》。该法案规定：只要总统宣布在美洲以外存在战争状态，就禁止向交战国出口武器弹药；经总统指定可以出售的某些物资，在从美国出口前必须把款付清，并必须用外国船只运载；交战国向美国购买所有其他商品都必须以现金交易，但可以用美国的船只运载。此外，该法案还禁止美国公民乘交战国船只旅行，禁止向交战国提供贷款。

罗斯福新政对美国社会的影响是什么

1933年，罗斯福总统采取的新政对美国社会有以下三点影响：第一，缓解大萧条带来的经济危机与社会矛盾，平衡社会经济发展，为美国经济的复苏提供了有利条件；第二，抑制了法西斯势力在美国的蔓延，随着经济复苏，民众恢复了对政府的信任感，从而对于国

罗斯福总统宣布实行新政

家的政治制度恢复了认可；第三，为二战后美国崛起成为超级大国奠定了基础，扩大了民主政治的影响力，完善了资本主义政治制度。

第一次世界大战后，德国应支付多少赔款

第一次世界大战后，按照签署的《凡尔赛和约》，德国政府应支付2 690亿金马克的赔款，且以黄金支付，即9.6万吨黄金。1929年，根据《道威斯计划》，赔款被减少到1 120亿金马克，但按规定必须在59年内付清。从1924年到1930年间，德国被迫发行大量外国债券以筹集这笔巨额赔款。1929年发生经济大危机后，对德国经济产生了深重打击，德国于1931年暂停了每年支付的赔款。1933年，希特勒上台后，德国拒绝恢复偿还赔款。

什么是"李顿调查团"

中国发生九一八事变后，国际联盟派出"李顿调查团"作为国际调查团对此事进行调查。1932年1月21日，英、美、法、德、意等五个国家的代表组成的国际调查团成立，团长

《国联调查团报告书》
（中英文合刊本）

是英国人李顿爵士，因此该调查团被称为"李顿调查团"。至同年9月4日，调查团结束调查，发表了《国联调查团报告书》，该报告书分为10章，共272页，约14.4万字。该报告承认中国东北是中国领土的一部分，但是，总体上模糊是非、混淆黑白，并未对日本侵华的罪行展开深入的说明。再次体现了帝国主义国家对军国主义的日本实行绥靖政策。

什么是鲁尔危机

鲁尔危机是指1923年法国联合比利时，出兵占领德国鲁尔工业区后引起的德国内乱。1921年，德国交付了首次战争赔款后，提出延

期支付下一年赔款的要求。法国拒不同意，于是联合比利时在1923年1月11日，以10万军队占领了德国鲁尔工业区。法国要求德国履行赔款义务，德国则进行消极

鲁尔危机

抵抗。起初，鲁尔区的企业大量停工，失业工人人数激增，接着，危机蔓延全国，德国内部动荡不安，引发了鲁尔危机。英美两国出面调停，迅速终止了鲁尔危机，法国丧失在欧洲大陆的优势地位，此次出兵可谓得不偿失。

世界上第一条高速公路是在哪修建的

1931年，德国建成了世界上第一条高速公路。这条高速公路长约30千米，位于科隆与波恩之间。1932年8月6日，时任科隆市长的阿登纳宣布开通此条高速公路。这条高速公路初建时，路面用水泥铺成，第二次世界大战后，又逐渐改为以沥青加以覆盖。这条高速公路最初兴建时，最高设计速度大约为每小时160千米，还有最大8%的倾斜度，二战后更改为4%。

世界经济危机对德国产生了怎样的影响

1933年纽伦堡集会上的德国法西斯军队

世界经济危机对于德国的影响诸多，导致了社会的动荡不安，人民生活陷入水深火热的境地，同时也增加了德国与各个国家之间的矛盾。但最主要的影响是经济危机给法西斯的扩张提供

了温床，经济危机促使德国统治阶层认为，要摆脱经济危机，必须向外扩张，争夺更大的市场和势力范围。希特勒在动乱中打着"社会主义"的幌子，在夺取政权后，开始实行个人军事独裁，向民众宣传法西斯思想，法西斯主义的火焰在德国蔓延，威胁着世界的安定与和平。

希特勒如何由一个流浪汉开始其军旅生涯的

希特勒的丑态

阿道夫·希特勒（1889—1945年），奥地利裔德国政治人物，1921年成为纳粹党党魁，1933年被任命为德国总理，1934年成为德国元首。第二次世界大战期间，他兼任德国武装力量最高统帅。希特勒早期只是一个以画画和干杂工为生的流浪汉。1914年第一次世界大战爆发时，希特勒立即上书巴伐利亚国王路德维希三世，恳求国王能批准他参加巴伐利亚军队。从此，他开始了他的军旅生涯，作为志愿兵加入了巴伐利亚步兵第16团，成为陆军下士，担任团部传令兵，表现突出，还曾获得"铁十字勋章"。

希特勒如何登上权力顶峰的

第一次世界大战后期，希特勒因伤入院治疗，1918年11月底伤愈出院，此时的德国充斥着社会主义浪潮，希特勒加入了德国工人党，不久担任该党的宣传部部长，逐渐握有权力。1920年，希特勒将该党改名为"民族社会主义德国工人党"，即纳粹党。在希特勒的组织下，纳粹党迅速壮大，但是希特勒的政治生涯并不顺利，一再跌入谷底。1929年经济危机爆发，为法西斯主义的蔓延创造了契机，1933年1月30日，希特勒上台执政，逐渐建立了独裁专政，登上了权力的顶峰。

德国法西斯纳粹党是怎样上台的

1929年经济危机爆发，德国惨遭打击，企业倒闭，产销萧条，失业人数直线上升，为纳粹上台创造了时机。希特勒一面宣称经济危机是"政府无能"，是政府接受《凡尔赛和约》和战争赔款及奉行社会主义政策的结果，同时宣传纳粹党，许诺纳粹党可以为人民带来美好幸福的生活。1930年3月，魏玛共和国的最后一届政府终因入阁各党在如何平衡国库亏空问题上意见分歧而垮台，而纳粹党的人数却在不断激增。1932年8月13日，总统兴登堡召见希特勒并试图说服他与佛朗茨·冯·巴本共同组成联合政府，但希特勒予以拒绝。不久，帕彭和施莱歇尔为了一己私利，与弗朗茨互相拆台，使得希特勒在1933年1月30日出任总理一职，纳粹党就此上台。

德意志第三帝国是什么时候建立的

1933年1月30日，希特勒出任德国总理，纳粹党上台执政，标志着魏玛共和国的覆灭和德意志"第三帝国"的建立。阿道夫·希特勒的独裁和国家社会主义的意识形态统治着德意志第三帝国。希特勒认为，"第一帝国"是"神圣罗马帝国"，威廉一世和俾斯麦创立的是"第二帝国"，而他创立的则是继这两大帝国之后的第三帝国。德意志第三帝国在希特勒的领导下，在政治上采取极权统治；在经济上发展国家垄断资本主义；在文化上实行专制主义，推行法西斯化；在军事上不断扩张军力，在短短的三四年内，德意志第三帝国逐渐形成了独裁的法西斯体制。

你知道"国会纵火案"是怎么回事吗

"国会纵火案"是德国纳粹党上台以后，为了制造借口陷害共产党人和民主革命人士而阴谋策划的焚烧国会大厦事件。1933年2月27日晚，纳粹党冲锋队队员通过戈林官邸中的隧道进入国会，放火焚烧国会大厦。失火后，纳粹党未经任何调查，大肆逮捕德国共产党员和反法西斯人士。1933年3～4月间，德国大概有25 000人被捕。1933年9月21日，"国会纵火案"在莱比锡审理，季米特洛夫等共产党人受到无理审判。在世界无产阶级和反法西斯力量的声援下，1933年12月23日宣布季米特洛夫无罪，但荷兰人卢贝被判处死刑，震惊世界的"国会纵火案"草草收场。

燃烧中的德国国会大厦

为什么"盖世太保"成了杀人魔窟的代名词

"盖世太保"是德国警察机构的一部分，专门为希特勒的法西斯政党服务，是德国秘密警察组织的音译。盖世太保成立于1933年6月，最初的领导人是戈林，后由希姆莱掌管。盖世太保作为秘密的政治警察，享有不受法律限制的特权。它可以未经审判就对公民采取拘留、警告、逮捕，或者送进集中营等措施。对于纳粹党的政敌，他们任意暗杀，特别是1934年由海德里希担任盖世太保领导人之后，更是杀人如麻，"盖世太保"成了杀人魔窟的代名词。

德国集中营中被杀害的犹太人骸骨

希特勒为什么要血洗冲锋队

冲锋队成立于1920年，是纳粹党最早的"打手组织"，最早名字为"体育冲锋队"。冲锋队主要负责两项任务：一是保卫纳粹党，二是打击纳粹党的政敌。1923年在希特勒策划的慕尼黑啤酒馆暴动中，冲锋队起到了主力作用。希特勒任总理后，冲锋队队长恩斯特·罗姆想将冲锋队与国防军合并，扩张自己的势力，这导致纳粹党与国防军的矛盾。希特勒为安抚国防军，争取与国防军的合作，1934年6月，他发动了血洗冲锋队行动，罗姆等冲锋队头目都被处死。

希特勒德国开始扩张的标志是什么

希特勒德国开始扩张的标志是1935年德国对萨尔地区管理权的收复。《凡尔赛和约》规定，高度工业化的萨尔地区将由国际联盟接管15年，期间委托英国和法国占领及管治，该区的煤矿将会交予法国经营，15年后萨尔地区将举行全民公投以决定自己的未来。1935年1月13日萨尔地区举行了一次全民公投，主张回归德国的票数占90%以上。1935年1月17日，国联批准萨尔回归德国，纳粹德国同时也开始了其扩张的步伐。

第二次世界大战前，德国是如何开始扩充自己兵力的

1933年纳粹党上台后，德国开始不断扩充自己兵力。1935年3月13日，纳粹党头目戈林宣布德国要重建空军，而英、法等国正陷于经济危机的复苏当中，无暇顾及，因而未对此提出任何抗议，使得纳粹党扩军野心受到更大的鼓舞。紧接着，3月16日，德国政府公布法令，实行普遍义务兵役制，扩充军队人数。英、法等国对于德国这一行径，只向德国提出抗议照会，并未采取行动加以制止。于是，纳粹德国便走上了扩充兵力的道路。

德国是怎样吞并奥地利的

奥地利处于欧洲中心地带，战略地位重要，希特勒德国自1933年开始，向该国派出间谍。1936年7月11日，德国强迫奥地利签订了《德奥协定》，要求奥地利在外交政策中承认自己同德国是"一个日耳曼国家"，并按照此原则展开外交事务。此后，纳粹党在奥地利大肆宣扬"奥地利政府被共产党暴徒包围"，伪造奥地利政府请德国出兵镇压骚乱的"紧急请求"。1938年3月12日，德国派武装占领了奥地利，开始了对奥地利的独裁统治。

"法西斯"是什么意思

"法西斯"最早是早期王权的标志，后来是古代罗马高级长官的一种权力标志，是用皮带捆扎的一束棍杖，其中间常夹有一柄锋刃向外的斧头，象征其行政权力。第一次世界大战后崛起的法西斯是一种国家民族主义的政治运动，包含了纳粹主义。法西斯是极端形式的集体主义，反对个人主义，最后发展成为最反动、最野蛮的独裁制度和思想体系。

苏台德危机是怎么回事

参加慕尼黑会议的张伯伦、达拉第、希特勒、墨索里尼（左起）

希特勒在吞并奥地利后，开始图谋德国与捷克斯洛伐克边境的苏台德地区。1938年9月29日，英、法、德、意四国首脑在慕尼黑召开会谈，最终于30日签订了《关于捷克斯洛伐克割让苏台德领土给德国的协定》，决定将捷克斯洛伐克的苏台德等地割让给德国，捷克政府正式宣布接受慕尼黑协定。希

特勒的扩张野心由此得到了更大的鼓舞，而英、法等国的坐视不管最终演绎成引火烧身的惨局。

德国是怎样灭亡捷克斯洛伐克的

1938年9月，英、法、德、意在慕尼黑会议上签订了《关于捷克斯洛伐克割让苏台德领土给德国的协定》，将苏台德地区

德军进占布拉格

割让给纳粹德国。1939年3月，纳粹德国出兵占领了捷克斯洛伐克的全部领土，强迫捷克斯洛伐克总统哈查和外长赫瓦尔克夫斯基签订《德捷协定》。之后，希特勒又在捷克地区成立了波西米亚和摩拉维亚"保护国"，斯洛伐克地区成立受纳粹德国保护的斯洛伐克共和国，斯洛伐克的部分地区割让给纳粹德国的盟友匈牙利。至此，德国灭亡了捷克斯洛伐克。

墨西哥"卡德纳斯改革"的主要内容是什么

1934—1940年，拉萨罗·卡德纳斯在出任墨西哥总统时，实施的资产阶级改革被称为卡德纳斯改革。卡德纳斯审时度势，根据当时的国家情况推出了新的政治模式，这种模式可以概括为两种政治制度：其一，实行制度化的强有力的总统制；其二，职团主义结构的官方党一党民主制。这两项制度使墨西哥加快了民主政治的步伐。此外，卡德纳斯还大力推行土地改革，打击封建大庄园势力；实行铁路、石油工业的国有化；扫除国家文盲，加强教育改革。这些措施都强有力地推动了墨西哥国家的发展。

什么是"昭和金融危机"

昭和金融危机是1927年日本爆发的大规模的金融危机。由于此时为昭和初期，所以史称"昭和金融危机"。第一次世界大战后，日本出口下降，进入经济低迷期，经济停滞不前。1923年发生关东大地震，更是使日本雪上加霜，

铃木店破产，国内经济迅速衰退。1927年3月，多家银行宣布破产；4月若槻内阁倒台，金融危机蔓延，田中义一内阁继任后发布《延期支付令》；5月，金融危机得到缓解。

你知道日本的资本主义论战吗

日本资本主义论战是在日本马克思主义者之间展开的，围绕的主题是日本的社会性质、革命性质、革命战略和日本资本主义的特征等，又被称为"封建论战"。1927年爆发的昭和金融危机和1929年发生的世界经济危机，促使日本国内矛盾加剧，工农运动不断高涨，日本的马克思主义者针对国内矛盾和现实需求展开了这场论战。论战分为两派："讲座派"就日本革命的战略问题进行论战；"劳农派"围绕农业问题、日本资本主义的结构和明治维新进行论战。之后，1936年"讲座派"在"共产科学院事件"中被镇压；1938年"劳农派"因"教授集团事件"被镇压，日本资本主义论战因此被迫中断。

为什么说九一八事变是第二次世界大战的序幕

九一八事变是指1931年9月18日，在中国东北爆发的日本关东军侵略中国东北的军事冲突。1931年，日本帝国主义秘密制订了侵略中国东北的方针，并于9月18日悍然发动九一八事变，揭开了对中国、进而对亚洲及太平洋地区进行的全面武装侵略的序幕。日本对华宣战，发起了新的战争，引发了更多的国际冲突与矛盾，因而是第二次世界大战的序幕。

九一八事变

什么是"史汀生主义"

"史汀生主义"是指各国对严重违背国际法的行为造成的情势，有权利也有义务不予承认，即不承认因违反《国际联盟盟约》和《巴黎非战公约》的行为而产生的任何情势、条约或协定，又称为"不承认主义"。不承认主义其实也就是不承认用武力或武力威胁对领土和政治造成的变化。1931年，日本发动侵占中国东北的九一八事变，美国对日本的行径既不愿提出严厉制裁，也不愿承认日本对中国东北的占有权，于是，时任美国国务卿的亨利·史汀生提出了这项原则，因而被称为"史汀生主义"。

日本为什么会形成军人法西斯政权

日本军人法西斯政权的形成根源在于日本军国主义思想根深蒂固。武士道既是日本武士的人生观和世界观，也是武士应尽的义务和职责，使日本有了军国主义思想的文化传统。1927年，日本发生昭和金融危机，社会动荡不安，国内统治集团试图通过发动大规模的侵略战争来转嫁国内危机，为日本法西斯的夺权带来契机。1936年，法西斯"少壮派"军官发动"二二六"兵变，日本军部掌握了国家独裁大权，标志着军人法西斯主义的上台。

"柏林—罗马—东京"轴心是怎样形成的

"柏林—罗马—东京"轴心是指在第二次世界大战中，德国、意大利和日本三个法西斯国家结成的军事政治集团。这一军事政治集团的形成经历了四年之久。早在1936年10月25日，德国和意大利达成协调外交政策的同盟条约，建立"柏林—罗马轴心"。同年11月25日，日本同德国签署反共产国际协定，意大利于1937年11月6日加入。1939年5月22日，德、意两国又签订了《德意同盟条约》。1940年9月27日，德国、日本和意大利三国外交代表在柏林签署《德意日三国同盟条约》（三国公约），标志着德、意、日法西斯轴心国集团正式形成。之后，针对轴心国集团，又形成了反法西斯的国家联盟，被称为"同盟国"。

《柏林—罗马轴心协定》的主要内容是什么

1936年10月20日，意大利外交部长齐亚诺访问柏林，德国同意大利达成《柏林—罗马轴心协定》，其主要内容为：德国承认意大利兼并埃塞俄比亚，两国在重要的国际问题上将采取共同的方针；双方承认弗朗哥政权；意大利不再干预德国吞并奥地利。当时协定尚未公开，但各国知道两国达成了协定，将其称为《柏林—罗马轴心协定》。

德、意签订同盟条约

你知道《慕尼黑协定》吗

1938年9月29日、30日两天，英国、法国、纳粹德国和意大利四国首脑在慕尼黑召开会议，四国在会上签订了全称为《关于捷克斯洛伐克割让苏台德领土给德国的协定》的条约，简称《慕尼黑协定》。英、法两国为避免卷入战争，决定采取绥靖政策，以牺牲捷克斯洛伐克为代价，将其苏台德地区割让给纳粹德国。在会议进行的过程中，捷克斯洛伐克的代表并未出席会议，直至协定签订后，才被告知了协定的内容。英法国家实行的绥靖政策由此达到顶峰，纳粹德国国力因此迅速提升，同时，德国看到英法对自己的纵容，促使其加快了军事扩张的步伐。

张伯伦（中）在伦敦机场吹捧《慕尼黑协定》

《慕尼黑协定》的签订主要影响是什么

《慕尼黑协定》的签订，最主要影响是加速了第二次世界大战的爆发。协定使纳粹德国得到了捷克斯洛伐克的苏台德地区，包括1.1万平方千米的领土、360万居民和1/2以上的国家经济资源。这一方面使英、法在东欧的同盟体系破裂，另一方面增强了纳粹德国国力，英、法的软弱更加孤立了纳粹德国的扩张野心，由此加速了德国军事入侵的步伐，不久占领了捷克斯洛伐克全境，促使了第二次世界大战的迅速爆发。《慕尼黑协定》被丘吉尔称为是西方国家向纳粹德国的"彻底的投降"。

第二次世界大战是什么时候全面爆发的

1939年9月1日凌晨，德军趁着夜色，利用2 000多架飞机、2 800辆坦克对波兰发动突然袭击。9月3日，无路可退的英国和法国宣布对德国作战，第二次世界大战由此全面爆发。但是英、法两国并未给予波兰任何有效的军事支持，继续推行绥靖政策。奋力抵抗的波兰军队最终被装备精良、战术强大且兵力数倍于己的德军击败，波兰覆亡，纳粹德国占领波兰全境。

马奇诺防线是用于防备哪个国家的

马奇诺防线是法国着力建设防御德国的防线。第一次世界大战后，法国为防止德国对其再次入侵，开始着力建设马奇诺防线。马奇诺防线工事耗资近50亿法郎，全长约700千米，南起地中海沿岸法意边境、北至北海之滨的法比边境，由一组组相互独立的筑垒式防御工事群构成，固若金汤。若从该防线正面攻击法国，几乎是不可能成功的。1940年5月，德军突袭比利时，翻越阿登山区，侵入法国，直接插到马奇诺防线的背后，同时兵临巴黎城下。法军由于寄全部希望于德军在马奇诺防线前方的正面进攻，措手不及，因而大败，造成了法国的灭亡。

第二次世界大战中，拥有"无法攻破的防线"的强国，为什么在六个星期内就亡国了

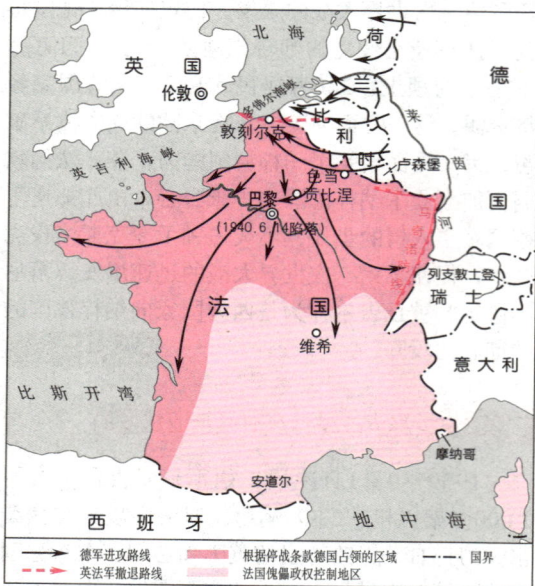

法国的溃败

二战初期，法国便败给纳粹德国，分析其原因主要有以下三点：第一，法国面临纳粹德国的扩张气焰，一再实行绥靖政策，并未充分做好准备对德作战；第二，法国面临德国的进犯采取消极抵抗政策，将所有希望寄托于马奇诺防线，并未制定主动出击和积极防御的计划；第三，法国对德军进攻方向的判断失误，法军一心认为德军将从马奇诺防线正面进攻，不料德军急袭比利时，从马奇诺防线的背后攻入法国。当德军兵临巴黎时，法国士兵却全部守在马奇诺防线，战略失误导致了法国的迅速灭亡。

敦刻尔克大撤退是怎么回事

敦刻尔克大撤退

1940年5月，德军在法国的战斗接连获得胜利，英法联军防线不断溃散。5月24日，德军在逼近法国北部港口城市敦刻尔克时，下令停止前进，英法盟军便趁此时执行"发电机计划"——进行了规模空前的军事撤退行动，史称"敦刻尔克大撤退"。这次撤退行动致使英国失去了大量物资和重型武器装备，但是却保留了英国接下来战斗的有生力量，撤出的33万人中，有23万为英国的远征军，这是英国在二战史上创造的又一奇迹。

第二次世界大战中规模最大的空战发生在什么时候

不列颠空战

第二次世界大战中规模最大的空战发生在1940年7—10月，纳粹德国制定了"海狮计划"，意图一举登陆英国，攻占英伦三岛。因而，纳粹德国为首先抢得制空权，对英国的空军机场展开了猛烈的袭击。从8月中下旬开始，德始对英国的12个空军基地进行了持续性的、大规模的摧毁性攻击。此次空战长达10天之久，德军每天派出1000多架轰炸机，使英国许多城市沉浸在一片火海之中，英军损失飞机286架。但是，"海狮计划"最终以失败告终，德国未能登陆英国。希特勒开始将战火转向苏联。

你知道《反共产国际协定》吗

《反共产国际协定》是德日于1936年11月签署的反对共产国际的协定。1937年，意大利也加入这一协定，标志着德、意、日法西斯轴心国的正式形成。此后，匈牙利、西班牙、保加利亚、芬兰、罗马尼亚、丹麦及斯洛伐克、克罗地亚傀儡政权和中国的伪满、汪伪政权等

加入了该协定。根据协定，在反对共产国际方面，各国必须"交换情报""紧密合作"。其实，该协定虽然表面针对苏联等社会主义国家，同时也是为了掩人耳目，避免过早地与其他帝国主义国家产生矛盾。但是该协定的本质还是以武力重新瓜分世界，最终酿成了第二次世界大战的罪恶后果。

你知道丘吉尔是谁吗

温斯顿·丘吉尔（1874—1965年），英国演说家、政治家，同时也是杰出的记者、画家及作家。1940—1945年，第二次世界大战期间，他首次出任英国首相，领导英国人民取得了反法西斯战争

丘吉尔

的伟大胜利。他与罗斯福、斯大林被合称为二战"三巨头"。战后，他落选首相，开始撰写《第二次世界大战回忆录》，记述了1930年初到二战结束期间的主要国际事件。1951—1955年期间，他再度出任英国首相。1953年，他因作品《第二次世界大战回忆录》获得了诺贝尔文学奖。2002年，他被评为有史以来最伟大的英国人。

纳粹分子为什么仇视和迫害犹太人

德军占领波兰后，将华沙的犹太人赶出家门

希特勒是个极端的种族主义者和反犹主义者，他认为雅利安人是最优秀的人种，将犹太人看作是世界的敌人，因而在第二次世界大战期

间，有近600万犹太人惨遭纳粹党杀害。具体分析纳粹党迫害犹太人的原因有以下三点：首先，在纳粹思想体系中，有"优等种族论"，而犹太人属于"劣等民族"，因而为确保"优等种族"的统治地位，就要消灭"劣等种族"；其次，犹太人由于后迁入西欧，自迁入以来一直从事农业活动，积累了大量财富，剥夺其财富可为纳粹德国经济发展提供条件；第三，反犹思想有利于纳粹党煽动民众，开展对外战争。

你知道"奥斯维辛集中营"吗

奥斯维辛集中营是第二次世界大战时期，纳粹德国建立的最大的迫害犹太人的集中营，有"死亡工厂"之称，也被视为德国最大的"杀人工厂"。纳粹德国在占领了波兰之后，在波兰南部小镇奥斯维辛建立了面积达40平方千米的集中营，主要用来关押政治犯和犹太人，对他们实行残忍的虐待和毒杀。在集中营内，有3个主要营地和39个小型营地。其四周布满电网，并设有哨所看台，以防止犯人逃走。在集中营内设有专供杀人用的瓦斯室、焚尸炉及专为各种屠杀活动服务的"医学实验室"，每天最多时屠杀人数达6 000人。到1945年1月奥斯威辛解放时为止，多达400万人在此丧生，被称为德国最大的"杀人工厂"。

"自由法国运动"是怎么回事

"自由法国运动"是1940年，法国戴高乐将军领导的反法西斯抵抗斗争，又称战斗法西斯运动。1940年6月18日，戴高乐在英国伦敦发表了著名的抗纳粹宣言——《告法国人民书》，号召国

法国永不屈服——在美自由法国运动组织的一幅宣传画

土沦陷的法国人民团结起来抗击纳粹德国的侵略，揭开了自由法国运动的序幕，法国人民抵

抗纳粹德国的斗争蓬勃兴起。很快，戴高乐宣布成立"法国民族委员会"。1942年7月，他又将"自由法国"更名为"战斗法国"。1944年6月2日，法国民族委员会改称临时政府。1945年5月8日，塔西尼将军代表法国在德国投降书上签字，标志着自由法国运动的最终胜利。

你知道谁是"法国之父"吗

"法国之父"指的是夏尔·戴高乐。夏尔·戴高乐（1890年—1970年），法国杰出的军事家和政治家。第二次世界大战初期，法国覆灭，戴高乐号召法国人民抵抗纳粹，领导了"自由法国运动"，获得了法国反抗法西斯战争的最后胜利。他在战后带领法国人民成立了法兰西第五共和国，担任第一任总统，因而被称为"法国之父"。

戴高乐在巴黎检阅军队

德国"海狮计划"是怎么回事

英国敦刻尔克大撤退之后，希特勒制定了"海狮计划"，是德军对英的作战计划，希特勒妄图通过单纯的空战来迫使英国投降。海狮计划的实施过程，也是第二次世界大战中，规模最大的空袭与反空袭战争，这场计划最终因英国的英勇斗争以失败告终。"海狮计划"的实质是为了德国侵入苏联而进行的掩护行动。

什么是"大东亚共荣圈"

第二次世界大战中，日本帝国提出的"邦联制"战略构想与政治号召被称为"大东亚共荣圈"。日本妄图通过这一计划实现在东亚建立长久的殖民帝国，奴役亚洲人民。1938年11月，日本政府发表建立《大东亚新秩序》的宣言。1940年8月，日本在《基本国策纲要》中正式提出，要建立以"皇国为核心，以日、'满'、华的强固结合为基础的大东亚新秩序"。日本外相松冈洋右首次使用"大东亚共荣圈"。"大东亚共荣圈"最后在亚洲各国人民的抗日战争中遭到彻底的粉碎。

为什么说美国是一个"民主国家的军工厂"

第二次世界大战爆发初期，美国并未向纳粹德国宣战，但是向为民主而战的国家提供军用物资。1940年12月29日，在对世界大部分地区广播的"炉边谈话"节目中，罗斯福总统将美国描绘成"一个民主国家的军工厂"，表示尽全力支援英、法等国的反法西斯战争。因此，我们说美国是一个"民主国家的军工厂"。美国虽未向纳粹宣战，但是肯定了自身作为"民主国家的军工厂"，实质上也是在保卫本国的独立和自由。

"俾斯麦"号战列舰是怎样被击沉的

"俾斯麦"号战列舰是纳粹德国海军的俾斯麦级战列舰的一号舰，是第二次世界大战时德国所建造的火力最强的战列舰。该舰舰名的来源是19世纪德国的"铁血首相"奥托·冯·俾斯麦。英国在二战中得知"俾斯麦"号战列舰的军力时，便决定尽全力将其击沉。1941年5月24日，英、德在丹麦海峡展开海战，纳粹德国获得大捷，但"俾斯麦"号战列舰中弹三发。26日，"俾斯麦"号再遭空袭，被三枚鱼雷击中，无法回避英国舰队的攻击，速度降低，难于控制航向。27日晨，英军的主力追击舰队用炮弹、鱼雷轮番对操纵失灵的"俾斯麦"号进行攻击。英国多塞特郡号重巡洋舰最终在近距离发射了3枚鱼雷，全部命中"俾斯麦"号。10时36分，"俾斯麦"号沉没于布雷斯特以西400海里的水域中。

"俾斯麦"号战列舰

为什么签订《苏德互不侵犯条约》

《苏德互不侵犯条约》签订

《苏德互不侵犯条约》是1939年8月23日苏联与纳粹德国在莫斯科签订的一份秘密协议。苏、德为了应付当时错综复杂的国际政治斗争而签订了该条约。苏联签订此条约的目的在于争取时间和空间来应对纳粹德国在日后可能进行的军事行动，以保卫国家的独立与完整。而德国此时正在全力执行闪击波兰的"白色方案"，为了不分散兵力及避免过早地与苏联发生冲突，便与苏联签订了此条约。因此，这个条约在为苏联争取准备时间的同时，也成全了德国对波兰的突袭。1941年6月，纳粹德国撕毁该条约，悍然发动了侵苏战争。

为什么说张伯伦是绥靖政策的代表性人物

第二次世界大战期间，张伯伦将对德的绥靖政策发展为英国对外政策的核心，且大规模地推行该政策。他积极制定"欧洲总解决的绥靖政策总计划"，围绕德国展开外交活动，因而被称为绥靖政策的代表人物。该政策用牺牲其他国家利益的办法来姑息、满足德意日法西斯的侵略要求，维护自身的安全利益，结果助长了法西斯国家的侵略气焰，导致第二次世界大战的爆发。

苏德战争是怎样爆发的

苏德战争又称苏联伟大卫国战争，苏、德战场是第二次世界大战的主战场之一。1941年6月22日，纳粹德国撕毁《苏德互不侵犯条约》，悍然发动侵苏战争。德军当日出动190个师、3 700辆坦克、4 900架飞机、47 000门大炮和190艘战舰，兵分三路，中路为主力，以闪电战的方式突袭莫斯科。7月3日，斯大林向苏联人民发表广播演说，号召全体苏联人民团结起来同希特勒法西斯战斗到最后一刻，苏联对德宣战，苏德战争由此全面爆发。

你知道第二次世界大战中哪座城市被称为"殉难的城市"吗

第二次世界大战中，英国考文垂被称为"殉难的城市"。它是英国的军需工业中心。1940年11月14日，德国"海因克尔"飞机对考文垂进行了为时10小时的轰炸。全城被夷为平地，化为灰烬，死伤无数，哀鸿遍野。因而被称作"殉难的城市"。

英勇顽强的苏联红军老战士

丘吉尔为什么被誉为"最伟大的英国人"

温斯顿·丘吉尔曾于1940—1945年及1951—1955年两度担任英国首相，在1940—1945年的任期内，他带领英国获得了反法西斯战争的伟大胜利。1940年5月，丘吉尔受命于危难之中，出任英国首相，坚持对德作战，同时争取美、苏作为同盟者参战。同时，他支持沦陷国家开展抵抗运动，支持沦陷国家的流亡政府。积极团结一切可以团结的国际力量共同参加反抗法西斯的战争，先后参加多项条约的签订，促成了反法西斯同盟的形成，最终领导英国人民获得了反法西斯战争的胜利。

《大西洋宪章》的主要内容是什么

签署《大西洋宪章》

《大西洋宪章》是1941年8月13日，美国总统罗斯福与英国首相丘吉尔签署的联合宣言，又称《罗斯福丘吉尔联合宣言》。《大西洋宪章》的主要内容是宣布了英美两国不追求领土或其他方面的扩张，不承认法西斯通过侵略造成的领土变更，尊重各国人民选择其政府形式的权利，恢复被暴力剥夺的各国人民的主权。同时，两国将致力于摧毁纳粹暴政，重建和平。

《大西洋宪章》的签订意义是什么

《大西洋宪章》的签订，标志着英美两国反法西斯同盟的建立，对世界反法西斯同盟的形成起到了积极的促进作用，对于德、意、日法西斯轴心国集团而言是一个沉重的打击。宪章宣布了对德作战的目的和一些重要的民主原则，鼓舞了世界人民反法西斯斗争的勇气和信心，促进了世界反法西斯同盟的形成。同时，《大西洋宪章》为《联合国宪章》的制订奠定了基础。

哪次保卫战粉碎了德军对苏军的"闪击战"计划

第二次世界大战中，莫斯科保卫战粉碎了德军对苏军的"闪击战"计划。莫斯科保卫战发生在1941年10月至1942年1月期间，是苏联军队为保卫首都莫斯科，与纳粹德国展开的战役。最后，苏军反攻德军，获得了战役的胜利，粉碎了向莫斯科进攻的德国"中央"集团军，同时也粉碎了德军的"闪击战"计划。莫斯科保卫战打破

了希特勒德军天下无敌的神话，德军的东线战斗开始节节败退，为斯大林格勒战役的胜利和二战的转折奠定了基础。

莫斯科保卫战

日本是怎样偷袭珍珠港的

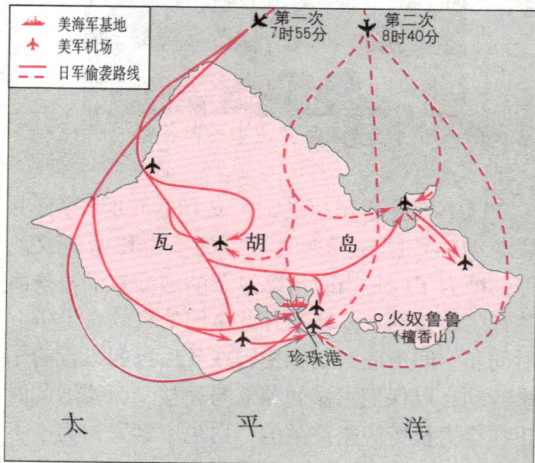
日本偷袭珍珠港示意图

1941年12月7日清晨，日本海军第一次攻击的183架飞机从六艘航空母舰上起飞，突袭美国海军基地珍珠港。之后，第二次攻击的168架飞机再次发动袭击。仓促应战的美军损失惨重，8艘战列舰中弹，4艘被击沉，一艘搁浅，其余都受重创；6艘巡洋舰和3艘驱逐舰被击伤，188架飞机被击毁，3 000多名官兵伤亡。日本只损失了29架飞机，死亡人数不到百人。相较于美国的巨大损失，日军以微小的代价就取得了偷袭的成功。

太平洋战争是怎样爆发的

日本在亚太地区的扩张激化了美日矛盾，因而美国和日本的战争在所难免。于是，日本决定先发制人，以便取得战争的主动权。珍珠港是美国的重要海军基地，也是太平洋舰队的活动中心。1941年12月7日，日本偷袭珍珠港。次日，美国、英国对日宣战，9日，中国对日本宣战，太平洋战争就此爆发。

你知道斯大林格勒战役吗

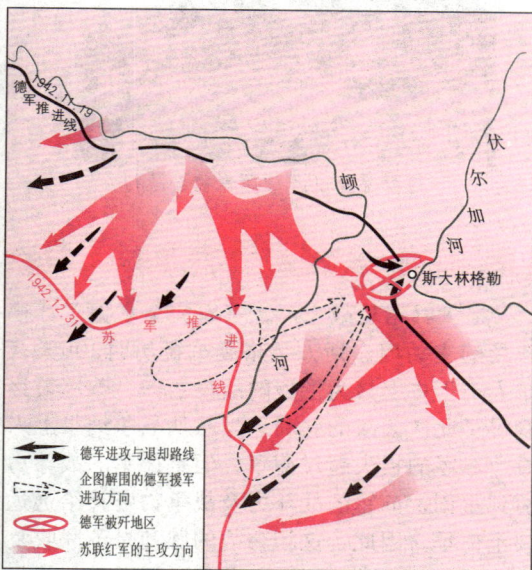

斯大林格勒战役示意图

斯大林格勒战役是第二次世界大战中苏联卫国战争的重要转折点，也是第二次世界大战的重要转折点，同时，还是人类历史上规模最大和最为血腥的战役之一。1942年5月，德军横扫苏联西南地区，逼近斯大林格勒，苏军全面迎击。1942年7—11月为战役的第一阶段，德军全力进攻，苏军顽强防御，在四个月的战斗中，德军损失近70万人。11月，苏军反攻准备完成，集中了110万人，15 500门大炮和迫击炮全力反击，德军步步败退。1943年初，德军在严寒中负隅顽抗一个月后，最终被苏军摧毁。斯大林格勒保卫战持续了200天，苏、德双方都付出了惨重代价。1943年2月2日，斯大林格勒保卫战最终以苏军的辉煌胜利而结束。

"红色间谍"是什么人

"红色间谍"指的是德国人理查德·佐尔格。1925年，他加入了苏联共产党，之后，长期在德国和日本等国为苏联获取有价值的情报，对世界反法西斯战争的胜利作出了突出贡献。他在日本创建了反法西斯国际主义者组织，为苏联统帅部提供了有关德军的侵略计划和日本军国主义者在远东的企图等重要情报。1941年10月18日理查德被日本警察逮捕，1943年9月29日被判处死刑，一年后处以绞刑。他被认为是20世纪最伟大的间谍，苏联政府授予他"苏维埃社会主义共和国联盟英雄"的称号，被世人赞为"红色间谍"。

日军在哪次海战中首次受挫

日军在珊瑚海海战中首次受挫。1942年5月7—8日，美、日航空母舰编队在珊瑚海展开激烈的海战。珊瑚海海战是战争史上首次航空母舰编队在远距离以舰载机实施交战。日军损失1艘航母，77架战机；美军损失1艘航母、1艘驱逐舰、1艘油船和66架战机，另有1艘航母受损。虽然美军较日军损失惨重，但是，日本海军由于损失的飞机和飞行员无法立即得到补充，被迫中止对莫尔兹比港的进攻，日本海军在太平洋首次受挫。

日美哪次争夺战后，美军开始了全面战略反攻阶段

瓜达尔卡纳尔岛战役之后，美军开始了全面战略反攻。日军在此次战役中海军、空军损失惨重，而且开战以来从未失利的陆军也蒙受了巨大损失。战役结束后，日军兵力优势几乎丧失，双方的战略态势也随之改变战局开始向有利于美国方面发展，而日军则逐步丧失战略主动权，陷入被动局面。从此，日军开始转为战略防御，美国则进入了全面反攻阶段。

日本为什么在中途岛海战中战败

中途岛海战

1942年6月4日，美日中途岛战役爆发。日本海军对中途岛环礁的攻击被美军成功击退，在中途岛战役中大败，由此丧失了太平洋战区的主动权。日本海军战败的主要原因是作战计划的失误。首先，日军坚持以战列舰作为海战决战的决定性力量，把航空母舰当作辅助性力量使用，忽略了航空兵力的作用。同时，日军分散部署兵力，联合舰队各部队在相隔很远的距离上单独作战，而美国海军最大限度地集中部署兵力，由此，联合舰队的优势被严重削弱。此外，日军进攻中途岛本来是诱使敌舰队决战，却准备让航空母舰占领中途岛，并认为在中途岛未受到攻击之前，敌舰队不会离开基地。作战计划的种种失误直接导致了日军中途岛海战的失败。

为什么丘吉尔迟迟不开辟第二战场

第二战场是指第二次世界大战时期，新开辟的除苏联战场外，以西欧为主要区域的战场，它的开辟以诺曼底登陆为标志。但是，第二战场的开辟经历了一番周折。英国首相温斯顿·丘吉尔认为应该首先集中英、美的力量进攻北非，防止德国夺取连接欧亚大陆的中东地区。于是，1942年7月，在英国的坚持下，英、美决定首先在北非实施登陆，从而推迟开辟第二战场。

哪次战役是北非战场的转折点

阿拉曼战役是北非战场的转折点。1941年

1月，阿拉曼战役打响，轴心国集团司令埃尔温·隆美尔所指挥的非洲装甲军团与英国中东战场司令克劳德·奥金莱克所统领之英联邦军队在埃及阿拉曼进行决战。阿拉曼战役以英军胜利告终，消除了德军对中东的威胁，扭转了北非战场的格局，成为法西斯军队在北非覆灭的开端，丘吉尔称此次战役为"命运的转折"。

阿拉曼战役的指挥者蒙哥马利

哪次战役后，苏军完全掌握了苏德战场的主动权

斯大林格勒战役后，苏军完全掌握了苏德战场的主动权。斯大林格勒战役历时200天，是人类历史上最为惨烈的战役之一，苏军最终获得了此次会战的胜利。虽然从战争结果上来看，苏军的损失超过德军，但是德军的战斗力遭到重创，苏军的战斗力及战争物资补给远远快于德军。因此，这场会战的胜利是苏联收复沦陷领土的开始，标志着苏军掌握了苏德战场的主动权。

哪次会议承认台湾的主权属于中国

开罗会议承认了台湾的主权属于中国。1943年11月，中国国民党政府主席蒋介石、美国总统富兰克林·罗斯福、英国首相温斯顿·丘吉尔，在开罗举行国际会议。会上，中、美、英三国签署了《开罗宣言》，其内容包括把日本侵占中国的东北地区、台湾、澎湖列岛等归还中国，承认了台湾的主权属于中国，恢复了中国的领土主权。

日本为什么召开大东亚会议

1943年11月5、6日，日本在东京召开了大东亚会议，因标榜大东亚共荣圈而得名。日本召开此次会议是为了缓和东南亚各国人民的反日运动，加强对各傀儡政权和仆从国的控制，以应付盟军的反攻。会议通过了《大东亚共同宣言》，日本首相东条英机竭力宣传正在建设中的"大东亚新秩序"，谴责英、美两国，以关心和平和正义的幌子，企图使自己对亚洲的殖民统治永久化，使各个被占领国家和地区支持他的法西斯战争。

你知道德黑兰会议吗

1943年11月28日—12月1日，美、英、苏三国首脑罗斯福、丘吉尔和斯大林在伊朗首都德黑兰举行会议。这次会议主要讨论了欧洲第二战场的开辟问题。同时，通过了《德黑兰宣言》和《关于伊朗的宣言》。此外，会议还讨论了战后世界秩序等问题。德黑兰会议和《德黑兰宣言》是反法西斯联盟主要国家在第二次世界大战后期建立有效军事合作的重要基础，加强了反法西斯同盟的团结，促进了世界反法西斯战争的胜利。

诺曼底登陆是怎么回事

诺曼底登陆发生在1944年6月6日—8月25日，是第二次世界大战期间规模最大的登陆战役。由于此次登陆有陆、海、空三军的配合，要考虑天气和潮汐的综合状况，因而6月5—7日和6月18—20日是较为理想的日期。根据实际战略需要，盟军于1944年6月6日凌晨，在夜色的掩护下开始登陆。盟军先后调集了36个师，共计288万人分别于宝剑海滩、朱诺海滩、黄金海滩、奥马哈海滩和犹他海滩五个海滩登陆。经过两个多月的鏖战，盟军共伤亡12.2万人；德军伤亡7.3万人，被俘4.1万人，共损失11.4万人。但是盟军获得了诺曼底登陆战役的胜利，为世界反法西斯战争的胜利奠定了基础。

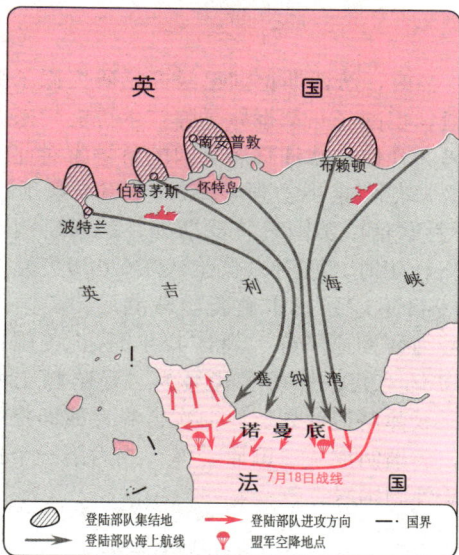

诺曼底登陆

什么叫"D日"行动

"D日"在军事术语中，表示一次作战或行动发起的那天。人类历史上最著名的"D日"行动是1944年6月6日打响的诺曼底战役。反法西斯盟军在一个月里登陆诺曼底，从卡昂延伸到圣洛建立了稳固的战线。这场战役是世界历史上规模最大的两栖登陆战役，开辟了欧洲第二战场，是解放在第二次世界大战中被纳粹德国占领的欧洲大陆的开始，加速了法西斯德国的崩溃。

苏军在苏德战场上连续发动了几次重大的战略性进攻

苏军在苏德战场上连续发动了十次重大的战略性进攻，又称"十次打击"。1943年苏军转入反攻阶段后，完全掌握了战场的主动权，军队的数量和装备较德军都占有压倒性的优势。因此，为了彻底解放被占的国土，打通进攻德国本土的道路，从1944年开始，苏军集中兵力在苏德战场上连续发动了对德军的十次大规模战略进攻。苏军的10次打击消灭了德军的有生力量，解放了国土和东欧，为取得反法西斯战争的最后胜利创造了条件。

罗斯福为什么下令制造原子弹

当时，法西斯德国已经开始研究原子弹的制造，德国一旦掌握原子弹技术可能带来严重后果。几位从欧洲移居美国的科学家对此十分担心，他们推举物理学家A.爱因斯坦于1939年8月写信给美国总统罗斯福，建议研制原子弹。开始时，政府只拨给经费6 000美元，直至1941年12月日本偷袭珍珠港后，美国才开始着力研发原子弹。到1942年8月，美国投资20多亿美元，开始了代号为"曼哈顿工程"的原子弹制造计划。第二次世界大战即将结束时，美国制成了三颗原子弹，成为第一个拥有原子弹的国家。

什么是"曼哈顿工程"

"曼哈顿工程"是美国陆军部于1942年6月开始实施，利用核裂变反应来研制原子弹的计划，亦称"曼哈顿计划"。美国为了先于纳粹德国制造出原子弹，投入上千名科学家，10万多人，历时3年，耗资20多亿美元，于1945年7月16日成功地进行了世界上第一次核爆炸，并按计划制造出两颗原子弹，使美国成为世界上第一个拥有原子弹的国家。

你知道盟军司令艾森豪威尔将军吗

艾森豪威尔全名德怀特·戴维·艾森豪威尔（1890—1969年），第一任北大西洋公约组织盟军的最高统帅，同时，是美国第34任总统（1953—1961年），陆军五星上将。艾森豪威尔是第二次世界大战中北非和欧洲战区的重要指挥者，先后担任美军驻欧洲总司令、北非战场盟军司令、北非和地中海盟军司令和欧洲盟国最高司令。他指挥了著名的西西里战役和诺曼底战役，使盟军获得了胜利，由此开辟了欧洲第二战场，对扫除法西斯非洲军团，战胜纳粹德国贡献了巨大力量。

盟军最高司令艾森豪威尔将军

第一批原子弹是怎样生产与使用的

原子弹是核武器之一，是利用核反应的光热辐射、冲击波和感生放射性造成杀伤和破坏作用，以及造成大面积放射性污染，阻止对方军事行动以达到战略目的的巨大杀伤性武器。第一批原子弹于1945年7月16日由美国成功制造。1945年8月6日、9日，美国先后在日本的广岛和长崎投下了仅有的两颗原子弹，使日本人民遭受到军国主义者发动的侵略战争所带来的最为严重的恶果：广岛24.5万人口中死亡和失踪人数达71 379人，受伤人数近10万；长崎23万人口中约14.8万人伤亡和失踪。两颗原子弹的投射，加速了日本的投降。

你知道"女神计划"吗

"女神计划"是德军中一批反法西斯分子制定的暗杀希特勒的计划，这个计划由德军后备军总司令弗洛姆上将的参谋长施道芬堡上校制定。1944年7月20日下午，希特勒正在召开军事会议，一枚炸弹突然在他身边爆炸，致使希特勒右腿被烫伤，耳鼓膜被震破，但是他并未因此丧命，暗杀计划失败。"女神计划"促使纳粹德国开始了大清洗计划，所有相关人士都遭到了屠杀，反对派的将领家属也被处死，清洗运动一直持续到德国战败才结束。

阿拉伯国家联盟成立于何时

1945年3月，埃及、伊拉克、约旦、黎巴嫩、沙特阿拉伯、叙利亚和也门七个阿拉伯国家的代表在开罗举行会议，通过了《阿拉伯国家联盟条约》，宣告阿拉伯国家联盟成立。阿拉伯国家联盟是世界上最早的地区性国际组织，是为了加强阿拉伯国家联合与合作而建立的，简称阿拉伯联盟或阿盟，到1993年发展到22个成员国。其宗旨是加强成员国之间的密切合作，维护阿拉伯国家的独立与主权，协调彼此的活动。组织机构主要有首脑会议、联盟理事会和秘书处，总部设在开罗。

历史上规模最大的海战发生在哪里

马里亚纳海战中使用的航空母舰

历史上规模最大的海战发生在马里亚纳群岛附近，此次海战被称为"马里亚纳海战"，也被称为"菲律宾海战"。战役发生在1944年6月19日，是第二次世界大战中，太平洋战场上日本海军与美国海军展开的，这次海战也是历史上最大规模的航空母舰决战。此战役影响甚大，日本丧失西太平洋制海权，舰队主力航空母舰损失惨重，舰载机消耗殆尽，使之无法在4个月后的史上最大海战莱特湾海战派出飞机支持舰队。美军则大获全胜，只有少数舰只轻伤，巩固了塞班岛的登陆，接下来的2个月逐步将马里亚纳群岛直接以B—29轰炸机轰炸，与麦克阿瑟的战线形成夹击菲律宾群岛的态势。

隆美尔是怎么死的

隆美尔全名埃尔温·隆美尔（1891年~1944年），二战中最负盛名的德国将领，也是希特勒称赞有加的将领。1941年2月，隆美尔被任命为德国非洲军团总司令，远赴利比亚协助意大利反击英军。由于他在北非战场上的一系列惊人战绩而被人称为"沙漠之狐"。1942年6月22日，希特勒将他提升为陆军元帅。1944年7月20日，德军中的反对派刺杀希特勒行动失败，马丁·鲍曼趁机诬陷刺杀计划与隆美尔有关。1944年10月14日，隆美尔在盖世太保的逼迫下，服用了毒药氰化钾，憾然离世。

隆美尔

伯尔尼事件是怎么回事

1945年3—4月，驻意大利北部的德国党卫军首领在瑞士首都伯尔尼会见美国驻欧洲情报局主管，探讨在意大利的德军向英美投降的问题，引起了苏联的强烈抗议，史称"伯尔尼事件"。事发之后，美苏之间产生了隔阂，两国最高首脑罗斯福与斯大林进行了一系列书信往来，直到罗斯福逝世，杜鲁门总统指示停止伯尔尼的谈判，事件才告一段落。伯尔尼事件体现了反法西斯盟国之间的内部矛盾，同时也预示了战后美苏之间的关系。

苏联红军是怎样攻克柏林的

苏军攻克柏林的柏林战争发生在1945年4月16日—5月8日。此时，苏军在苏德战场上准备进行最后一次战略进攻。苏军集结白俄罗斯第一、二方面军，乌克兰第1方面军等三个方面军，162个师，250万军人，7500架飞机、4万门火炮、6250辆坦克和自行火炮，而德军维斯瓦集团军群和中央集团军群仅100万人死守柏林。苏军在对柏林的强攻中从多路向中心突击，于4月27日攻入柏林中心区，29日攻打国会大厦。30日，希特勒自杀。5月2日柏林卫戍司令率部投降，苏联成功攻克柏林。

苏军将红旗插上了德国国会大厦的屋顶

谁被苏联人民誉为"胜利之神"

朱可夫被苏联人民誉为"胜利之神"。朱可夫全名格奥尔吉·康斯坦丁诺维奇·朱可夫(1896—1974年),苏联军事家,苏联元帅。1943年1月18日,朱可夫被授予苏联元帅军衔,是苏德战争中继斯大林后第二位获此殊荣的苏军统帅。他在苏德战争中功勋卓越,参与领导列宁格勒保卫战、莫斯科保卫战和斯大林格勒保卫战并取得胜利,因而被苏联人民誉为"胜利之神"。他被认为是第二次世界大战中最优秀的将领之一,也因此成为仅有的四次荣膺"苏联英雄"荣誉称号的两人之一。

朱可夫将军在前线

希特勒的德意志第三帝国是怎样走向覆灭的

1945年4月16日—5月8日,苏军在苏德战场上进行最后一次战略进攻。苏军先后突破奥得

河、尼斯河防线。25日,对柏林形成包围阵势;27日,攻入柏林;29日,强攻国会大厦;30日,希特勒自尽。5月2日,柏林卫戍司令H·魏德林将军率部投降,柏林被苏联红军攻克。8日,德军统帅部代表W·凯特尔元帅在柏林签署向苏军和盟国远征军无条件投降书。德意志第三帝国就此灭亡,第二次世界大战的苏德战场和欧洲战场的战斗就此告终。

你知道列宁格勒保卫战吗

列宁格勒保卫战是第二次世界大战中,战斗时间最长、破坏性最强和死亡人数第二多的战役。战役自1941年8月下旬开始,一直持续到1944年1月27日,长达882天。列宁格勒是十月革命的摇篮,也是苏联的第二大城市和重要的海港、工业重镇及文化中心,当时约有300万人口。1941年8月下旬,德军对列宁格勒发动大规模突袭;9月,德军包围列宁格勒,开始对该市实行骇人听闻的野蛮轰炸和炮击,投掷了10多万枚航空燃烧弹和航空爆破炸弹。然而,列宁格勒的军民不畏艰难,死守城市,一直到1944年初,德军对列宁格勒的封锁才被打破。同年8月,列宁格勒军民获得了列宁格勒保卫战的最后胜利。在这场战役中,苏联方面牺牲的军民达150万之多。

墨索里尼的下场如何

墨索里尼全名贝尼托·墨索里尼,意大利法西斯独裁者,第二次世界大战的发动者之一。1922—1943年,墨索里尼任意大利王国首相。1925年1月,他宣布国家法西斯党为意大利唯一合法政党,从而建立了意大利法西斯主义的独裁统治。1940年6月10日,墨索里尼使意大利正式加入轴心国,参与发动第二次世界大战。1943年7月25日,由于意大利在战场上节节失利,国内反法西斯运动不断高涨,墨索里尼被撤职,并被

墨索里尼

监禁在阿布鲁齐山大萨索峰顶。9月德军伞兵救出墨索里尼，他继续出任"意大利社会共和国"傀儡政府的总理。1945年4月27日，墨索里尼在逃往德国途中被意大利游击队逮捕；次日被枪决，暴尸于米兰广场示众。

德国何时无条件投降的

1945年5月8日24时，受希特勒继承人邓尼茨的委托，德军最高统帅部代表凯特尔元帅、什图姆普弗上将和弗雷德堡海军上将代表德国签字投降，地点在柏林市东南的卡尔斯霍尔斯特的德国军事工程学校大楼大厅。投降书从1945年5月9日1时开始生效。德国的投降，标志着德意志第三帝国的灭亡，苏德战争和欧洲战场战争的结束，标志着反法西斯战争在欧洲的胜利。

德国代表在无条件投降书上签字

你知道波茨坦会议吗

1945年7月17日—8月2日，美、英、苏三国首脑在柏林近郊的波茨坦举行战时第三次会晤，史称"波茨坦会议"或"柏林会议"。该会议是美、英、苏三大国首脑在战争期间召开时间最长的一次会议，也是最后一次会议。这次会议对于夺取反法西斯战争的最后胜利具有重大意义，并就战后许多重大问题达成了协议，从而确立了战后世界的新格局。会议讨论了占领德国的基本原则，决定尽快组织国际法庭，对战犯进行审判。此外，会

《波茨坦公告》中文抄本

议还讨论了对日作战、赔款等问题。8月2日，三国首脑签署了《苏美英三国柏林（波茨坦）会议议定书》。波茨坦会议对加速第二次世界大战的结束具有重要意义，但会议也表明，随着战争接近尾声，英美同苏联之间的矛盾和斗争日益激化。

波茨坦会议期间的丘吉尔（左）、罗斯福（中）与斯大林（右）

日本是什么时候宣布无条件投降的

1945年8月14日正午，日本天皇向全国广播发表《终战诏书》，表示接受"波茨坦公告"，实行无条件投降。15日，日本帝国正式宣布投降。1945年9月2日，日本新任外相重光葵代表日本天皇和政府、陆军参谋长梅津美治郎代表帝国大本营在美国战列舰密苏里号上正式签署投降书。日本的投降，标志着日本帝国主义历时15年的侵略战争的失败和抗日战争的胜利，同时第二次世界大战至此正式结束，世界人民的反法西斯战争以反法西斯同盟的伟大胜利告终。

日本代表签署无条件投降书

你知道东条英机吗

东条英机（1884—1948年），日本陆军大将、政治家，第40任首相（1941年10月18日—1944年7月22日），第二次世界大战的甲级战犯，日

本罪行最大的战犯。东条英机在其任职期间，大肆推行日本军国主义和法西斯主义，发动了太平洋战争。在他的领导下，日本帝国主义疯狂侵略、践踏东南亚和太平洋10多个国家和地区，发动侵华战争，妄图构建"大东亚共荣圈"。他在关东军中因独断、残暴而有"剃刀将军"之称，因种种凶残的战争行径又被称为"战争狂人"。1945年，日本战败，东条英机成为二战日本法西斯主要战犯之一。1948年11月4日，在远东军事法庭被判处绞刑。

二战结束后，为什么在纽伦堡审判战犯

1945年11月20日—1946年10月1日，在德国纽伦堡举行的国际战争犯罪审判，史称"纽伦堡审判"。纽伦堡在纳粹德国时代，是纳粹党一年一度召开的党代会会址，犹太纽伦堡法案在此产生。根据1943年10月30日由苏、美、英三国签署的《莫斯科宣言》，战后将把战犯押往犯罪地点，由受害国根据国内法审判。因此，第二次世界大战后清算纳粹战犯罪行的审判，便选在了纽伦堡进行。

你知道东京审判吗

1946年1月19日—1948年11月12日，在日本东京远东国际军事法庭对第二次世界大战中日本首要战犯进行国际审判。远东军事法庭由中国、苏联、美国、英国、法国、荷兰、加拿大、澳大利亚、新西兰、印度、菲律宾各1名法官组成，共11名；11国又各派检察官1人。澳大利亚法官W·F·韦布任庭长，美国律师J.基南任检察长。审判结果是东条英机、广田弘毅、土肥原贤二、板垣征四郎、松井石根、武藤章、木村兵太郎七人被处以绞刑，木户幸一

电影《东京审判》剧照

等16人被判处无期徒刑，东乡茂德被判处20年徒刑，重光葵被判处7年徒刑。这次审判争议颇多，并不能代表所有被侵略国家人民的意志。

我们应该如何认识第二次世界大战

第二次世界大战是由德、意、日法西斯国家挑起的世界战争。这场战争席卷了全球，既给人类文明带来了浩劫，也推动了人类社会的变革，是世界现代史的重要转折点。第二次世界大战的起源与第一次世界大战的起源有相同之处，都是帝国主义制度危机的产物，是垄断基础上的竞争，由政治经济发展不平衡而引起。二战是一战后世界政治、经济、军事等各种矛盾因素相互作用的结果，是英法美与德意日帝国主义的争霸斗争。这场战争历时6年，战场遍及4大洲、4大洋，先后有61个国家参战，20亿人口卷入战争，军民伤亡9 000万，经济损失4万亿美元。这场战争对于世界各国的政治、经济、军事和文化都产生了深远的影响。

反法西斯的第二次世界大战胜利的历史意义是什么

第二次世界大战的胜利是反法西斯各国人民共同战斗的结果，是全世界人民的胜利。战争教育了人民，促进了被压迫民族的进一步觉醒，社会主义体系不可避免地越出苏联一国的范围，亚非拉民族民主运动空前高涨。科学技术随着大战中原子弹、V—2导弹、电子计算机等军事科技的发展而形成了新的科技革命。战争的较量改变了国际力量的对比，打破了近300年来以维持欧洲大国均势为中心的传统国际关系格局，开始了以美苏两极为核心的国际关系新格局。

为什么爱丁顿率先证明了广义相对论

爱丁顿，全名亚瑟·斯坦利·爱丁顿亚瑟（1882—1944年），英国天文学家、物理学家和数学家，他是第一个用英语宣讲相对论的科学

家。1919年5月29日，爱丁顿率领一个观测队到西非普林西比岛观测日全食，他认为根据广义相对论，太阳的重力会使光线弯曲，因此太阳附近的星星视位置会变化。爱丁顿的观测证实了爱因斯坦的理论，从而率先证明了广义相对论。但根据现代物理研究，当时爱丁顿的数据并不准确，只是率先宣布了相对论理论的正确性。

爱因斯坦与爱丁顿

为什么人们称卢瑟福为"原子核之父"

卢瑟福，全名欧内斯特·卢瑟福（1871—1937年），20世纪最伟大的实验物理学家，在放射性和原子结构等方面，都作出了重大的贡献。他是最先研究核物理的人，实现了人工核反应。

卢瑟福

他的研究方法，成为人们研究原子核和应用核技术的重要手段。他的发现在很大范围内有着重要的应用，如核电站、放射标志物及运用放射性测定年代等，因而，他被称为"原子核之父"。

为什么欧·亨利式的小说结尾在美国享有盛名

欧·亨利式的小说结尾，是指大师们在文章结尾时，突然让人物的心理情境发生出人意料的变化，或使主人公命运陡然逆转，剧情的结果虽然出乎意料，但又在情理之中。由于这种结尾艺术充分体现在欧·亨利的小说当中，因而被称为

"欧·亨利式结尾"。这样跌宕起伏的结尾常常令读者深省，回味无穷，引起人们思想与情感的共鸣。这样的情节也常常深刻地反映了社会现实，体现了人们的真实情感。因此，这样的小说结尾在美国享有盛名。

欧·亨利

臭氧层是何时被发现的

臭氧层是指大气层的平流层中臭氧浓度相对较高的部分，其主要作用是吸收短波紫外线。德国化学家先贝因博士在150多年前，首次提出在水电解及火花放电中产生的臭味，同在自然界闪电后产生的气味相同，将其命名为臭氧。1921年，人类发现了臭氧层。随着科技的进步，人类还发现了臭氧层的保护作用：臭氧层能够吸收太阳光中的波长306.3nm以下的紫外线，主要是一部分UV—B和全部的UV—C，保护地球上的人类和动植物免遭短波紫外线的伤害。

敲开原子结构大门的人是谁

敲开原子结构大门的人是丹麦物理学家尼尔斯·亨利克·大卫·玻尔（1885—1962年）。他是量子论的解说者，也是哥本哈根学派的创始人。1913年，他发表长篇论文《论原子构造和分子构造》，创立了原子结构理论，为20世纪原子物理学开

尼尔斯·玻尔

辟了道路，敲开了原子结构大门。1921年，玻尔发表《各元素的原子结构及其物理性质和化学性质》，阐述了光谱和原子结构理论的新发展，诠释了元素周期表，对周期表中从氢开始的各种元素的原子结构作了说明，同时对周期表上第72号元素的性质作了预言。1922年，玻尔获诺贝尔物理学奖。

你知道卡夫卡的小说《变形记》吗

卡夫卡短篇小说代表作《变形记》创作于1912年，发表于1915年，是卡氏艺术上的最高成就，被认为是20世纪最伟大的小说作品之一。卡夫卡的创作旺盛期正值德国表现主义文学运动的高潮时期。他的短篇小说《变形记》可以说是表现主义的典型之作。表现主义的创作主张是遵循"表现论"美学原则而与传统现实主义的"模仿论"原则相对立的。它反对"复制世界"，即不把客观事物的表面现象作为真实的依据，而主张凭认真观察和重新思考去发现或洞察被世俗观念掩盖着的，而为一般人所不注意的真实。

卡夫卡

超现实主义流派是如何兴起的

超现实主义流派是在第一次世界大战后，在法国兴起的对资本主义传统文化思想的反叛运动。它的内容不仅限于文学，也涉及绘画、音乐等艺术领域。它提出了创作源泉、创作方法、创作目的等问题，以及关于资本主义社会制度和人们的生存条件等社会问题。超现实主义流派的宗旨是离开现实，返回原始，否认理性的作用，强调人们的下意识或无意识活动。这样的理论迎合了当时的思想需求，由于战争的血腥与残暴，人们对以理性为核心的传统的理想、文化、道德产生怀疑，而超现实主义则为当时社会带来了一场"精神革命"，超现实流派由此兴起。

你知道《尤利西斯》吗

《尤利西斯》是1922年出版的长篇小说，其作者是爱尔兰意识流文学作家詹姆斯·乔伊斯。小说以时间为顺序，以苦闷彷徨的都柏林小市民广告推销员利奥波德·布卢姆为主人公，描写了他于1904年6月16日在都柏林一天的生活。《尤利西斯》大量运用细节描写和意识流手法构建了一个交错凌乱的时空，语言上形成了一种独特的风格。《尤利西斯》是意识流小说的代表作，并被列为"20世纪100部最佳英文小说"之首，每年的6月16日被定为"布卢姆日"。

你知道卓别林吗

卓别林（1889—1977年），全名查尔斯·斯宾塞·卓别林，不列颠帝国勋章佩戴者，"AFI百年百大明星"之一，现代喜剧电影的奠基人。卓别林在23岁时开始了电影生涯，1914年2月7日，他头戴圆顶礼帽，手持竹手杖，足登大头皮靴，走路迈着夸张的鸭子步，扮演流浪汉夏尔洛的形象首次出现在影片《威尼斯儿童赛车记》中。这一形象成为卓别林喜剧片的标志，风靡欧美20余年。

卓别林

谁发现了青霉素

亚历山大·弗莱明（1881—1955年），英国细菌学家，首先发现青霉素。青霉素是抗生素的一种，是指从青霉菌培养液中提制的分子中含青霉烷、能破坏细菌的细胞壁并在细菌细胞的繁殖期起杀菌作用的一类抗生素，是第一种能够治疗人类疾病的抗生素。继弗莱明之后，英国病理学家弗劳雷和德国生物化学家钱恩对青霉素的研究进行了改进，成功地制造出能够治疗人类疾病的抗生素，三人共获诺贝尔医学奖。青霉素的发现，使人类找到了治愈细菌感染的强大药物，结束了传染病不可治愈的时代。

亚历山大·弗莱明

你知道肖洛霍夫的名著《静静的顿河》吗

《静静的顿河》是苏联著名作家肖洛霍夫从1926年开始直至1940年，历时14年完成的一部力作。该书为四卷本，分别于1928年、1929年、1933年和1940年出版。肖洛霍夫的这部著作别开生面地反映了广阔的历史画面，生动真实地表现了哥萨克民族在1912—1922年的动荡生活，受到了国内外的瞩目，被人称作"令人惊奇的佳作"。1941年，该书获得斯大林奖金。1965年，肖洛霍夫因此书获诺贝尔文学奖，成为苏联第三位获此殊荣的作家。

谁写的《钢铁是怎样炼成的》

《钢铁是怎样炼成的》是苏联作家尼古拉·奥斯特洛夫斯基于1933年完成的一部长篇小说。奥斯特洛夫斯基本人是坚强的布尔什维克战士、著名的无产阶级作家。

尼古拉·奥斯特洛夫斯基

小说描绘了主人公保尔·柯察金的成长道路，激励人们只有在革命的艰难困苦中战胜敌人并战胜自己，只有在把自己的追求和祖国、人民的利益联系在一起的时候，才会创造出奇迹，才会成长为钢铁战士。小说表现了无产阶级反对资产阶级压迫的抗争精神。

是谁发现了遗传基因

奥地利人孟德尔发现了遗传基因。孟德尔（1822—1884年）是遗传学的奠基人，被誉为"现代遗传学之父"。遗传基因是指携带有遗传信息的DNA或RNA序列，是控制性状的基本遗传单位。基因通过指导蛋白质的合成来表达自己所携带的遗

孟德尔

传信息，从而控制生物个体的性状表现。孟德尔通过豌豆实验，发现了遗传规律、分离规律及自由组合规律。分离规律和自由组合规律是遗传学中最基本最重要的规律，之后发现的其他遗传学规律都是在他的理论基础之上产生、建立起来的，他为人类遗传学的发展奠定了基础。

美国为什么要设立奥斯卡金像奖

奥斯卡金像奖就是学院奖，于1928年设立，由电影艺术与科学学院颁发的较为权威的电影奖项。1927年，"好莱坞之王"——米高梅公司总经理梅耶草拟了一份关于成立"美国电影艺术与科学学院"的提案，学院的首任主

奥斯卡金像奖

席是米高梅旗下的当红影星道格拉斯·范朋克。然而，学院发现仅凭他们的力量协调错综复杂的好莱坞矛盾实在是无能为力。于是他们把工作的重心侧重到了用颁奖的方式来嘉奖在电影摄制方面有显著成就的人士，后来该奖项被俗称为"奥斯卡奖""学院奖"。

谁是电视的发明人

约翰·洛吉·贝尔德（1888—1946年）是电视的发明人。1923年，美籍苏联人兹沃里金发明静电积贮式摄像管，是近代电视摄像术的先驱。1925年，贝尔德根据"尼普科夫圆盘"进行了新的

约翰·洛吉·贝尔德

研究工作，发明了机械扫描式电视摄像机和接收机。当时画面分辨率仅30行线，扫描器每秒只能5次扫过扫描区，画面本身仅2英寸高，1英寸宽。他在伦敦一家大商店向公众作了表演。1926年，贝尔德向英国报界作了一次播发和接收电视信号的表演。之后的两年中，贝尔德通过电话电缆首次进行机电式电视试播，这是首

次短波电视试验。之后英国广播公司开始长期连续播放电视节目。

德国法兰克福学派是怎样形成和发展的

法兰克福学派的形成和发展与法兰克福研究所有着密切的联系。1923年，德国成立法兰克福社会研究所，希特勒上台后，该研究所先后迁往日内瓦、巴黎，第二次世界大战爆发后迁往纽约。1950年，部分成员返回联邦德国，重建研究所，部分成员留在美国继续从事社会政治理论研究。霍克海默在1930~1958年担任研究所所长，并于1932年创办《社会研究杂志》（1932—1941）。法兰克福学派的形成发展大致可分为三个阶段：20世纪30年代至第二次世界大战前为创立和形成"批判理论"阶段；二战后至60年代末过渡到"否定的辩证法"阶段；1969年以后，研究所逐渐解体，批判理论的主旨仍以不同的形式保持在新一代理论家的著述中，其中最有影响的是德国哲学家、社会学家哈贝马斯。

第一届世界杯足球赛在哪里举行

当时的足协主席雷米特（右二）派发第一届世界杯冠军奖杯

第一届世界杯足球赛于1930年7月13日—7月30日在乌拉圭首都蒙得维的亚举行，主要赛事的举办场地是为本届赛事而修建的世纪球场。由于1930年是乌拉圭独立100周年，同时，该国国家足球队夺得1928年夏季奥运会足球比赛的金牌，国际足联（FIFA）决定将主办权交给乌拉圭。本届赛事共有13支球队参赛，其中7支来自南美洲、4支来自欧洲，2支来自北美洲，它们是阿根廷、巴拉圭、比利时、玻利维亚、罗马尼亚、巴西、乌拉圭、智利、美国、法国、南斯拉夫、墨西哥、秘鲁。本届世界杯足球赛的冠军是乌拉圭国家足球队。世界杯足球赛的举办为世界足球运动带来了一个新纪元。

海明威为什么要站着写作

海明威，全名欧内斯特·米勒尔·海明威（1899—1961年），美国小说家。他的代表作有《老人与海》《太阳照样升起》《永别了，武器》和《丧钟为谁而鸣》等。《老人与海》在1953年获得普利策奖，1954年获得诺贝尔文学奖。海明威的写作风格以简洁著称。海明威写作时，有站着写作的习惯，而且用一只脚站着。他认为，这样的姿势能使他处于一种紧张状态，迫使他尽可能简短地表达思想。他是"新闻体"小说的创始人，其笔锋一向以"文坛硬汉"著称。海明威被誉为"美利坚民族的精神丰碑"，对美国文学及20世纪世界文学的发展有极深远的影响。

海明威

谁开创了射电天文学

射电天文学是通过观测天体的无线电波来研究天文现象的一门学科，由美国著名无线电工程师、天文学家央斯基（1905—1950年）开创。1931年1月，央斯基使用自己安装的方向性很强的天线，在14.6米的波长上接收到一种每隔23时56分04秒出现最大值的无线电干扰信号，经过一年多的测量和分析，1932年央斯基发表文章宣称：这是来自银河系中心方向的射电辐射。于是，人类第一次捕捉到了来自太空的无线电波，射电天文学从此诞生。射电天文学的开创是人类天文学发展史上的又一次飞跃。

谁被尊为"航天之父"

俄国科学家康斯坦丁·爱德华多维奇·齐

奥尔科夫斯基（1857—1935年），是现代航天学和火箭理论的奠基人，被尊称为"航天之父"。他最先论证了利用火箭进行星际交通、制造人造地球卫星和近地轨道站的可能性，指出发展宇航和制造火箭的合理途径，

央斯基

找到了火箭和液体发动机结构的一系列重要工程技术解决方案。他在给《航空评论》杂志的一封信中写道："地球是人类的摇篮，但人类不可能永远被束缚在摇篮里。"这句话成为了流传至今的名言。

你知道"无线电之父"是谁吗

意大利无线电工程师、企业家、发明家伽利尔摩·马可尼(1874—1937年)被称为"无线电之父"，他是实用无线电报通信的创始人。1896年，马可尼在英国的试验成果可用于14.4千米距离的通讯，并取得专利。1897年，他在伦敦成立了"马可尼无线电报公司"。1901年12月，在英国与纽芬兰之间3 540千米实现了横过大西洋的无线电通讯，使无线电达到实用阶段。1911年，意大利在与土耳其的战争中首次使用了他发明的电台。1915年，意大利参加第一次世界大战后，他负责意军全部无线电通讯。后来马可尼又从事短波和超短波的研究。1909年，他曾与布劳恩一起获得诺贝尔物理学奖。

谁研制成第一架直升机

世界第一架直升机

美国飞机设计师西科尔斯基研制成第一架

直升机。1911年，他制造的50马力的S—5型飞机，能停留在空中1小时以上。后来又制造了第一架有着四个发动机的飞机，并于1913年试飞成功。1930年之后，他开始研制直升机。1939年，他制造的VS—300型直升机首次试飞成功。1941年，他创造了1小时32分4秒的国际续航时间纪录。

你知道是谁发明了全电子电视系统吗

美国电子学家、发明家兹沃里金（1889—1982年)发明了"全电子电视系统"，他是现代电视之父。他是美国国家科学院、美国国家工程科学院，美国艺术与科学院院士，美国科学促进会、美国物理学会、美国电子显微镜学会、英国无线电工程学会、英国电视学会，日本电视工程学会会员。兹沃里金是俄国人，1919年移居到美国。1923年，他提出光电摄像管专利申请。次年，他又提出了显像管即电视接收管的专利申请。这两项发明首次形成了"全电子电视系统"。1929年，他的改进装置演示后，给美国无线电公司留下深刻印象。虽然光电摄像管最终被正析摄像管和超正析摄像管所代替，但他的电视装置推动了现代电视的发展。

为什么苏军的多管火箭炮会以歌曲《喀秋莎》命名

因为在苏军的多管火箭炮发明时，正是歌曲《喀秋莎》流行的时候。这首歌描绘的是俄罗斯春回大地时的美丽景色和一个名叫喀秋莎的姑娘对离开故乡去保卫边疆的情人的思念，在苏联的卫国战争时期，这首歌激发了战士们奋勇卫国的爱国主义情怀。喀秋莎火箭炮的型号是BM—13，这是一种多轨道的自行火箭炮。采用滑轨定向器，共有8条发射滑轨，一次齐射可发射直径为132毫米的火箭弹16发，最大射程8.5千米，既可单射，也可部分连射，或者一次齐射，装填一次齐射的弹药约需5～10分钟，一次齐射仅需7～10秒。它是一种大面积消灭敌人密集部队、压制敌火力配系和摧毁敌防御工事的有效武器，

在第二次世界大战中发挥了重要作用。

喷气式飞机是谁发明的

喷气式飞机是由英国发明家弗兰克·惠特尔发明的。1907年6月1日，惠特尔出生于英格兰南部的考文垂。1941年5月，他发明的英国第一架喷气式飞机E—28/39试飞成功。喷气式飞机的产生，给世界航空工业带来了一场新的革命。由于它采用了全新的喷气式发动机，可为飞机提供远远超过活塞式发动机的强大动力，而且它还摒弃了活塞式发动机的劣势——螺旋桨，因而大幅度提高了飞机的性能。

谁被誉为"精神领域的哥伦布"

弗洛伊德被誉为"精神领域的哥伦布"。西格蒙德·弗洛伊德（1856—1939年），犹太人，奥地利精神病医生及精神分析学家，精神分析学派的创始人。他认为被压抑的欲望绝大部分是属于性的，性的扰乱是精神病的根本原因。弗洛伊德提出了与"生殖本能"对应的"死亡本能"学说，认为人除了维护自身生命生长发展的能量（即求生本能，其中核心本能为性欲本能）之外，还有着将自身生物肌体带入到无机状态，即死亡状态下的能量，即死亡本能，死亡本能在战争、仇视、杀害、自残中得以非常明显地表现。他著有《性学三论》《梦的释义》《图腾与禁忌》《日常生活的心理病理学》《精神分析引论》《精神分析引论新编》书。

弗洛伊德

加速器是谁发明的

加速器是一种使带电粒子增加速度（动能）的装置。它可用于原子核实验、放射性医学、放射性化学、放射性同位素的制造、非破坏性探伤等。粒子增加的能量一般都在0.1兆电子伏以上。加速器的种类很多，有回旋加速器、直线加速器、静电加速器、粒子加速器、倍压加速器等。1919年英国科学家卢瑟福用天然放射源中能量为几个MeV、速度为2×10^9厘米/秒的高速α粒子束（即氦核）作为"炮弹"，轰击厚度仅为0.0004厘米的金属箔的"靶"，实现了人类科学史上第一次人工核反应。从此开启了人类对加速器的研究。

谁被称为"原子弹之父"

罗伯特·奥本海默

罗伯特·奥本海默（1904—1967年）是原子弹之父，他是美籍犹太人物理学家，也是美国制造原子弹的"曼哈顿计划"的主要领导者之一。1942年，奥本海默被任命为战时洛斯阿拉莫斯实验室主任，担任制造原子弹的"曼哈顿计划"的技术领导。1945年7月14日，他带领曼哈顿工程的团队成功制造了第一颗原子弹，在短短的三年里完成了杜鲁门所盛赞的"一项历史上前所未有的大规模有组织的科学奇迹"，为人类的反法西斯战争作出了贡献。

你知道戛纳国际电影节是怎么回事吗

戛纳国际电影节，也称"康城"或"坎城"电影节，是世界上最大、最重要的电影节之一。1939年，法国为了对抗当时受意大利法西斯政权控制的威尼斯国际电影节，开始创办戛纳国际电影节。1946年9月20日，第一届戛纳国际电影节在法国南部城市戛纳成功举办，之后每年9月举行。自1951年起，改在每年5月举行。1956年最高奖为"金鸭奖"，1957年起改为"金棕榈奖"，分别授予最佳故事片、纪录片、科教片、美术片等。此外，历年来还先后颁发过爱情心理电影、冒险侦探电影、音乐电影、传记片、娱乐片、处女作、导演、男女演员、编剧、摄影、剪辑等奖项。

谁发明了马克Ⅰ型计算机

美国数学家艾肯（1900—1973年）发明了马克Ⅰ型计算机。他在国际商业机器公司的资助下于1944年8月研制成功世界上第一台通用的自动计算机——自动程控计算机，又称马克—Ⅰ。这台计算机使用了3 000多个继电器，又称继电器计算机。1956年研制成使用电子管的计算机马克—Ⅲ。马克Ⅰ型是第一部被实际制成的全自动电脑，同时与当年的其他电子式电脑相比，它更加可靠。马克Ⅰ型是现代电脑时代的开端，标志着真正的电脑时代的到来。

艾肯

为什么要召开雅尔塔会议

雅尔塔会议三巨头丘吉尔、罗斯福、斯大林

第二次世界大战后期，1945年2月4日至11日，美、英、苏三国首脑罗斯福、丘吉尔、斯大林在苏联克里米亚半岛雅尔塔举行会议，史称"雅尔塔会议"，又称"克里米亚会议"。雅尔塔会议召开的目的是缓和同盟国之间的矛盾，巩固反法西斯统一战线，协调对德、日的作战行动，以便加速反法西斯战争的胜利，以及讨论战后惩处战犯、消除纳粹主义和军国主义势力影响等问题。雅尔塔会议对战后的世界格局产生了深远的影响。

雅尔塔会议上达成了什么协定

雅尔塔会议上通过了《雅尔塔协定》，全称《苏美英三国关于日本的协定》。雅尔塔协定规定了二战结束后的国际方针，4月在旧金山举行了成立联合国的会议。联合国的组织方式基本被确定，联合国安理会的想法得到采纳。美国和英国同意当时属苏联的乌克兰加盟共和国和白俄罗斯加盟共和国为独立的联合国成员。协定规定德国应该被分裂为同盟国家的占领区，法国也应该有自己的占领区，成为同盟国对德国控制委员会的一员。会议的某些协议未经有关国家同意，具有明显的大国强权政治和绥靖政策倾向，严重损害了中国等国的主权、利益和领土完整。三大国在会议上作出的战后世界秩序的安排被称为雅尔塔体系，对战后世界影响巨大。

为什么要建立联合国

联合国是一个由主权国家组成的国际组织，建立联合国的目的是维护世界和平，缓和国际紧张局势，解决地区冲突，协调国际经济关系，促进世界各国经济、科学、文化的合作与交流。雅尔塔会议上决定成立联合国。罗斯福起草了《联合国家宣言》。1942年初，中、苏、美、英等26个国家在《宣言》上签字，这是第一次正式采用"联合国"这个名词。1945年10月24日，《联合国宪章》的生效标志着联合国正式成立。

《联合国宪章》签字仪式

联合国总部为什么设在纽约

1945年4—6月，中、苏、英、美在旧金山召开了联合国宪章制宪会议，各国代表讨论并签订了联合国宪章。10月24日起草的宪章开始生效，联合国正式成立。随后美国国会邀请将联合国总部设在纽约长岛成功湖。1945年12

月中旬，经过投票表决，筹委会宣布联合国总部设在美国，几天后，再次进行投票表决，决定将总部设在美国东海岸。后来，美国财阀约翰·洛克菲勒花850万美元买了现在联合国总部所在的这块矩形的土地，捐赠给联合国。美国政府贷款6 500万美元，在7.3公顷的这块土地上，修建了联合国总部。

联合国大厦

联合国安理会大国否决权是怎么回事

联合国安全理事会，简称"安理会"，由中国、法国、俄罗斯、英国、美国等5个常任理事国和10个非常任理事国组成。"联合国安理会大国否决权"就是5个常任理事国中任何一个对某一决议投出否决票，该议案就不能被通过。而通过一个议案的条件是15个安理会成员国中，没有常任理事国否决，且赞成票达到半数以上。《联合国宪章》规定，安理会的行动以"5个常任理事国一致"的原则（即所谓"大国一致原则"）为基础，5个常任理事国在实质问题上都拥有否决权。

你知道为什么每年的6月1日是国际儿童节吗

国际儿童节是为了保障世界各国儿童的生存权、保健权、受教育权、抚养权，改善儿童的生活，反对虐杀儿童和毒害儿童而设立的节日。1942年6月，纳粹德国枪杀了捷克利迪策村140多个16岁以上的男性公民和全部婴儿，把妇女和90名儿童押往集中营。第二次世界大战结束后，儿童的处境更加严峻，生活和生命安全得不到基本保障。为了悼念利迪策村和全世界所有在法西斯侵略战争中死难的儿童，1949年11月，国际民主妇女联合会在莫斯科举行理事会议，会议决定以利迪策村惨遭屠杀时的6月的第一天为国际儿童节。

为什么鸽子和橄榄枝被看作是和平的象征

根据《圣经》记载，在远古时代，上帝发现人间道德风气败坏，十分震怒，决定发一次大水把他们全部毁掉，但经过考察后，发现诺亚夫妇是一对善良的人，因此不想杀掉他们。于是，上帝派出使者，通知诺亚夫妇准备好一艘方的大木船，并在各种飞禽走兽中挑选一对，带到船上以躲避灾难。后来，吞灭一切的洪水逐渐平息，诺亚为了查看洪水是否已经退尽，便放出一只鸽子飞出船外打探，之后鸽子衔着一根绿色的橄榄枝飞回方舟，说明洪水已退，崭新的和平的日子即将到来。因此，鸽子和橄榄枝被看作是和平的象征。

衔着橄榄枝的和平鸽

为什么要建立联合国维持和平部队

联合国维持和平部队是根据有关联合国决议建立的一支跨国界的特种部队，成立于1956年苏伊士危机之际。它是联合国维和行动的一种形式，另外两种维和行动形式是军事观察团和多国部队。建立联合国维持和平部队是为了阻止局部冲突扩大化，或防止冲突再起，并帮助在战争中受害的平民百姓。维和部队为最终政治解决冲突创造条件后就离开。它受联合国大会或安全理事会的委派，活跃于国际上有冲突的地区。联合国维持和平部队有两个明显的特征，一是非强制性，二是鲜明的中立性。它不同于一支真正的军人，它没有战场，没有敌人，是一支政治外交部人。联合国维持和平部队在执行任务时，除进行自卫外，不得擅自使用武力，必须严守中立，不得卷入冲突任何一方，更不能干涉所在国内政。

为什么圆桌会议表示与会者一律平等

圆桌会议指与会者围圆桌而坐举行的会议，圆桌并没有主席位置，亦没有随从位置，人人平等。圆桌会议是指一种平等、对话的协商会议形式。在举行国际或国内政治谈判时，为避免席次争执、表示参加各方地位平等起见，参加各方围圆桌而坐，或用方桌但仍摆成圆形。在国际会议的实践中，主席和各国代表的席位不分上下尊卑，可避免其他排座方式出现一些代表席位居前、居中，另一些代表居后、居侧的矛盾，更好体现各国平等原则和协商精神。

国与国之间建交的三个级别是什么

主权国家在建交的国家设立的外交代表机构有大使馆、公使馆、代办处和领事馆。前三者分别代表了三个国与国之间建交的级别。大使馆是大使级外交关系的标志；公使馆是公使级外交关系的象征；代办处代表代办外交关系。19世纪，只有大国之间才能建立大使级外交关系。后来，逐渐发展成为建立的外交关系大都是大使级外交关系，由大使馆来处理两国间的一切事宜。领事馆是一国驻在他国某城市的领事代表机关的总称，负责管理当地本国侨民和其他领事事务。领事馆又分为总领事馆、领事馆、副领事馆和代理处等几种。

美国中央情报局是怎么回事

美国中央情报局（CIA）成立于1947年，是美国政府的情报、间谍和反间谍机构。中央情报局的主要职责是收集和分析全球政治、经济、文化、军事和科技等方面的情报，协调美国国内情报机构的活动，并把情报上报美国政府各部门，也负责维持在美国境外的军事设备，在冷战期间用于推翻外国政府。它的根本目的是透过情报工作维护美国的国家利益和国家安全。中央情报局不同于其他美国政府机构，它无需公开其预算、雇员人数或工作情况。

什么叫马歇尔计划

马歇尔计划宣传画

马歇尔计划，又称欧洲复兴计划，是二战后美国对被战争破坏的西欧各国进行经济援助、协助它们重建的计划，该计划因时任美国国务卿的乔治·马歇尔而得名。1947年7月，马歇尔计划正式启动，持续了4个财政年度之久。在这段时期内，西欧各国通过参加经济合作发展组织总共接受了美国包括金融、技术、设备等各种形式的援助，合计131.5亿美元。马歇尔计划的实施使西欧从战后初期的财政拮据及由物资紧缺而引发的限量配给的局面中摆脱出来，减少了人们对政府的不满，稳定了政治局势。同时，它也有力地促进了欧洲的一体化进程，在欧洲一体化的进程中扮演了重要的角色。

战后日本为何仍然保留天皇制

1945年8月日本战败后，美国占领军进驻日本。经过利益的权衡，美国保留了日本的天皇制。首先，他们担心一旦废除天皇制，将会引起日本人对美国和占领军的仇恨，从而给实施体现美国意图的占领政策带来困难。其次，美国担心废除天皇制的做法将在客观上鼓励日本进步势力的发展，这对于把共产主义斥为"黄祸"的美国来说，更难以与苏联相抗衡。最后，美国当局希望以保留天皇制为条件，逼迫日本接受"放弃战争和军备"的宪法条款。但是，反法西斯盟国不能同意完全保留日本天皇制，因此，天皇作为无任何实权的"象征"保留了下来。

战后日本的"经济奇迹"是怎样出现的

第二次世界大战后，日本的经济增长速度在主要资本主义国家中是最高的，创下了连续20年10.3%的增长率。1950—1980年，日本在资本主义世界的地位从第7位跃升到第2位，西方学者将战后日本的经济发展看作是"经济奇迹"。分析其原因有以下几点：第一，日本得到美国扶植；第二，日本自身不断进行技术革新，为经济发展带来了直接动力；第三，日本热衷于教育事业的发展，培养前赴后继的人才，为日本经济的持续增长创造了客观条件；第四，日本政府在宏观上进行的经济调节发挥了推动日本经济发展的主导作用；最后，日本民族是一个非常勤奋的民族，有着锲而不舍的艰苦奋斗精神。因此，在努力奋斗的经验上，我们应该学习日本的勤劳刻苦精神。

三环外交是哪国的对外政策

三环外交是在第二次世界大战后初期，由英国前首相温斯顿·丘吉尔提出的英国外交战略。其主旨是通过英国在与美国、英联邦和联合起来的欧洲这三个环节中的特殊联系，充当三者的联结点和纽带，以维护英国的传统利益和大国地位。英国试图以英美特殊关系为基础，希望法、德和解，恢复欧洲均势，并利用原有的殖民地体系，挽救和恢复在二战中被削弱的英国的国际地位。但是，英国的综合国力毕竟不比美国，它在英美特殊关系中只是一个被动的配角地位。

克里姆林宫医生案是怎么回事

1953年1月13日，苏联逮捕了一批反革命医生，破获了由国际犹太民族主义者组织的"犹太联合救济会"直接控制的"医生间谍恐怖集团"。"医生间谍恐怖集团"的成员是克里姆林宫的医生，他们利用医生职务之便，假借治疗的机会谋害苏联领导人，苏联的反犹太人活动因此高涨。但是事实上，这些都是国家安全机关捏造出来的事情，1953年4月4日，苏联内务部发表通告，宣布国家安全机关对所谓"医生间谍恐怖集团"的控告是毫无根据的。

克里姆林宫

你知道第一颗氢弹是何时问世的吗

1949年底，美国科学家爱德华·泰勒以极大的热情完成了氢弹的全部理论研究。1950年1月，美国总统杜鲁门下达了研制氢弹的命令。1950年2月24日，美国国防部和参谋长联席会议通过了"立即全力发展氢弹的生产与运输工具"的决定。1952年11月1日，美国在太平洋基地——马绍尔岛比基尼环礁成功地爆炸了世界上第一颗氢弹，这枚氢弹为1 040万吨，相当于投向日本广岛那颗原子弹威力的800倍。在几百米高钢架上起爆之后，整个小岛连同钢架都在巨大的爆炸场中沉入太平洋深处。氢弹爆炸时，氢元素的温度升到9 000万摄氏度，足可开始聚变反应，从而放出大量的核能，产生的热能是原子弹的数百倍，原子弹在其中起着引爆作用。

欧洲联盟的宗旨是什么

欧洲联盟成员国

欧洲联盟，简称欧盟（EU），总部设在比利时首都布鲁塞尔，是由欧洲共同体发展而来的，主要经历了三个阶段：荷卢比三国经济联盟、欧洲共同体、欧盟。欧盟是一个集政治实体和经济实体于一身，对世界局势有着重要影响的区域一体化组织。1991年12月，欧洲共同体马斯特里赫特首脑会议通过《欧洲联盟条约》，通称《马斯特里赫特条约》。1993年11月1日，《马约》生效，欧盟正式诞生。它的宗旨是"通过建立无内部边界的空间，加强经济、社会的协调发展和建立最终实行统一货币的经济货币联盟，促进成员国经济和社会的均衡发展"，"通过实行共同外交和安全政策，在国际舞台上弘扬联盟的个性"。

你知道西班牙的大独裁者佛朗哥吗

弗朗西斯科·佛朗哥（1892—1975年），西班牙政治家、军事家、独裁者，西班牙大元帅，西班牙长枪党党魁。1939年3月21日，佛朗哥建立西班牙独裁统治，他自任国家元首，确立法西斯政党长枪党为唯一合法政党，取消共和时期的代议制度，颁布"关于一切权力归国家元首"的法令。第二次世界大战期间，佛朗哥率领西班牙见风使舵，周旋于同盟国和轴心国之间，二战结束后，联合国对佛朗哥政权不予承认。佛朗哥政权虽然独断专行，推行暴力政治活动，但是对西班牙国内的文化统一，促进各民族之间交流和国内的经济发展作出了巨大贡献。此外，在二战期间，西班牙救济了近20万犹太人。1975年，西班牙佛朗哥的独裁统治随着佛朗哥的逝世而告终。

共产党和工人党情报局是怎样成立的

1947年9月22—27日，苏联、南斯拉夫、波兰、罗马尼亚、保加利亚、匈牙利、捷克斯洛伐克、法国、意大利等9个国家的共产党和工人党代表在波兰举行情报局成立会议。会议还通过了《关于出席会议的各国党之间交换经验和协同行动的决议》，主要内容为：设立情报局，由南、保、罗、匈、波、苏、法、捷、意等九国共产党（工人党）各派两名代表组成；情报局的任务是交流经验，必要时在协商的基础上协调各个党的活动；情报局将创办一份机关报；情报局设在南斯拉夫贝尔格莱德。共产党和工人党情报局由此成立。

你知道铁托元帅吗

铁托，全名约瑟普·布罗兹·铁托（1892 —1980年），原名约瑟普·布罗兹。他是南斯拉夫人民游击司令部总司令，南斯拉夫人民委员会（即临时政府）主席和国防人民委员。1941年

铁托

4月6日，德意法西斯侵略者占领南斯拉夫。6月27日，南共中央成立南斯拉夫人民游击司令部，铁托任总司令，发动了全国性的七月起义，并在塞尔维亚西部山区以乌日策为中心建立了第一个解放区。1943年11月，铁托被授予元帅称号。他不顾大国的反对，宣布反法西斯人民解放委员会为南斯拉夫临时政府。1945年11月29日，南斯拉夫联邦人民共和国宣告成立，铁托任联邦政府主席、最高统帅。

SHIJIE LISHI

"新东方政策"是怎么回事

1969年维利·勃兰特出任联邦德国总理，放弃哈尔斯坦主义的外交政策，开始在联邦德国推行新东方政策。其主要内容是：一、承认战后欧洲各国的现有边界，改善与苏联和东欧各国的关系；二、承认德意志民主共和国是一个独立的主权国家，表示愿意实现两国关系的正常化，并表示愿意以和平方式谋求国家统一。联邦德国通过实行"新东方政策"改善了与苏联的关系，也改善了民主德国和联邦德国的关系，1972年两个德国签署《关于两国关系基础的条约》，实现了国家间的关系正常化，1973年两国同时加入联合国；此外，这条政策还帮助西德改善了与东欧其他国家的关系，1973年12月分别与波兰、捷克斯洛伐克、匈牙利、保加利亚等国家建立外交关系。"新东方政策"对70年代东西方关系的缓和起了重要的作用，是联邦德国在国际政治舞台上重新发挥作用的开端。

朝鲜半岛分裂的局面是如何形成的

1904年，日俄战争爆发，日本获胜，于1905年强迫朝鲜签订《乙巳保护条约》，把朝鲜降为其保护国。1910年，日本进一步把《日韩合并条约》强加于朝鲜，将其吞并为殖民地。1945年，第二次世界大战结束，日本投降。朝鲜半岛以北纬38度线为界，分裂为南、北两个国家，分别由苏联和美国军队接收。在美、苏的各自支持下于1948年8月成立大韩民国，1948年9月成立朝鲜民主主义人民共和国。

"三八线"是怎样形成的

1950年6月25日，朝鲜战争爆发。美国介入战争支持大韩民国，朝鲜人民军节节败退，军事形势开始严重威胁中国东北的边疆安宁，刚刚成立不久的新中国被迫介入，10月19日，中国人民志愿军开始了抗美援朝的历程。1953年7月27日，双方签订停战协定，以

"三八线"

临时分界线（"三八线"，长248千米，宽约4千米）为界，北部为朝鲜民主主义人民共和国，南部为大韩民国，"三八线"由此形成。

古巴革命胜利纪念日是哪一天

1959年1月1日，古巴人民在菲德尔·卡斯特罗领导下，推翻巴蒂斯塔亲美独裁统治，取得民族民主革命胜利。因此，古巴革命胜利纪念日是1月1日。1953年，菲德尔·卡斯特罗掀起反独裁统治的武装斗争，号召人民起来推翻巴蒂斯塔政权。1955年，卡斯特罗在墨西哥建立"七·二六运动"组织。次年12月2日，率军在奥连特省科罗拉多斯海滩登陆，同政府军激战，失败后转入马埃斯特腊山区开展游击战争，多次给政府军以重创，且得到许多农民、工人和学生的支持。1958年3月17日，42个群众团体的数千名代表发表联合宣言，要求巴蒂斯塔下台。到7月，起义军由防御转为进攻，由以农村为据点的游击战转入以包围城市为重点的歼灭战。"七·二六运动"组织、"三·一三革命指导委员会"、公民抵抗运动、工人联合战线、大学生联合会等组织在委内瑞拉的加拉加斯举行会议，建立革命民主公民阵线。11月，起义军包围哈瓦那和圣地亚哥。推翻巴蒂斯塔政权后，1959年1月2日，革命临时政府正式成立。

卡斯特罗（中）发表演说

"冷战"是怎么回事

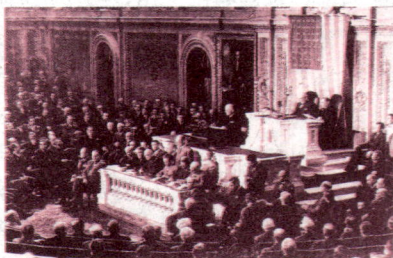
杜鲁门发表"冷战"演说

第二次世界大战结束后，形成了东、西两大集团。这两大集团由于政治信仰不同，而处在相互敌视状态。"冷战"是指1947—1991年间，以美国为首的西方资本主义阵营和以苏联为首的社会主义阵营，在多个方面都处于对抗状态，表现为经济封锁、政治供给、颠覆破坏、军备竞赛等。该词起源于1947年4月16日伯纳德·巴鲁克在南卡罗来纳州哥伦比亚的一次演说，之所以叫"冷战"，是因为并未有真枪实弹的战争发生。1991年，苏联解体，冷战结束，世界格局由美苏两极格局向多极化发展。

你知道"北约"吗

《北大西洋公约》签字仪式

北大西洋公约组织，简称北约组织或北约，是美国与西欧、北美主要发达国家为实现防卫协作而建立的一个国际军事集团组织。1949年4月4日，美国、加拿大、比利时、法国、卢森堡、荷兰、英国、丹麦、挪威、冰岛、葡萄牙和意大利在华盛顿签署了北大西洋公约，决定成立北大西洋公约组织，同年8月24日各国完成批准手续，该组织正式成立。北约拥有大量核武器和常规部队，是西方的重要军事力量。这是资本主义阵营在军事上实现战略同盟的标志，是马歇尔计划的发展，使美国得以控制欧洲的防务体系，是美国称霸世界的标志。

什么是"麦卡锡主义"

麦卡锡主义是1950—1954年间在美国盛行的反共、排外运动，涉及美国政治、教育和文化等领域的各个层面，其影响至今仍然可见。麦卡锡（1908—1957年）是反共、反民主的典型代表，他恶意诽谤、肆意迫害共产党和民主进步人士甚至有不同意见的人。从1950年初麦卡锡主义开始泛滥，到1954年底彻底破产的五年里，它的影响波及美国政治、外交和社会生活的方方面面。麦卡锡主义作为一个专有名词，也成为政治迫害的同义词。1954年12月2日，美国国会参议院通过决议，对麦卡锡进行谴责。

危地马拉政府为何被美国推翻

危地马拉是中美洲的一个国家，位于北美洲大陆的南部。1951年，阿本斯·古斯曼出任危地马拉总统。1952年，新政府制定了《土地改革纲领》，人民开始享有较多的民主和自由。之后，阿本斯政府没收了大量外资尤其是美国控制下的原材料出口资本企业，让危地马拉脱离落后的殖民经济产业，初步开始工业化进程。同时，阿本斯·古斯曼坚持维护国家主权与民族利益的立场，多次揭露美国干涉危地马拉内政的阴谋。危地马拉和美国的矛盾因此激化，美国当局不愿美洲存在社会主义势力，于是，1954年6月，美国雇佣军自洪都拉斯入侵，危地马拉军队在美国中情局暗中策动下发动政变，危地马拉政府被美国推翻。

麦克阿瑟为什么被解职

道格拉斯·麦克阿瑟

道格拉斯·麦克阿瑟（1880—1964年），美国著名军事家，五星上将军衔。第二次世界大战时期历任美国远东军司令，西南太平洋战区盟军司令，战后，又先后出任驻日盟军最高司令和"联合国军"总司令等职。1951年4月11日，麦克阿瑟主张对中国在东北的军事目标进行打击，必要时动用核武器；杜鲁门恐此举会导致苏联参战而不同意，主张以和平的方式解决战争。但是麦克阿瑟公开指责白宫政策，杜鲁门以"未能全力支持美国和联合国的政策"为由解除其一切职务。

你知道"华沙之跪"是怎么回事吗

第二次世界大战中，德国在纳粹党的带领下屠杀、残害了大批犹太人。战争结束后，纳粹党人下台，然而其对犹太人犯下的历史罪责却深深地烙在德国人心中。维利·勃兰特在1969年出任西德总理后，积极解决历史遗留问题。1970年12月，勃兰特满怀沉思的在华沙犹太隔离区起义纪念碑前敬献花圈，并下跪默哀。这一举动让整个世界震惊，被后人誉为"华沙之跪"。"华沙之跪"使西德重新赢得世界的尊重，被视为战后德国与东欧诸国改善关系的重要里程碑。

美国第一起原子弹间谍案的主犯是谁

当时，美国认为，第一起原子弹间谍案主犯是罗森堡夫妇。罗森堡夫妇是指朱利叶斯·罗森堡（1918—1953年）和艾瑟尔·格林格拉斯·罗森堡（1915—1953年）夫妇，他们是冷战期间美国的共产主义人士。当时，美国盛行麦卡锡主义，他们被指控犯有窃取美国原子弹秘密并把它交给苏联的罪行。1951年3月30日，夫妇二人被判有罪。但是夫妇二人坚持说自己是清白的，即便在执行死刑时，夫妇二人面对电椅时仍然否认一切指控。该案重要证人是罗森堡妻子的弟弟作证承认参与了这起阴谋活动。

蒙哥马利黑人为什么抵制坐公共汽车

1955年12月1日，美国亚拉巴马州蒙哥马利市的一名叫罗莎·帕克斯的黑人女工在公共汽车上拒绝给白人让座。12月5日，她因此被捕，罪名是行为失检，并被要求罚款十元。由此，引发了蒙哥马利黑人抵制坐公共汽车运动，领导该运动的是马丁·路德·金。黑人们

与公共汽车公司僵持了一年多，公共汽车公司曾一度威胁马丁·路德·金，但是，他并不为之屈服。在运动进入到第十二个月时，公共汽车上的种族歧视行为终于得到法令制止，同时在其他公共场合的种族歧视行为也被取缔。黑人的合法权益得到了维护。

为什么把美国称作"山姆大叔"

现在的美国往往被人称为"山姆大叔"。朴实的绰号背后却隐藏了一段有趣的历史。在洛伊城，有一位名叫塞缪尔·威尔逊的肉类包装商。他诚实能干，善于经营，被当地人们亲切地叫做"山姆

山姆大叔

大叔"。美国的英文缩写为U.S.，而"山姆大叔"的缩写恰巧也是U.S.，因此，人们把军需食品通称为"山姆大叔"送来的食物。在这之后，美国又出现了以山姆大叔为形象的漫画。他诚实可靠、吃苦耐劳的形象也与美利坚民族的气质相符。因此在1961年，美国国会正式承认"山姆大叔"为美国的民族象征。

什么是"厨房辩论"

二战结束后，世界政治局势逐渐呈现出美苏两极争霸态势。在意识形态上的不同导致两国之间摩擦不断。1959年7月24日，在莫斯科举行的美国国家博览会开幕式上，美国副总统理查德·尼克松与前苏联部长会议主席尼基塔·赫鲁晓夫之间就东西方意识形态和核战争的问题，展开激烈辩论。由于当时辩论的地方在厨房餐具前，故这次辩论被称为"厨房辩论"。"厨房辩论"是美苏两国在意识形态问题上的差异体现。借助这次辩论，尼克松在国内政坛威信大增。

"三和路线"是谁提出的外交路线

赫鲁晓夫上台后，开始着手改变斯大林的各

项举措。面对当时世界发展态势，赫鲁晓夫认为国际形势依然以和平为主，因此制定相应外交政策。1956年2月在苏共二十大上，赫鲁晓夫全面系统地阐述了新外交政策的核心"三和路线"。他认为：苏联应与西方国家和平共处，利用各国工人阶级借助议会道路，和平取得政权；在亚非拉地区，苏联则加紧渗透扩张，以把非洲国家纳入自己的战略轨道。"三和路线"是赫鲁晓夫面对当时国际环境作出的正确判断，但是带有较强的侵略意味。

你知道世界上第一个宇航员的名字吗

世界上第一个宇航员叫加加林，全名尤里·阿列克谢耶维奇·加加林（1934—1968年），他是苏联太空人，苏联飞行员和宇航员，也是第一个进入太空的地球人。1960年，加加

苏联宇航员加加林

林被选为航天员，加入苏联共产党。1961年4月12日，莫斯科时间上午9时零7分，加加林乘坐东方1号宇宙飞船从拜克努尔发射场起航，在最大高度为301千米的轨道上绕地球一周，历时1小时48分钟，于上午10时55分安全返回，降落在萨拉托夫州斯梅洛夫卡村地区，完成了世界上首次载人宇宙飞行，实现了人类进入太空的愿望。1968年3月27日，他因飞机失事遇难。

你知道"古巴导弹危机"吗

美苏两国在争霸局面上，互有领先。但进入20世纪60年代后，苏联逐渐处于下风。古巴导弹危机便是典型的代表。事件爆发的直接原因是苏联在古巴部署导弹，引发美国极大不满。美国政府开始布置军事力量，世界大战一触即发。面对这种境况，1962年赫鲁晓夫愿意同肯尼迪交换意见，同意撤走导弹，共同缓和国际紧张局势。肯尼迪政府也放弃强硬态度，与苏联协商。古巴导弹危机几乎把人类推向了

核战争的边缘。

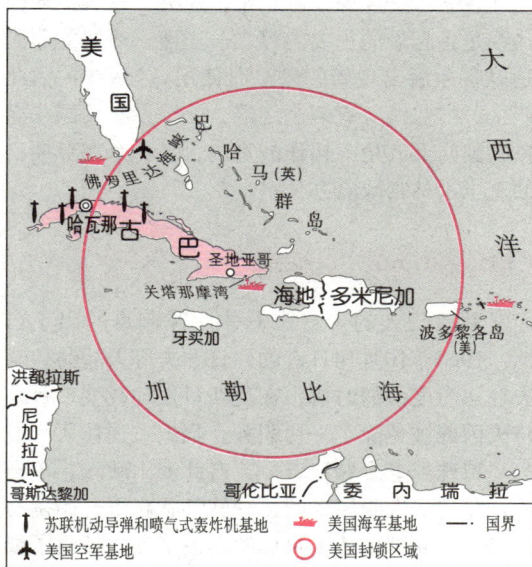

古巴导弹危机（1962年）

禁止核试验条约的主要内容是什么

1994年1月，日内瓦裁军谈判会议正式开始谈判《全面禁止核试验条约》，1996年8月22日，谈判结束。9月10日，第五十届联合国大会续会正式认可《全面禁止核试验条约》文本。这是一项由全面禁止核试验条约组织领导的，旨在促进全面防止核武器扩散与促进核裁军进程，从而增进国际和平与安全的条约。该条约主要内容是：缔约国承诺不进行、导致、鼓励或以任何方式参与进行任何核武器试验爆炸或任何其他核爆炸，并承诺在其管辖或控制下的任何地方禁止和防止任何此种核爆炸。为确保《条约》得到遵守，建立以国际监测系统、磋商与澄清、现场视察及建立信任措施为主体的国际核查机制。

美苏之间为什么要建立"热线"

1963年6月20日，美国和苏联决定在两国之间设立热线电话，这是为冷战时期两国首脑在紧急时刻通信而设。但是，这一系统在经过测试后

从未投入使用。古巴导弹危机之后，美、苏在日内瓦签署了一项谅解备忘录，建立一条直接通信热线是备忘录的主要内容之一。建立热线的原因是以备今后出现新的危机时使用，"热线"因此产生。"热线"有两个终端，一个设在美国华盛顿的国防部五角大楼作战室内，另一个在莫斯科的克里姆林宫政府办公室。

赫鲁晓夫为何"自愿退休"

赫鲁晓夫的"自愿退休"并非真的出于自愿。1964年10月14日，勃列日涅夫等人趁赫鲁晓夫在黑海度假的时机，在莫斯科发动政变，赫鲁晓夫因此被免除了一切职务，强迫"退休"，成为"特殊养老金领取者"，自此淡出政坛。下台后，赫鲁晓夫隐居乡间，在软禁状态下开始撰写回忆录，详细记述了自己的政治生涯，披露了很多重大事件的内情。他的家人在苏联克格勃没收书稿与录音带的情况下，秘密将书稿复印件运送到西方，由利特尔·布劳恩公司出版。

甘地为什么被印度人民尊称为"国父"

甘地全名莫罕达斯·卡拉姆昌德·甘地出生于1869年，他是印度民族解放运动的领导人在印度民族中享有极高盛名。甘地曾在英国留学，受到资产阶级思想启蒙，开始考虑起印度的未来。第一次世界大战爆发，甘地回到印度，组织"坚持真理运动"，成为印度国民大会党领袖。在同殖民者交涉过程中，他坚持"非暴力不合作"的原则，希望通过和平手段来赢得印度民族的独立。他为印度独立作出巨大贡献，被印度人民尊称为"国父"。

20世纪的印度有一个家族产生了三位总理，你知道是哪个家族吗

这个家族是印度的尼赫鲁家族。尼赫鲁（1889—1964年）本人是印度独立后的首任总理。尼赫鲁的独生女儿英迪拉·甘地（1917—1984年）在1966—1977年和1980—1984年两度担任印度总理。英迪拉·甘地的儿子拉吉夫·甘地（1944—1991年）在1984—1989年担任总理。

什么是"蒙巴顿方案"

第二次世界大战结束后，面对风起云涌的殖民地民族解放运动，英国政府虽毫不情愿，但也不得不结束其殖民策略。蒙巴顿方案就是在这种矛盾心理下产生的。1947年6月，英国驻印度总督L.蒙巴顿提出印度问题解决方案，又称"印巴分治"方案。其主要内容为：印度分为印度联邦和巴基斯坦两个自治领；巴基斯坦地区由东巴基斯坦和西巴基斯坦构成；王公土邦仍然享有独立地位。这个方案为印度国大党和穆斯林联盟所接受。然而，该方案激化穆斯林民族和印度民族之间的矛盾，为日后印度民族冲突埋下隐患。

印巴为何分治

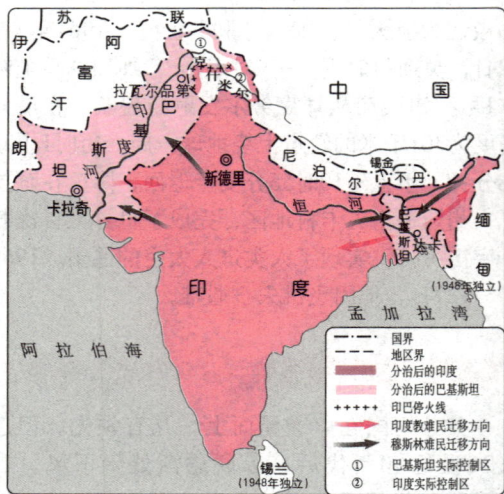

印巴分治

各民族之间在相互交流之时，往往伴有冲突和矛盾。在印度地区，这种民族冲突则愈演愈烈。1930年，穆罕默德·伊克巴尔为彻底解决南亚次大陆的宗教冲突问题，提出"巴基斯坦"主张，即穆斯林建立自己的国家。1942年，英国教

授科帕兰在《印度问题》一书中也提出对印度实行"分而治之"的策略，主张把印度分为印度教区、伊斯兰教区和土邦。1947年6月，英国印度总督L.蒙巴顿提出《蒙巴顿方案》，印巴分治局面由此形成。印巴分治是民族矛盾和英殖民统治双重作用下的产物。

以色列国是何时成立的

以色列于1948年5月14日宣布成立。第二次世界大战后，犹太复国主义者不断寻求建立独立国家的途径。1944年11月26日，联合国大会召开第二届会议，通过了《关于巴勒斯坦将来分治问题的决议》，决定两个月后成立阿拉伯国和犹太国，耶路撒冷及其郊区实行国际化。1948年5月14日，以色列宣告成立，十几分钟后，美国宣布承认以色列国。

第一次中东战争的结局是什么

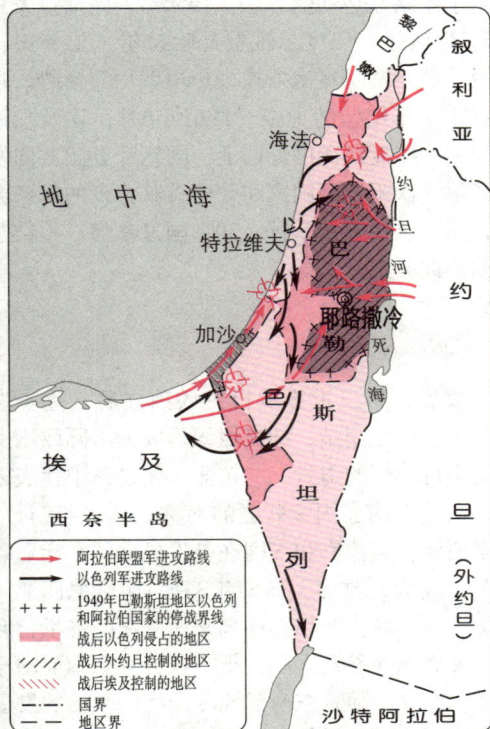

第一次中东战争

中东地区的宗教和民族问题错综复杂，是战争和冲突的导火索。1948年5月，以色列和阿拉伯国家为争夺巴勒斯坦，爆发大规模的战争，史称"第一次中东战争"。在美国支持下，以色列军队在战争中占据有利局面。1949年，以色列控制卡梅尔山脉到埃斯雷德郎和加利利山谷的公路，解除了阿拉伯人对自己的军事威胁。3月23日，以色列和黎巴嫩签订停战协定，协定规定以原来巴勒斯坦和黎巴嫩之间的边界线为分界线，双方建立非军事区。第一次中东战争以阿拉伯国家失败而告终。

"中东"是什么概念

"中东"在历史上一直是一个比较模糊的概念。现在"中东"或"中东地区"是指地中海东部与南部区域，一般说来包括巴林、埃及、沙特、叙利亚等国家。从广义上来讲，中东还包括非洲的一小部分，比如毛里塔尼亚、索马里、吉布提、科摩罗。这里的气候多为沙漠气候，较为干旱。但是，该地区能源储藏丰富，包含大量的石油，是世界的重要油库。中东地区民族众多，宗教信仰各异，因此，国家之间冲突不断。

伊朗首相摩萨台的改革为何结束

穆罕默德·摩萨台（1882—1967年），在1951年至1953年出任民选的伊朗首相。他在任期间，实施渐进式的社会改革，包括推行失业补偿金制度、立例规定雇主向患病或受伤的员工提供福利，以及解放佃农，令他们不再受地主强制劳役。摩萨台的改革想把伊朗石油业国有化，直接触动了英国在伊朗的石油利益，令英国政府相当不满。在英国军情六处要求下，1953年8月19日，美国中央情报局策动了一场政变推翻摩萨台政权，并在军情六处授意下由伊朗将领法兹卢拉·扎赫迪接任首相。摩萨台的改革因此告终。

阿富汗达乌德政权是如何被推翻的

1973年，穆罕默德·伊德里斯·达乌德发动军事政变，推翻了查希尔王朝。达乌德自此锐意改革。但是，在1978年遇到巨大的困难。经济发展因资金短缺、人力物力不足而停滞不前，土地改革受到封建地主的顽强反抗，以至无法进行，人民生活空前困苦。1978年4月17日，人民民主党的著名政治家、工会领导人米尔·阿克巴尔·卡比尔被暗杀，激化了社会矛盾。4月19日，人民民主党在喀布尔组织了15 000人的游行示威。4月27日晨，人民民主党发动政变，阿卜杜勒·卡迪尔空军上校和阿斯拉姆·瓦坦贾尔陆军少校率领军队进攻总统府，达乌德政权因此被推翻。

"法塔赫"是什么组织

法塔赫组织于1959年10月在科威特正式成立，它是巴勒斯坦民族解放运动的简称，是巴勒斯坦解放组织所属的最大的一支武装力量，"法塔赫（FATAH）"，由阿拉伯文"运动""解放"和"巴勒斯坦"三个词的

中东战争期间的巴勒斯坦解放组织领导人阿拉法特

词首字母颠倒次序组成。作为巴勒斯坦解放组织主流派别，法塔赫得到阿拉伯国家的广泛承认和支持，在2006年前一直处于执政党地位。法塔赫最初决定通过武装斗争打倒犹太复国主义，解放全部巴勒斯坦领土，建立以耶路撒冷为首都的民主国家，在公正、平等基础上保证巴勒斯坦全体公民的合法权利，以后逐步强调要以外交和政治斗争方式在约旦河西岸和加沙地带建立一个国家。

奠边府战役是越南抗法战争的转折点吗

奠边府战役是越南人民抗法战争的转折点。1953年5月，驻印度支那法军制定了以奠边府为

基地，准备在18个月内歼灭越军主力，夺回战场主动权的计划。越南和法军展开了对集团据点群的阵地攻坚战，战役规模大，持续时间长；作战地区地广人稀，交通条件很差，运输补给困难。12月，越军解放莱州后，先后集结4个步兵师（欠1团）、1个炮兵师及其他兵种部队共4万余人，从南、北合围奠边府，然后向奠边府法军发起攻击。最后，越军粉碎了法军的作战计划，加快了战争进程，这对于签订恢复印度支那和平的《日内瓦协议》有着重要意义。

二战后为什么会出现不结盟运动

不结盟运动是成立于"冷战"时期的一个松散的国际组织。第二次世界大战后，一些民族独立国家为摆脱大国控制，避免卷入大国争斗，维护国家主权的独立和完整，促进民族经济发展，采取了和平、中立和不结盟的对外政策。1955年，万隆会议召开，通过了团结反帝的纲领，产生了不结盟运动的思想。1956年，南斯拉夫总统J.B.铁托、印度总理贾瓦哈拉尔·尼赫鲁、埃及总统纳赛尔在南斯拉夫布里俄尼岛会晤，正式提出了不结盟的主张。1961年6月，埃及、南斯拉夫、印度、印度尼西亚、阿富汗五国共同发起了第一次不结盟国家和政府首脑会议的筹备会议，该会议在开罗举行，20个国家参加，不结盟运动由此诞生。

什么是"东盟"

战后，第三世界取得民族独立后，逐步发展起来，相互团结，结成组织，成为国际政坛上一支不可小觑的力量。"东盟"便是其中代表之一，它是东南亚国家联盟的简称。1961年7月，马来西亚、菲律宾和泰国在曼谷成立"东南亚联盟"，成为其雏形。1967年8月，印度尼西亚、泰国、新加坡、菲律宾和马来西亚在曼谷举行会议，发表《曼谷宣言》，正式宣告"东南亚国家联盟"成立。随着东南亚地区经济、政治的发展和相互间交流的增长，东盟逐步成为东南亚国家政府间的区域性组织。

你知道埃及共和国总统纳赛尔吗

迦玛尔·阿卜杜尔·纳赛尔（1918～1970年），是埃及第二任总统，为埃及的国家独立作出巨大贡献。面对埃及备受压迫的局面，纳赛尔曾成立了自由军官运动，积极组织运动，赶走英国殖民者。1955年，纳赛尔

纳赛尔

参加万隆会议，成为不结盟运动的创始人之一。在任期间，他推行中央集权制，增加总统的权力，实行土改，对外采取强硬态度，收回苏伊士运河使用权。纳赛尔积极团结阿拉伯国家，把一盘散沙的阿拉伯世界团结在一起，成为国家政坛的重要力量。

非洲"卡萨布兰卡集团"形成于什么时候

非洲在20世纪60年代后，迎来国家独立的高潮。各国独立后，日益意识到团结的重要性。1961年1月，加纳、几内亚和阿尔及利亚等国组织召开国家首脑会议，并通过《卡萨布兰卡非洲宪章》。与会国家成为"卡萨布兰卡集团"。会议强调非洲国家之间的团结的重要性，支持各国民族解放运动，反对种族歧视，号召非洲人民起来团结。卡萨布兰卡集团的成立把羸弱的非洲各国联合成一股巨大力量，促进了非洲国家的政治、经济发展。

纳尔逊·曼德拉为什么被判处终身监禁

纳尔逊·罗利赫拉·曼德拉，1918年出生在南非特兰，曾任非国大青年联盟全国书记、主席、非国大执委、德兰士瓦省主席、全国副主席。他曾成功地组织并领导了"蔑视不公正法令运动"，赢得了全体黑人的尊敬。1961年，他领导罢工运动，抗议和抵制白人种族主义者成立的"南非共和国"；此后转入地下武装斗争。1961年6月曼德拉创建非国大军事组织"民族之矛"，任总司令。1962年8月，南非政府以"煽动"罪和"非法越境"罪将其逮捕，判处他5年监禁。1964年6月，他又被指控犯有"企图以暴力推翻政府"罪，改判为无期徒刑，直至1990年才获释放。后于1994年开始任南非总统。他一生所获奖项众多，最引人注目的是1993年的诺贝尔和平奖。

什么是游击中心主义

面对强大敌人，与其正面交锋，弱者往往全军覆没。因此，弱者往往通过灵活机动的策略来实现军事胜利。游击中心主义便是各种代表之一。它是古巴革命领导人格瓦拉在古巴革命胜利后，总结的军事经验。他认为武装小组是革命的"政治先锋队"，应该由城市中少数青年学生和知识分子组成。实施的地点应具备人烟稀少、居民分散的特点，在战术上采用"打了就跑"的策略，通过一点点的汇聚，把广大群众吸引到自己身边。游击中心主义是世界战术史上的一个重要策略，但是具有很大的局限性。

安第斯集团成立的目的是什么

进入20世纪50年代后，拉丁美洲开始意识到团结的重要性，各国之间相互结成联盟，谋求共同发展。1969年，哥伦比亚、秘鲁、智利、玻利维亚和厄瓜多尔等南美洲五国成立了安第斯集团。1969年5月，五国代表在卡塔赫纳城举行会议，签署《小地区一体化协定》。该集团成立主要为充分利用本地资源，促进成员国之间协调发展。在经济上，各国取消成员国之间的关税壁垒，组成共同市场，促进经济一体化进程。安第斯集团成立后大大促进南美各国经济的发展。

刚果总理卢蒙巴为何被杀

帕特里斯·卢蒙巴（1925—1961年），非洲政治家，刚果民主共和国的缔造者之一。1960年6月30日，刚果民主共和国成立，卢蒙巴任总理，他要求比利时军队即时退出刚果。7月，比利时军队攻击首相官邸，占领金沙萨机场。8月2

日，刚果南部的喀坦加省宣布独立，由于喀坦加省为刚果重要的矿产出产地，卢蒙巴拒绝了喀坦加省的独立。同年12月1日刚果民主共和国发生政变，莫博托等人逮捕卢蒙巴，并将卢蒙巴移交给加丹加省的分离主义者冲伯。卢蒙巴于1961年1月17～18日间被白人佣兵杀害。

你知道一代科学巨星爱因斯坦吗

爱因斯坦（1879—1955年），德国犹太裔，具有美国、瑞士双重国籍，理论物理学家、思想家、哲学家。他是相对论的创立者，提出相对论及质能方程，解释光电效应，推动量子力学的发

爱因斯坦

展，是现代物理学的奠基人。其代表作品为《论动体的电动力学》《广义相对论的基础》。1921年获诺贝尔物理学奖，1999年被美国《时代周刊》评选为"世纪伟人"。2009年10月4日，诺贝尔基金会评选1921年物理学奖得主爱因斯坦为诺贝尔奖百余年历史上最受尊崇的三位获奖者之一。

谁发明了晶体管

在当今的电器中，晶体管已经成为必不可少的设备之一。晶体管是一种固体半导体器件，具有开关、稳压、信号调制等功能。1947年12月，美国贝尔实验室的肖克利、巴丁和布拉顿最先研发出接触型的锗晶体管。锗晶体管的问世，标志着微电子革命的先声到来。它出现后，人们就能用晶体管来代替体积大、功率消耗大的电子管，大大节约了能源，降低了物理设备容积。

此外，晶体管的发明还为集成电路的产生铺就了道路。

谁发现了脱氧核糖核酸结构

脱氧核糖核酸，又称去氧核糖核酸，又称DNA，是一种生物大分子，可组成遗传指令，引导生物发育与生命机能运作。它的主要功能是

资讯储存，可比喻为"蓝图"或"食谱"。1953年，詹姆斯·沃森与佛朗西斯·克里克在卡文迪许实验室，依据伦敦国王学院的罗莎琳·富兰克林所拍摄的X光绕射图及相关资料，提出了最早的脱氧核糖核酸结构精确模型，并发表于《自然》期刊。1962年，沃森、克里克及威尔金斯共同获得了诺贝尔生理学或医学奖。

追溯生命起源的人是谁

生命的起源一直是困扰人类的一个问题。人们通过宗教、传说等为自身的到来寻找合理解释。然而真正从科学角度追溯生命起源的人是苏联生物化学家奥巴林。1922年，奥巴林提出了生命起源的假说，但未引起人们注意。1924年，他又写成《生命起源》一书，认为地球上的生命是由非生命物质进化而来。1936年，他出版了另一部著作《地球上生命的起源》，进一步阐述生命起源假说。尽管其结论在学术界引起广泛争议，但这并不能掩盖其为探索生命起源所作的启蒙贡献。

你知道水下实验室吗

随着科技发展，人们大大扩展地球上的有限空间，利用海底、太空来为人类服务。水下实验室便是充分利用海水资源的典型之一。这一理论起源于20世纪20年代，并由美国和法国率先在地中海试验。1977年1月，前苏联的底栖生物—300号水下实验室建成，包括水面补给系统、人员运载舱和工作室等3部分。它也充分利用潜水艇原理，通过压载水舱注水或排水使实验室下潜或上浮。然而实验室并不能完全与地面脱离，需要地面源源不断的供给电力、食物等。

为什么悉尼歌剧院被称为"混凝土的艺术"

悉尼歌剧院位于澳大利亚悉尼港的便利朗角，1973年正式落成，设计者是丹麦设计师约恩·乌松，2007年6月28日被联合国教科文组织评为世界文化遗产。悉尼歌剧院是20世纪最具

特色的建筑之一，也是世界著名的表演艺术中心。歌剧院整个分为三个部分：歌剧厅、音乐厅和贝尼朗餐厅。

悉尼歌剧院

歌剧厅、音乐厅及休息厅并排而立，建在巨型花岗岩石基座上，各由4块巍峨的大壳顶组成。高低不一的尖顶壳，外表用白格子釉磁铺盖，贝壳形的尖屋顶，由2 194块每块重15.3吨的弯曲形混凝土预制件，用钢缆拉紧拼成的，外表覆盖着105万块白色或奶油色的瓷砖。因此，悉尼歌剧院被称为"混凝土的艺术"。

马丁·路德·金的著名演讲《我有一个梦想》，这个梦想到底是什么

马丁·路德·金（1929—1968年），是著名的美国民权运动领袖，1963年8月28日在林肯纪念堂前发表《我有一个梦想》的演说。这个梦想是在美国争取黑人权利的独立，获得与白人平等的地位。由于马丁·路德的自由主义运动，迫使美国国会在1964年通过《民权法案》，宣布种族隔离和歧视政策为非法政策，争取了黑人权利的完整性。同年，马丁·路德·金获得了诺贝尔和平奖。1968年4月，马丁·路德·金前往孟菲斯市领导工人罢工时被人刺杀，年仅39岁。1986年起美国政府将每年1月的第三个星期一定为马丁·路德·金全国纪念日。

马丁·路德·金在演讲

美国为什么要参与越南战争

越南战争又称第二次印度支那战争，是越南共和国、美国对抗共产主义的越南民主共和国、"越南南方民族解放阵线"所进行的一场战争。战争自1961年开始，至1973年告终，是二战以后美国参战人数最多、影响最重大的战争。在冷战的环境中，美国将东南亚国际联盟看成冷战中潜在的关键战场，美国不希望社会主义进入越南共和国政府，因此越南共和国得到美国的支持，其领导者吴庭艳在越南共和国实行美式民主、法治的资产阶级执政。1959年，越南共产党中央委员会决定武装推翻越南共和国，并派遣大量军事人员前往越南共和国，组织武装颠覆。1961年5月，美国总统肯尼迪派遣一支美国国防军特种部队进驻越南共和国，越战开始。

"普韦布洛"号事件是怎么回事

"普韦布洛"号是一艘被派到朝鲜海岸执行情报任务的美国海军间谍船。1968年1月23日，该船被朝鲜海军舰艇和飞机俘获，幸存的船员被扣押11个月，史称"普韦布洛号事件"。1968年12月，美国接受朝鲜提出的要求，承认错误，保证不再发生此类事件，作为朝鲜方面将人质释放的交换条件，但朝鲜仍宣布没收该舰。美方称，当时普韦布洛号正在公海作业，这是150年来第一艘在公海上被外国军队劫持的美国海军船只。美国一直保持要求归还普韦布洛号的态度，并且海军方面并没有将其自海军舰艇名册中剔除，普韦布洛号名义上仍然是现役中的舰只。

为什么会有人对"阿波罗"登月事件提出怀疑

阿波罗计划，又称阿波罗工程，是美国从1961—1972年从事的一系列载人登月飞行任务。但比尔凯恩写了一本名为《我们从未登上月球》的书，质疑阿波罗计划的真实性。他的依据有以下三点：首先，在没有大气折射的月球上应该看到更加明亮清晰的星星，但是登月照片上却看不到一颗星星；其次，在有些登月照片上，近景与

远景之间有一条不易觉察的线，使人联想到电影特技中的褪光扫描法，即画出远景，然后用光和影来遮挡；最后，登月照片中光线有问题，它不像阳光普照大地，而像摄影棚内的人工光源。

人类第一次登月

什么是尼克松主义

20世纪60年代中期，由于美苏冷战加剧，第二世界力量增长，尤其是第三世界崛起，美国陷入越南战争，美国国内多种危机迸发，R.M.尼克松总统制订了收缩美国全球义务，调整国际关系的

尼克松

外交新方针，被称为"尼克松主义"。其对亚洲的政策是：越战结束后，美国将恪守业已承担的条约义务，但除非受到核大国的威胁，美将鼓励其亚洲盟友自己承担国内安全和军事防务的责任。集体安全是美支持其盟友对付国内或核大国的威胁所谋求的一个目标。这一亚洲政策又被称为"关岛主义"。

基辛格是怎样暗访中国的

新中国成立后，采取"一边倒"策略，稳定了新政权。为了进一步谋求政治、经济发展，中美两国越走越近。1971年7月8日，基辛格在访问巴基斯坦期间，秘密登上了巴基斯坦航空公司的波音707飞机飞抵北京。周恩来同基辛格进行会

谈。会议中，基辛格传达美国指示，为中美两国的未来提出展望。他在台湾问题上表示美国不会插手，承诺撤走其驻台美军的三分之二，废除美蒋《共同防御条约》等问题。基辛格访华打开了中美两国关系大门，为日后中美建交迈出了重要一步，成为当时国际政坛的重大事件之一。

毛泽东会见访华的基辛格

何谓"南南合作"

南南合作是指发展中国家间的经济技术合作。在地理上，大部分发展中国家相对集中地分布在南半球或北半球的南部，而大多发达国家则聚集在北半球，因此有了"南北"之称。发展中国家之间相互谋求合作也就被称为"南南合作"。1982年在新德里，首届南南合作会议召开，此后又在北京和吉隆坡相继召开。南南合作加强了第三世界之间的联系，有利于协商处理国家问题，实现共同发展，缩小与发达国家之间的差距。

为什么要把6月5日定为"世界环境日"

自人类进入工业时代以来，人们对大自然索取无度，并且肆意排放污水、废气等污染物，造成生态环境的巨大破坏。环境问题日益成为人们关注的焦点。

1972年6月，联合国人类环境会议在瑞典首都斯德哥尔摩召开，通过了《人类环境宣言》决议，并规定每年的6月5日为"世界环境日"。同年10月，联合国大会通过决议接受该建议。世界环境日的确定为宣传、保护和改善

人类环境提出新要求，对于维护自然、保护生态具有重要意义。

"水门事件"是怎么回事

1972年6月，以美国尼克松为首的共和党为了在总统大选中取得优势，派遣间谍闯入位于华盛顿水门大厦的民主党办公室，安装窃听器，以便窃听民主党信息。但该行动最终被民主党发现，成为美国政坛的一段丑闻，被称为"水门事件"。事发后，尼克松一度否认事实，但最终被查证属实，导致尼克松公信力大降。1974年8月，尼克松被迫宣布辞职，成为美国首位主动辞职的总统。

水门事件是美国两党之间相互攻讦的缩影之一，对美国政坛产生了重要影响。

阿拉伯国家为什么实行石油禁运

民族、宗教问题一直困扰着西亚地区。不同信仰、种族之间相互征战、攻伐。进入20世纪后，西亚发现大量的石油储藏，成为世界油库。70年代以后，西方世界对石油的需求急剧增长。然而，西方石油公司却不顾这些石油国家的反对，企图以低廉的价格收购石油。1973年10月，阿拉伯国家以要求支持以色列的西方国家改变对以色列的策略为契机，要求提高石油价格。西方国家和阿拉伯国家矛盾激化。阿拉伯国家便对西方发达资本主义国家实行石油禁运。这次石油禁运最终引发了1973—1975年资本主义世界的经济危机。

拉美经济体系建立的宗旨是什么

拉美经济体系于1975年10月17日由拉美23国政府成立，各国政府代表签署了《巴拿马协议》。该体系的宗旨是：本着平等、主权、独立、团结，互不干涉内政，互相尊重各国政治、经济和社会制度差异的原则，促进拉美地区合作，推动地区一体化进程，制定和执行经济、社会发展规划与项目，协调拉美各国有关经济和社会问题的立场与战略，切实维护拉美国家的合法权益，为建立公正、合理的国际经济新秩序而努力。

美国国防部为什么要封闭"卫兵"反导弹系统

1975年10月，"卫兵"反导弹系统工程完工。但是，1976年美国便撤销了卫兵系统，当年2月就关闭了基地。其原因是"卫兵"反导弹系统存在严重缺陷。反导弹与导弹在大气层外相遇时，会产生强烈的核电磁脉冲，使自己其他反导弹系统功能丧失，敌人的后续导弹则会攻击成功。同时，该工程需要巨额投资，技术复杂，实战能力差，因而，美国国防部决定封闭这一系统。

东盟第一次首脑会议的主要内容是什么

东盟第一次首脑会议于1976年2月在印度尼西亚的巴厘岛举行，会议签署了《东南亚友好合作条约》和《东南亚国家联盟协调一致宣言》。《东南亚友好合作条约》规定，缔约各方在处理相互间关系时应遵循相互尊重独立、主权、平等、领土完整和各国的民族特性的原则；任何国家都有免受外来干涉、颠覆和制裁，保持其民族生存的权利；互不干涉内政；和平解决分歧或争端；反对诉诸武力或以武力相威胁；缔约各国间进行有效合作。《条约》还确定了会议宗旨是促进地区各国人民之间永久和平、友好和合作，以加强他们的实力、团结和密切关系。

谁是巴基斯坦的第一位女总理

巴基斯坦的第一位女总理是贝娜齐尔·布托。她1953年出生于巴基斯坦南部港口城市信德省的卡拉奇市，是巴基斯坦已故前总理阿里·布托（巴基斯坦前总理、人民党领导人）的长女。她35岁时就当上总理的经历使她成为世界上最年轻的女总理，曾于1988—1990年和1993—1997年两度出任巴基斯坦总理，因而有政坛"铁蝴蝶"的美誉。2007年12月27日，在巴基斯坦首都伊斯兰堡邻近的拉瓦尔品第市举行的竞选集会上遭遇自杀式袭击受伤，于当地时间12月27日18时16分不治身亡。

你知道存在主义吗

存在主义，又称生存主义，是当代西方哲学主要流派之一。这一理论的根本观点是：把孤立的个人的非理性意识活动当作最真实的存在，并作为其全部哲学的出发点，自称是一种以人为中心，尊重人的个性和自由的哲学。存在主义以人为中心、尊重人的个性和自由，认为人是在无意义的宇宙中生活，人的存在本身也没有意义，但人可以在存在的基础上自我造就。存在主义超出了单纯的哲学范畴，波及西方社会精神生活的各个方面，在文学艺术方面的影响尤为突出。这一名词最早由法国有神论的存在主义者马塞尔提出。

意大利总理绑架案是怎么回事

1978年3月16日晨，时任意大利总理阿尔多·莫罗离家前往国会，途中被红色旅绑架。当时，莫罗是意大利政坛举足轻重的人物，是年底总统竞选的最佳人选。之后，罗马全城戒严，在全国开展了规模空前的大范围搜捕行动。红色旅想以绑架莫罗来要挟政府，释放其首领库乔。但是，他们的各种要求均遭意大利政府的拒绝。于是，1978年5月7日，莫罗身中11枪，被红色旅处死。1978年5月13日，莫罗的尸体出现在罗马市中心的天主教民主党总部大楼前的草坪上。

"人民圣殿教"信徒为什么集体自杀

1978年11月18日，一个名叫"人民圣殿教"的美国教派的900多名信徒，突然在该教派设在圭亚那首都乔治敦附近的一个营地里集体服毒自杀。"人民圣殿教"是由一个名叫詹姆斯·华

伦·琼斯的美国人在20世纪60年代创建的，这个教的信徒大都是孤独而无助，对生活充满绝望的人，经常讨论和演练"自杀"。自杀当天，琼斯宣布"到另一个世界相逢的时刻来到了"的时候，900多名追随他的迷信崇拜者服下了含有"苦尔·艾德"氰化物，琼斯被发现死在圣坛上，头部有枪伤。这次惨案仅有80多人生还。

苏联为什么要入侵阿富汗

1979—1989年，苏联武装入侵阿富汗，与阿富汗抵抗力量展开了一场侵略与反侵略的战争，史称"阿富汗战争"。阿富汗位于西亚伊朗高原东部。20世纪50年代，苏联为了获得波斯湾丰富的石油资源，就开始控制阿富汗的经济命脉和阿富汗军队。70年代，苏联为了取得从陆地进入印度洋与美争霸的道路，欲加强对阿富汗的控制。1979年出任的阿明政府，使得阿富汗国内政局动荡，人民党内部互相倾轧。由于阿明政权不能实现苏联在阿富汗的利益，于是，为防止丢失阿富汗这块战略要地，12月27日晚，苏联悍然发动了对阿富汗的军事入侵。

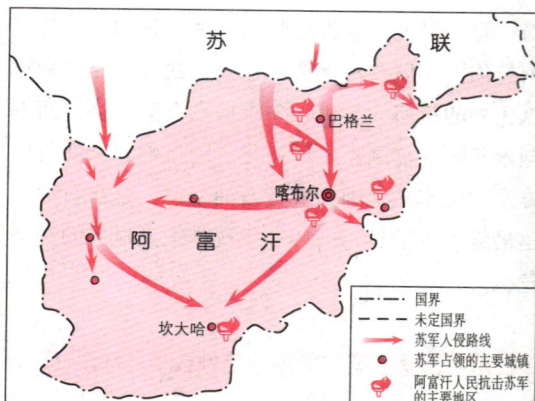

苏军入侵阿富汗

裁军谈判会议的议题有哪些

随着核武器等大规模杀伤性武器的出现，人类生存状况日渐脆弱不堪，迫使人们积极采取措施维护自身安全。1962年，18国裁军委员会成

立，到1969年7月，其成员增至26个，改称裁军委员会会议，总部设在日内瓦，每年举行三期会议，第一期约10周，后两期各7周。1984年2月，其又易名为裁军谈判会议（简称裁谈会）。会议主要议题有：全面禁止核试验条约、停止核军备竞赛和核裁军、防止核战争、防止外太空武器竞赛、禁止生产核裂变材料、无核国家的安全保证、军备透明和控制杀伤人员地雷等。

两伊战争因何爆发

两伊战争，又称第一次波斯湾战争和第一次海湾战争，是发生在伊朗和伊拉克之间的一场战争。该战争于1980年9月22日爆发，直至1988年8月20日结束，历时八年。导致该场战争的原因有以下三点：首先，伊拉克总统萨达姆·侯赛因试图完全控制位于波斯湾西北部的阿拉伯河，而该水道是两个国家重要石油出口通道；其次，伊朗宗教领袖霍梅尼试图将他领导的伊斯兰原教旨主义运动推广到整个中东地区，萨达姆的政权受到威胁；最后，历史上两国长期存在着民族矛盾、宗教分歧，一直以来都想称雄海湾地区，边境冲突不断，最终矛盾激化，两伊战争爆发。

埃及总统萨达特何时遇刺身亡

穆罕默德·安瓦尔·萨达特（1918—1981年），是埃及著名的政治家和总统。他曾领导埃及人民进行了第四次中东战争，并在外交上推行"积极中立""不结盟"等政策。1981年10月，

穆罕默德·安瓦尔·萨达特

萨达特在胜利广场的阅兵台阅兵，庆祝"10月战争"胜利八周年。中午12时59分，正当米格战斗机进行飞行表演时，一辆受检阅的130炮车突然在检阅台前停下，从驾驶室跳下一名陆军中尉和三名士兵。那位名叫卡里德的中尉突然掷出一枚手榴弹，并用冲锋枪向萨达特扫射，另外三个士兵分两路攻向阅兵台。萨达特当场身亡。

谁当选为法国第五共和国第四任总统

密特朗

1981年5月，密特朗当选为法国第五共和国第四任总统，1988年5月连选连任法国总统。弗朗索瓦·密特朗（1916～1996年），1981年就任法国总统，开始在不消灭私有制的基础上，通过一定程度的国有化、计划化和自治管理对法国经济进行渐进性的结构改革，以建立"民主""自由"的"法国式的社会主义"，并实施了多项改革措施。1988年，他蝉联总统一职，成为法兰西第五共和国历史上继戴高乐将军之后第二位连选连任的总统。

"哥伦比亚号"航天飞机何时试飞成功

人类自古便有翱翔太空的梦想，随着生产技术的发展，人们不断改进飞行器，研究出更多新型航天器。一种新型的多功能航天飞行器"哥伦比亚号"航天飞机研究成功。它总长约56米，翼展约24米，可载多达8名宇航员，续航能力强，其把卫星和飞机的技术优势融于一身，既可以在太空中漫游，也可在大气层中平稳飞行，是当时最先进的飞行器。1981年4月12日，宇航员翰·杨和克里平在卡纳维拉尔角肯尼迪航天中心驾驶该航天飞机试飞成功，翻开了人类航天史上新的一页。

日本历史教科书事件是怎么回事

1982年7月，日本文部省在历史教科书中，将日本侵略中国和东南亚的历史改为"进入"中国和东南亚各国。同时，在教科书中，将日本侵略军造成的"南京大屠杀"说成是中国军队抵抗的结果，这是日本美化其军国主义行为的说法。1986年，日本再次发生篡改教科书事件，将日本发起的太平洋战争，写成是"解放"亚洲的战争。这些行径及参拜靖国神社等活动，是日本军国主义残留的表现，都是右倾思潮的抬头。

什么是"星球大战"计划

面对苏联咄咄逼人的军事竞争，美国总统里根抛弃了以往竞争数量的策略，转而把重点放在技术更新层面。当时，美国有部电影叫做星球大战，里根便用电影名代指自己的军事策略。1985年1月4日由美国政府立项开发，1994年开始部署，20世纪90年代宣布中止。它主要强调以各种手段攻击敌方的外太空洲际战略导弹和航天器，充分利用外太空和地面部署高能定向武器或常规打击武器阻截侵入导弹。该项计划的实施极大提升了美国的军事竞争，大大压制了苏联。

国际民主联盟的宗旨是什么

20世纪80年代以来，民主、和平逐步成为国际发展的主流。为了增强各国交流和协商，1983年6月，56个民主国家组成国际民主联盟。该联盟支持自由、民主和开放型的社会，主张法治和社会正义，极力强调家庭在社会中所发挥的作用，反对霸权主义，希望各国团结起来维护世界和平和稳定。该联盟坚持多党民主制、市场经济和人权的原则。联盟的成立在一定程度上促进了各国的协商，增强了国与国之间的交流，但其带有极强的反共色彩，不利于世界各国的团结。

非洲有多少个国家发生粮荒

1984年，非洲干旱缺雨，有36个国家发生粮荒，1.5亿人处于饥饿状态，占非洲总人口的三分之一，100万人因饥饿致死。此次粮荒的出现还有很多人为因素，政府在政策上没有进行及时的调整，人口增长速度过快，物质生产不能满足迅速增长的人口需求，生产环境恶化。针对此次粮荒，国际社会采取紧急救助措施，到1985年下半年，粮荒得到暂时缓解。

世界历史上最严重的毒气泄漏惨剧发生在哪国

自19世纪以来，化学工业在推动人类技术革新方面起到巨大作用，然而也给人们带来巨大伤害。1984年12月3日凌晨，印度中央邦的博帕尔市的一家联合碳化物（印度）有限公司氰化物泄漏，导致2.5万人直接致死。此外，55万人间接致死。至今，泄漏的毒气依然危害当地居民，使该地患癌率及儿童夭折率远高于其他城市。这次事件为世界各国化学集团敲响警钟，促使它们加强了安全措施。印度博帕尔灾难是世界历史上最严重的工业化学意外，影响重大。

人类何时第一次在太空中行走

1984年2月7日，美国宇航员布鲁斯·麦坎德利斯和罗伯特·L·斯图尔特乘着背负式手控火箭飞行器，不系安全带从航天飞机"挑战者"号中自由飞出后，像卫星一样以2.8万千米每小时的速度与航天飞机一起，在离地265千米的高空绕地球"漂浮飞行"5小时，当1965年3月苏联宇

乘背负式手控火箭装置飞行

航员列昂诺夫第一次由"上升"2号飞船飞出舱外，证实人类可以遨游太空后，太空行走就回归了它的实用意义——完成太空作业。

美国宇航史上最惨重的事故是什么

人类翱翔太空的梦想道路上充满了荆棘。一时的疏忽或细小的技术失误都会给人类带来巨大灾难。"挑战者"号航天飞机是美国正式使用的第二架航天飞机。1986年1月28日，该航天飞机试行，但由于技术失误，导致右侧固态火箭推进器上面的一个O形环失效，从而引发一连串的连锁反应，使飞机失去控制，爆炸解体坠毁。机上的7名宇航员全部遇难。这次航天事故引起全世界人们的关注，为后人敲响警钟。

"伊朗门事件"是怎么回事

伊朗门事件是美国向伊朗秘密出售武器一事被揭露后造成里根政府严重政治危机的事件，因人们把它与尼克松水门事件相比，故名"伊朗门"事件。1984—1985年上半年，7名美国公民在黎巴嫩被绑架。美国为使人质获释曾做过许多努力。美国政府希望伊朗的宗教领袖对黎巴嫩施加影响，促使在黎巴嫩被扣押的美国人质恢复自由。最后，双方达成的交换条件为由美国向黎巴嫩出售武器，但是，伊朗要求未得到满足，于是将这个秘密交易公开。该交易涉及美国对恐怖活动和两伊战争的态度，引起了美国国内及世界政坛的巨大震惊。

名相帕尔梅是怎么死的

斯文·奥洛夫·约阿基姆·帕尔梅(1927—1986年)，1969年出任瑞士首相，时年42岁，是欧洲当时最年轻的首相。1976年11月，帕尔梅当选为社会党国际副主席。1980年9月，在他倡议下成立了"关于裁军和安全问题独立委员会"（也称"帕尔梅委员会"），他担任主席。1980年11月，他作为联合国秘书长的特使调停两伊战争。1986年2月28日帕尔梅在斯德哥尔摩一电影院观看完影片回家时遇刺身亡，真相迄今未能查明。

美国为什么空袭利比亚

1986年3月24日，美国重创利比亚。26日，利比亚领导人卡扎菲召开群众大会，宣称要在世界范围内同美国斗争。4月2日，美国环球航空公司由罗马飞往雅典的840航班在飞临希腊上空时被炸，4名美国人丧生。4月5日，西柏林一个舞厅被炸，200多名死伤者中有60名美国军人。4月9日，里根指责两起恐怖事件与利比亚有关。4月15日，美国对利比亚首都的黎波里和第二大城市班加西发动大规模空袭，造成上百名居民伤亡。

贝娜齐尔是如何被暗杀的

贝娜齐尔·布托（1953—2007年），巴基斯坦第一任女总理、人民党领导人。2007年10月19日凌晨，刚刚结束海外流亡生活归国的贝娜齐尔所乘车辆在卡拉奇市内行进途中遭遇两次爆炸式袭击，造成139人死亡，近400人受伤，但贝娜齐尔安然无恙。12月27日，贝娜齐尔在竞选会上向支持者示意时，一名凶手骑摩托车向她开枪，贝娜齐尔的头部和脖子处中弹，其中一颗子弹打断了她的脊髓，夺去了她的生命。

你知道戈尔巴乔夫是谁吗

米哈伊尔·谢尔盖耶维奇·戈尔巴乔夫1931年出生于苏联南部斯塔夫罗波尔。他登上苏联领导岗位后，面对内忧外患的局面，进行了民主社会主义改革，希望实现大国复兴。他曾三次获得列宁勋章、十月革命勋章、劳动红旗勋章，以及1990年的诺贝尔和平奖等奖项。然而，改革难度大大超出他的预想，导致国内民族、政治矛盾日益激化。国内党派林立，使工人党地位逐渐下降。最终，他的改革引发了一系列政治危机，苏联在其统治时期解体。

戈尔巴乔夫

"吉尔伯特"飓风席卷了哪些国家和地区

1988年9月10日，名为"吉尔伯特"（美国叫"雨果"）的飓风在西大西洋形成，9天内刮遍牙买加、海地、多米尼加、洪都拉斯、墨西哥和美国东南沿海。此次飓风造成的全部损失高达80亿美元，死亡逾千人。随着飓风而来的大量降水形成了洪涝灾害，造成了大量伤亡和财产损失。

洛克比空难是怎么回事

1988年12月21日，美国泛美航空公司的一架波音747客机在苏格兰小镇洛克比上空爆炸坠毁，造成机上259人和地面11人丧生，其中包括189名美国人。注满燃油的机翼撞上地面爆炸，在舍伍德新月广场造成一个巨坑，巨坑原地的几间房屋被毁；另外有21间房屋因损毁严重而须拆卸。调查人员找寻左机翼，最后发现它已经在火海中消失。1990年秋，经英、美联合调查，认定这次空难是利比亚航空公司驻马耳他办事处经理费希迈和利比亚特工阿卜杜勒·迈格拉希所为。

你知道美军入侵巴拿马吗

按照1977年美国与巴拿马签署的新运河条约，到1999年12月31日，被美国统治了96年的巴拿马运河区，将完全交由巴拿马管理。美国为保住在巴拿马运河的既得利益，1989年12月～1990年2月，对巴拿马发动了一场以强凌弱的侵略战争。1990年1月3日晚8点48分，美军驻巴陆军司令马克·西斯内罗斯少将接受了诺列加的投降。随后，诺列加被带上"黑鹰"直升机飞往霍华德空军基地，最后被送往美国佛罗里达州迈阿密法院。美军对巴拿马的入侵至此结束。

谁有"铁娘子"之称

玛格丽特·希尔达·撒切尔被称为"铁娘子"。撒切尔夫人1925年10月13日出生于英格兰林肯郡格兰瑟姆市。1979年5月3日，保守党大选获胜，撒切尔夫人出任首相，成为英国历史上第一位女首相。撒切尔夫人信奉货币主义理论，上台后就进行大刀阔斧的改革。她主要采取四项措施：一是私有化，二是控制货币，三是削减福利开支，四是打击工会力量。1983年6月和1987年6月，她再次出任首相。1990年11月，她辞去首相职务。

撒切尔夫人

1992年6月被封为终身贵族。1993年5月任威廉—玛丽学院第二十一任名誉院长。

为什么水俣湾的疯猫会跳海自杀

1953年，在日本九州鹿儿岛的水俣湾旁的水俣镇上，出现了猫跳海自杀的现象。1963年，日本新潟阿贺野川流域又出现了大批的"自杀猫"。1964年8月，当地90%以上的猫都"自杀"了。因为那时候日本的工业污染十分严重，猫食用了含甲基汞污染的鱼贝类，使有机水银侵入脑神经细胞而引起汞中毒，重者会神经错乱、视觉失调、痉挛，最后在极其痛苦中死去，这种疾病被称为"水俣病"。

你知道"日本泡沫经济"吗

日本泡沫经济发生在20世纪80年代后期到90年代初期。1986年12月～1991年2月，日本经济浪潮受到了大量投机活动的支持，因此随着90年代初泡沫破裂，日本经济出现大倒退，此后进入了平成大萧条时期。日本泡沫经济生成和破灭的主要原因是日本宏观政策的失误。在当时复杂的国际、国内环境中，日本货币政策曾经失去平衡，出现过三次重大失误。

世界贸易组织是什么时候诞生的

在如今国际形势下，世界贸易组织已成为引导国际经济的风向标。它的每一项决议都会对世界经济造成巨大影响。

1994年4月，关贸总协定乌拉圭回合部长会议在摩洛哥的马拉喀什市举行，决定成立更具全球性的世界贸易组织，简称"世贸组织"，英文缩写"WTO"。该组织前身是1947年的关税及贸易总协定，简称"关贸总协定"。

世界贸易组织标志

1947～1993年，关贸总协定主持了八轮多边关税与贸易谈判。组织内部成员之间相互协商，互利互助，吸引越来越多的国家积极加入。正因为它在国际经济事务中的作用，世贸组织与国际货币基金组织、世界银行一起被称为世界经济发展的三大支柱。

捷共总书记雅克什等为什么集体辞职

1989年11月24日，以总书记雅克什为首的捷共中央主席团和书记处全体成员辞职，中央领导机构大改组。事情起因是1989年11月17日，捷克斯洛伐克首都布拉格数万名大学生举行纪念德国法西斯封闭捷克高等学校、杀害大学生50周年的集会。后来，集会发展成为一场针对当局的游行示威，示威者要求实现政治多元化，要求拒不为1968年事件平反的捷共总书记雅克什等人下台，示威活动逐渐蔓延全国，在形势的紧迫下，雅克什等集体辞职。捷克共产党失去了执政地位，共产党员遭迫害事件逐渐兴起。

齐奥塞斯库是什么时候被捕的

尼古拉·齐奥塞斯库（1918—1989年），罗马尼亚前总统，1989年被罗马尼亚救国阵线委员会逮捕。1989年，东欧共产党纷纷倒台，罗马尼亚发生要求民主化的集会，受到齐奥塞

尼古拉·齐奥塞斯库

斯库的强力镇压，结果引发更大的骚动。在齐奥塞斯库准备用直升机从总统府逃脱时，被罗马尼亚救国阵线委员会逮捕，他和妻子埃列娜·齐奥塞斯库因"屠杀6万人民、积蓄超过10亿美元的不当财产"等罪名，在军事审讯后被枪决，并被没收所有财产。

"七七宪章运动"是怎么回事

进入20世纪后，民主与和平是世界发展的主要潮流。然而，捷克斯洛伐克政府却脱离群众，实行专制统治，引起国内人民不满。1977年1月，捷克斯洛伐克的知识分子联合其他阶层人士签署并发布了要求保护基本人权的宣言，这个宣言就是《七七宪章》。为了维护《七七宪章》所主张的人权原则，民主人士与政府展开多次较量，直至1989年捷克前政府垮台，这就是著名的七七宪章运动。七七宪章运动促使人们追求自由表达的权利，抗议政府的严密思想控制，通过这些呼吁和行动，人们开始意识到自己的力量和个人自由被压抑的可悲状况。

超越遏制战略是谁提出的

苏美争霸是20世纪后期国际发展的一大焦点，两国在军事、经济等领域展开竞争。为实现内部分化苏联的目的，美国总统布什制定了超越遏制战略。

"超越遏制"的主旨是积极同苏联缓和关系，加强美苏合作，促使苏联逐渐实现"自由化"。美国一方面对苏保持警惕，充分利用自身优势，把握戈尔巴乔夫的"新思维"所提供的历史机遇，在经济、政治、文化和意识形态等对苏联实现"和平演变"。该战略极大分化了苏联内部，使苏联面临风雨飘摇的境地。

你知道"柏林墙"建立和拆毁的经过吗

一道城墙把德国一分为二，分为民主德国和联邦德国。柏林墙是第二次世界大战以后，德意志民主共和国在己方领土上建立的围墙。柏林墙

于1961年8月开始建造，一开始只是铁丝网，后来被更换为真正的墙。它由七个过境通道构成，留有一个门专为盟军、外交官和外国记者所用。1989年被拆除，1990年10月3日，德意志民主共和国加入德意志联邦共和国，德国完成统一。柏林墙的建立，是美苏争霸的产物，而柏林墙的拆除则是德国人民不断努力的结果。

柏林墙一角

你知道伊拉克入侵科威特吗

苏联解体后，地区性力量发展不平衡，伊拉克军事实力在中东除以色列以外无人能及，萨达姆独裁统治演变成对外扩张，而科威特与伊拉克在历史上曾是一国，且有丰富的油田，同时，还是伊拉克对外贸易的前沿。因此，1990年8月，伊拉克发动对科威特的战争，将科威特变为伊拉克的第十九个省。但是，五个月后，美国发动对伊拉克的战争，伊拉克得不偿失，国力遭到巨大破坏。

西撒哈拉争端为什么悬而未决

摩洛哥和毛里塔尼亚同西撒哈拉人的冲突自20世纪70年代便一直持续着。1989年初，摩洛哥国王哈桑二世会见西撒"人阵"代表团，双方举行直接对话。1990年6月27日，联合国安理会通过一项决议，提出在联合国监督下实行停火，停火生效六个月后举行公民投票，以决定西撒前途。然而，在选民资格和人数确定、西撒境内摩洛哥的行政机构和军队的撤离、西撒"人阵"未来地位等问题上没有达成共识，因此，西撒争端悬而未决。

海湾战争爆发的真正原因是什么

海湾战争，是以美国为首的多国联盟在联合国安理会授权下，对伊拉克实施的军事打击。20世纪90年代以来，美伊两国在西亚问题上矛盾激化。1990年8月2日，伊拉克推翻科威特政府并宣布吞并科威特，极大威胁了美国在西亚的利益。于是，1991年1月，美国在联合国授权下，开始对科威特和伊拉克境内的伊拉克军队发动军事进攻。伊拉克最终寡不敌众，宣告失败。多国部队以较小的代价取得决定性胜利，重创伊拉克军队。伊拉克被迫从科威特撤军。

"爱国者"是怎样制服"飞毛腿"的

在1991年的海湾战争中，伊拉克的"飞毛腿"导弹同美国的"爱国者"防空导弹对阵，就像绵羊遇到了狼，"飞毛腿"每每成为"爱国者"的猎物而被拦截。伊拉克发射的"飞毛腿"导弹命中精度差，飞行速度较慢，发射准备时间长，总体上是比较落后的。美国的"爱国者"防空导弹，技术先进，实现了操作自动化，具有反应速度快等优点。同时，"爱国者"防空导弹采用了指令加"导弹跟踪"的先进制导方式，能修正偏差，使导弹按人的要求方向飞行，击中目标。由于"爱国者"防空导弹在技术和性能上具有明显的优势，因而往往将"飞毛腿"拦截，使它无法发挥作用。

什么是"沙漠军刀"军事行动

海湾战争沙漠风暴行动

"沙漠军刀"军事行动是伊拉克战争中多国部队发动的一场陆上战斗,是一场以坦克为主战武器的大会战。1991年2月24日,代号为"沙漠军刀"的地面战争拉开了序幕。"沙漠军刀"军事行动是多国部队发动的一场陆上战斗,其目的是要摧毁伊拉克的精锐部队——共和国卫队。"沙漠军刀"军事行动中的坦克战几乎是"一边倒",即多国部队的主战坦克将伊军的坦克团团围住,利用新型主战坦克战斗性能的优势和灵活的战术,用坦克炮和反坦克导弹将伊军的坦克——消灭。从2月24日—28日,在持续100多小时的地面战斗中,1 500辆伊军坦克被击毁。

"生物圈2号"实验室是何时开始启用的

"生物圈2号"是一个人工建造的模拟地球生态环境的全封闭的实验场,也有人把它称为"微型地球"或"火星殖民地原型"。1991年9月26日,建造在美国亚利桑那沙漠中的"生物圈2号"实验室开始启用,四名男科学家和四名女科学家将在这个密封世界中生活两年,过一种近乎与世隔绝的自给自足的生活。这项试验的目的是通过研究植物、动物、空气、土壤、人类和一个大型空气调节系统在这座温室中的相互作用及影响,更好地了解地球生物圈的运作规律。

海地军人政变推翻了哪个政府

1990年12月,让·贝特朗·阿里斯蒂德在大选中获得67.5%的选票,以绝对优势当选为海地总统,任期五年。1991年9月29日,拉乌尔·塞德拉斯将军发动海地军事政变,推翻了阿里斯蒂德政府。10月,约瑟夫·内雷特出任临时政府主席,成为幕后操纵者,实际上却是统治者。半年后,马克·巴赞出任代理总统,继续操控着海地军队和政局。

你知道联合国第六任秘书长是谁吗

联合国是当今世界上重要的国际组织,致力于促进世界的和平与发展。然而,联合国在成立初期阶段却沦为大国争霸的工具。

联合国第六任秘书长是布特罗斯·布特罗斯—加利。加利于1922年11月14日出生于埃及开罗,是科普特人,信奉基督教。他曾撰写国际法著作百余部,是联合国历史上担任最高行政职务的第一位来自非洲国家的代表。在维护联合国权利和美国在联合国的地位等问题上,加利更多地表现出懦弱的一面,成为美国掌控联合国的代理人。尽管他的支持者们将之归咎于美国对联合国行动的抵制,但加利已渐渐成为空洞的联合国的象征。

什么是东欧剧变

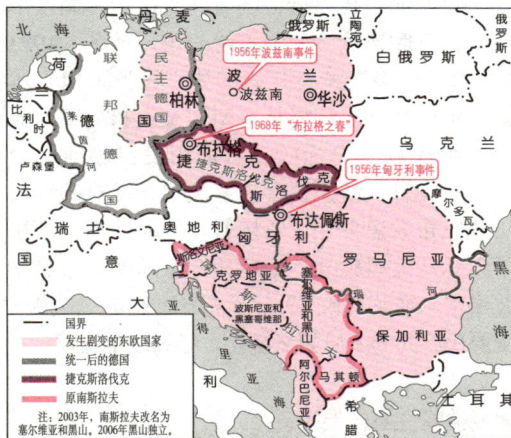

东欧国家的改革和剧变

东欧剧变是指20世纪80年代末至90年代初,东欧社会主义国家的政治经济制度发生了根本性改变。戈尔巴乔夫统治时期的苏联,在政治、经济等方面实行改革,披露大量不宜公开的文件,揭露大量东欧执政者的黑暗面,引发各国出现动荡。剧变最先出现在波兰,后来扩展到民主德国、捷克斯洛伐克、匈牙利、保加利亚、罗马尼亚等前华沙条约组织国家。东欧剧变以苏联解体而告终,标志着"冷战"的结束。东欧剧变又称苏东剧变、东欧大革命、东欧民主化,西方社会称之为"1989年系列革命"。

你知道苏联是什么时候解体的吗

1991年12月25日，苏联总统戈尔巴乔夫宣布辞职，将国家权力移交给俄罗斯总统，标志着苏联解体。俄罗斯联邦于1991年12月27日正式取代前苏联在联合国的席位，联合国总部大厦前的前苏联国旗也换成俄罗斯国旗。苏联解体后，分裂为俄罗斯苏维埃联邦社会主义共和国、乌克兰苏维埃社会主义共和国、白俄罗斯苏维埃社会主义共和国等15个国家。苏联解体的最大影响是美国成为世界上唯一的超级大国，世界格局由此发生了巨大的改变。

波黑战争是怎样发生的

20世纪90年代以后，随着苏联政治体制改革的失败，苏联影响下的国家纷纷出现动乱。1991年6月起，前南斯拉夫开始解体，导致国内矛盾激化。国内的波黑穆斯林、塞尔维亚和克罗地亚三个主要民族各自为政，从而引发民族冲突。1992年3月3日，波黑议会在塞族议员反对的情况下正式宣布波黑独立。紧接着，欧共体和美国相继予以承认波黑独立。随后，塞族随即宣布成立"波黑塞尔维亚共和国"，脱离波黑独立。波黑三个主要民族间的矛盾骤然激化，导致战争爆发。

什么是联合国发展大会

联合国发展大会是联合国为了实现世界各国共同发展所制定的一项重要措施。1992年6月，联合国在巴西里约热内卢召开会议，会议围绕环境与发展这一主题，称为联合国发展大会。这次会议主要讨论各国在保护环境中所承担的责任和义务，要求发达国家承担更多的义务，同时也照顾到发展中国家的特殊情况和利益，是人类环境保护与可持续发展进程中的重要一步。然而，由于各国注重发展，未重视环境问题，使得会议决议未得到完全贯彻。

安理会为什么向索马里派出多国部队

1991年初，索马里前总统西亚德·巴雷的统治被推翻，全国处于无政府状态，各派武装力量冲突不断。1992年12月3日，安理会一致通过决议，决定派遣多国部队前往索马里，以保证人道主义援助物资的运送和发放。12月9日凌晨，联合国多国部队中的第一批美国海军陆战队1 800人登陆摩加迪沙海滩。整个登陆过程一枪未发，美军主要任务是确保机场、港口及公路的安全，保护重要设施并保证国际救援食品运送到索马里灾民手中。

1993年的"博瓦尼和平奖"授予了谁

阿拉法特是巴勒斯坦民族解放运动的发起者。他一生致力于实现巴勒斯坦的完全独立，争取恢复巴勒斯坦人民合法民族权利的正义事业。1989年，阿拉法特当选巴勒斯坦国总统，在他的带领之下，巴勒斯坦民族解放斗争成为国际政治舞台上备受关注的重大事件之一。阿拉法特所坚持的政策大大稳固了西亚秩序。为了表彰阿拉法特为和平作出的贡献，1993年9月，联合国教科文组织授予他"博瓦尼和平奖"。

你知道"欧元"吗

欧元是欧洲联盟中17个国家的货币。这17个国家是：爱尔兰、奥地利、比利时、德国、法国、芬兰、荷兰、卢森堡、葡萄牙、西班牙、希腊、意大利、斯洛文尼亚、塞浦路斯、马耳他、斯洛伐克、爱沙尼亚。欧元由欧洲中央银行和各欧元区国家的中央银行组成的欧洲中央银行系统负责管理。总部坐落于德国法兰克福的欧洲中央银行，有独立制定货币政策的权力。欧元不仅使欧洲单一市场得以完善，而且使欧元区国家间自由贸易更加方便，是欧盟一体化进程的重要组成部分。

何谓"南北关系"

"南北关系"是指大多数地处南半球的发展中国家与大多数地处北半球的发达资本主义国家之间的关系。南北关系实质上是当今世界面临的一个有关经济发展的全球性战略问题。南北关系既充满着对立和斗争，又存在着依存与合作关系。发展中国家只有经过斗争，才能获得与发达国家的合作。因此南北关系是在矛盾与合作中发展的。解决南北关系的途径主要有三点：第一，建立国际经济新秩序，争取共同繁荣；第二，加强南南合作，提高南方的经济实力，以促进国际经济新秩序的建立；第三，推动南北对话，改善南北关系。只要本着平等互利的原则，实行南北合作，就可以缓和南北矛盾。南北对话有利于全球经济的发展，有利于世界政治的和平与稳定。

你知道"欧元之父"是谁吗

罗伯特·蒙代尔

"欧元之父"是罗伯特·蒙代尔。他是美国哥伦比亚大学教授，女娲亚太基金会国际资深顾问，世界品牌实验室主席，1999年诺贝尔经济学奖获得者，"最优货币区理论"的奠基人。蒙代尔系统地描述了什么是标准的国际宏观经济学模型，改写了通货膨胀和利息理论，倡导利用货币方法来解决支付平衡。蒙代尔撰写了大量关于国际货币制度史的文章，以及最优货币区域等理论，对欧元的创立起了重要的作用，因而被称为"欧元之父"。

欧元标志

彗星何时撞击木星

1994年7月17日凌晨4时15分，苏梅克—列维9号彗星的第一块碎片撞击到木星表面，这是人们能首次直接观测太阳系的天体撞击事件。碎片于格林尼治标准时间1994年7月16日20时15分开始以每小时21万千米的速度陆续坠入木星大气层，撞向木星的南半球，形成了彗星撞击木星的天文奇观。通过这次撞击事件，人们知道了更多木星及其大气的资料，其实，木星在内太阳系扮演着"清道夫"的角色，以自身强大的引力来清理"太空垃圾"。

谁被称为牺牲的"和平鸽"

伊扎克·拉宾被称为牺牲的"和平鸽"。拉宾(1922—1995年)，以色列政治家、军事家。他是负责策划指挥"六五战争"的以军总参谋长。1974—1977年，他出任以色列总理，是首位以色列本土出生的总理，后因在境外存款被弹劾下台。1992年，他再次出任总理，和巴勒斯坦人和解。1993年9月，联合国教科文组织授予拉宾"博瓦尼和平奖"。1994年，拉宾因推动中东和平进程所作的努力而获诺贝尔和平奖和阿斯图里亚斯王子1994年度国际合作奖。1995年，他遭犹太激进分子刺杀，经抢救无效身亡。

你知道"北爱尔兰问题"是怎么回事吗

"北爱尔兰"问题是指从20世纪30年代后期开始，到90年代后期北爱尔兰和平协议签订中止发生的一系列公众暴力活动。冲突是由北爱尔兰在联合王国内一直处于争议性地位，与对占少数的民族派社区的统治，以及占多数的联合派对民族派的歧视所导致。这次活动的特征是由准军事集团进行武装战斗。然而，这场冲突远远超出自身范围，引来英国陆军与警察的插手。尽管英国政府在冲突中保持中立，致力于维护北爱尔兰法律与秩序，但依然没有很好地解决北爱尔兰问题。

"东京地铁沙林毒气案"是怎么回事

"东京地铁沙林毒气案"是指1995年3月20日晨，在日本东京的营团地下铁发生的恐怖袭击事件。发动恐怖袭击的人在东京地下铁三条路线共五列列车上投放沙林毒气，造成12人死亡，5 510人以上受伤。发动袭击的是名为奥姆真理教的新兴宗教组织，其组织因松本沙林毒气事件及坂本堤律师一家杀害事件等面临被取缔，其信徒便向政府进行报复。受袭的三条地下铁均经过日本政治机关密集的霞关及永田町。事发当天，日本政府所在地及国会周围的几条地铁主干线被迫关闭，东京交通陷入一片混乱。

你知道普京是柔道高手吗

柔道高手普京

弗拉基米尔·普京，2000—2008年任俄罗斯的总统期间，大力提升了俄罗斯军事和政治实力，是一位名副其实的"铁腕总统"。普京最喜爱的运动是柔道，他14岁时开始练习桑搏，尔后转为学习柔道，并一直练习至今。普京在列宁格勒的柔道竞赛中曾获得过冠军。他曾与他人合著一本名为《与弗拉基米尔·普京练习柔道的书》，英译版名为《柔道：历史、理论与练习》。目前，他是黑带六段，而且擅长扫腰摔。普京也是柔道与桑搏的"体育大师"。2018年3月，普京第四次当选俄罗斯总统。

什么是"克林顿主义"

威廉·杰斐逊·比尔·克林顿，1946年8月19日出生于美国阿肯色州霍普镇，1993—2001年任美国总统。"克林顿主义"是克林顿政府执政七年，美国对冷战后国际形势变化的"政策反应"和谋求对世界事务的未来规划。其中心思想是：美国作为冷战后唯一的超级大国必须担负起领导全世界的责任，在全世界推进美国的价值观和促进美国的利益。克林顿主义有三个重要特征：第一，它的战略思想基础是"扩展民主论"；第二，在全球范围内进行积极的对外干预活动；第三，加强美国军事实力，强化欧亚两翼军事同盟体系，实施经济制裁，进行积极的对外干预活动。克林顿主义是"冷战"后美国企图称霸全球的野心急剧膨胀的产物。

克林顿

巴米扬巨佛为什么被毁

巴米扬巨佛位于阿富汗巴米扬省巴米扬市境内。巴米扬巨佛有东、西两座，一尊凿于5世纪，高53米，着红色袈裟，俗称"西大佛"；一尊凿于1世纪，高37米，身披蓝色袈裟，俗称"东大佛"。2001年3月12日，巴米扬两尊大佛在

巴米扬巨佛

塔利班政府的炸药声中化作灰烬。塔利班领导人奥马尔解释说，所有神像，包括那些远古时代的佛像，都是对伊斯兰教的侮辱。根据伊斯兰教义，信徒不应敬拜偶像。此外，塔利班捣毁佛像，也是希望国际社会关注塔利班政权，因为国际社会对塔利班政府的孤立让他们感到绝望。

在欧洲为什么有人会"谈牛色变"

欧洲有人会"谈牛色变"是因为疯牛病的发生。1985年4月，医学家们在英国发现了一种新病——疯牛病。起初，这种病在牛身上发生，而食用了被疯牛病污染了的牛肉、牛脊髓的人，有可能染上致命的克罗伊茨费尔德—雅各布氏症，其典型临床症状为出现痴呆或神经错乱，视觉模糊，平衡障碍，肌肉收缩等，最后，病人因精神错乱而死亡。这种病波及世界很多国家，如英国、法国、爱尔兰、加拿大、丹麦、葡萄牙、瑞士、阿曼和德国，威胁着人类的生命安全。

什么是"世界格局"

世界格局是指在国际舞台上的主要政治力量从自身的利益出发，在一定历史时期内互相制衡而结成的一种稳定状态。它代表一种力量对比态势，具体体现为政治格局、经济格局、军事格局等。当今世界上各种力量之间相互竞争、分化，构成一种相对稳定的均势局面。这种局面往往相互牵制，牵一发动全身。进入21世纪后，科技和经济实力成为影响世界格局的重要因素。苏联解体后，欧盟、日本、中国等地区和国家的崛起，促使世界格局朝着多极化方向发展。

你知道中美撞机事件吗

2001年4月1日，一架EP—3型侦察机在未征得中国政府允许下，擅自在中国海南岛附近海域上空进行侦查。中国海军航空兵派出2架歼—811战斗机对其驱逐。然而，其中一架僚机在中国海南岛东南70海里的中国专属经济区上空与美军飞机发生碰撞，中国战斗机坠毁，飞行员王伟不幸身亡。而美国的军机则迫降海南岛陵水机场。这就是中美撞机事件。事后，中美双方就事件责任僵持不下，更演变成一场外交危机。经过政治角力，事件最终以美国发表一段含糊其辞的"道歉"，中国释放人员、交还飞机告终。

"9·11"事件是怎么回事

2001年9月11日上午，恐怖分子劫持四架民航客机撞击纽约世界贸易中心和华盛顿五角大楼。世界贸易中心双塔楼轰然倒塌，五角大楼部分结构坍塌，数以千计人死亡。这就是"9·11"事件。它是继第二次世界

"9·11"事件

大战期间珍珠港事件后，美国第二次遭受的重大伤亡袭击。"9·11"事件牵动了整个世界的心，让人们重新认识到恐怖分子的存在。此后，美国开始以"9·11"事件为契机，进行全球反恐活动，对于维护世界和平与正义有重要作用。然而，美国也凭借此次事件干涉他国内政，暴露了其帝国主义侵略的本质。

"恐怖主义"是怎么回事

恐怖分子、爆炸案、索马里海盗……一个个词语无一不与恐怖主义相连，与和平稳定的世界形势格格不入。恐怖主义是有组织地使用暴力或以暴力相威胁，来达到某种政治目的的行为。他们往往采取绑架、暗杀、爆炸、空中劫持、扣押人质等手段，残害平民以实现自己的目的。恐怖分子多为极端的民族主义或种族主义者，比如萨达姆、本·拉登。恐怖主义严重威胁着国际社会的安全与和平，许多国家先后颁布反恐怖主义法令，建立了反恐部队，并加强国际间的反恐合作。

"亚太经济合作组织"是什么

亚太经济合作组织（简称亚太经合组织，英文缩写APEC）是亚太地区最具影响的经济合作官方论坛。1989年11月，亚太经合组织第一届

部长级会议在澳大利亚首都堪培拉举行，澳大利亚、美国、加拿大、日本、韩国、新西兰和东盟六国的外交和经济部长参加了会议，这标志着亚太经合组织正式成立。1993年6月改名为亚太经济合作组织。中国则在1991年11月以主权国家身份，中国台北和香港(1997年7月1日起改为"中国香港")则以地区经济体名义正式加入亚太经合组织。目前，亚太经合组织共有21个成员。亚太经济合作组织成立后对促进亚洲经济，协调各国关系发挥了重要作用。

中国是何时加入世界贸易组织的

　　1994年4月15日，在摩洛哥的马拉喀什市举行的关贸总协定乌拉圭回合部长会议，决定成立更具全球性的世界贸易组织(简称"世贸组织")，取代成立于1947年的关贸总协定。2001年11月10日下午，世界贸易组织第四届部长级会议在卡塔尔首都

中国加入世界贸易组织签字仪式

多哈以全体协商一致的方式，审议并通过了中国加入世贸组织的决定。在中国政府代表签署中国加入世贸组织议定书，并向世贸组织秘书处递交中国加入世贸组织批准书30天后，中国正式成为世贸组织成员。

美国政府为什么逼迫萨达姆下台

　　萨达姆·侯赛因是伊拉克第五任总统(1979—2003年)。2002年10月19日，美国总统布什宣布，推翻萨达姆政权将是美国的政策。美国政府"倒萨"的原因主要有三条：其一，历史原因，伊拉克自萨达姆任总统以来，多次与美国发生冲突，引起美国的强烈不满；其二，美国的布什政府面临国民的信任危机，将危机转嫁国外有利于布什政府维护公信力；其三，伊拉克石油储备丰富，为全球第二大石油生产国，其背后的经济政治利益不可估量，对于美国的发展有着重要的作用。

是谁最先登上了珠穆朗玛峰

　　珠穆朗玛峰，简称珠峰，又称圣母峰，尼泊尔称其为萨加马塔峰，位于中国和尼泊尔交界的喜马拉雅山脉上，海拔8844.43米，为世界第一高峰。1953年5月29日，来自新西兰的34岁登山家埃德蒙·希拉里作为英国登山队队员与39岁的尼泊尔向导丹增·诺尔盖一起沿东南山脊路线登上珠穆朗玛峰，是世界上最早登上珠穆朗玛峰的人。

你知道"奥林匹克运动会"吗

　　起源于希腊的奥林匹克运动会已经发展成为国际性运动会。它由国际奥林匹克委员主办，每四年举行一次，成为了和平与友谊的象征。奥林匹克运动将体育运动的多种功能发挥得淋漓尽致，其影响力远远超出了体育范畴，在当代世界的政治、经济、哲学、文化、艺术和新闻媒介等方面都有着深远的影响，在人类文化中具有普遍性、全球性，在维护世界和平中有着重要作用。

奥林匹克运动会的五环旗是什么意思

五环旗

　　奥林匹克运动会会旗于1913年由顾拜旦亲自设计。它长3米，宽2米。1914年，为庆祝现代奥林匹克运动会恢复20周年，在巴黎举行的奥林匹克代表大会上首次升起。1920年，安特卫普奥运会正式采用。奥林匹克会旗上面是蓝黑红三环，下面是黄绿两环。五环象征世界上承认奥林匹克运动并准备参加奥林匹克竞赛的

五大洲；五环旗上的第六种颜色白色——旗帜的底色，意指所有国家都毫无例外地能在自己的旗帜下参加比赛。作为奥运会象征的相互环扣的五个圆环，表达的是世界和平的思想。

为什么称巴西为"足球王国"

华丽的脚法、流畅的配合、灵巧的跑动……这些便是巴西足球带给人们的印象。在巴西，大街小巷上总有一群大汗淋漓的孩子在玩耍足球。这既是足球的魅力，也是巴西的魅力，因为足球是巴西人的生活主流。对巴西人来说，足球是一项运动，更是一种生活。巴西现有约2.2万名国家级足球运动员，他们在全国联赛和巴西杯比赛中均有不俗表现。贝利、罗马里奥、罗纳尔多均是巴西培养出的举世闻名的足球名将。巴西国家男子足球队被誉为世界上最有名及最成功的国家足球队之一，多次夺得世界杯，使巴西成为名副其实的"足球王国"。

第一届现代奥运会在哪里举办

第一届现代奥运会于1896年4月6日～15日在希腊雅典举办，14个国家参加了这次盛会，是历届奥运会中举行月份最早的一次。1894年6月，经过巴黎国际体育会议协商，希腊首都雅典赢得了首届现代奥运会主办权。东道主之所以将开幕式选在这一天，是为了纪念希腊反抗土耳其统治起义75周年。此次盛会女性被禁止参加，作为抗议，一位名叫斯坦玛塔·拉维瑟的希腊女子在男子马拉松比赛结束的第二天沿相同的路线跑完了全程。

好莱坞为什么会成为"世界影都"

五光十色的好莱坞

好莱坞位于美国加利福尼亚州洛杉矶市区的西北郊，因其景色秀丽，自20世纪初开始吸引了大量摄影爱好者在此拍片，后来逐渐成为了享誉全球的影视拍摄地。梦工厂、迪士尼、20世纪福克斯、哥伦比亚公司、索尼公司、环球公司等这些实力卓著的电影制片厂都聚集在此，除此之外，还有180多个摄影棚、现代化的电影洗印厂、电影机械器材制造厂等，因此，好莱坞成为"世界影都"。

谁被誉为"征服巴黎"的建筑设计大师

贝聿铭

贝聿铭被誉为"征服巴黎"的建筑设计大师。他生于广州的一个普通家庭，自幼好学，于1935年远赴美国留学，并在麻省理工学院和哈佛大学学习建筑。勤奋加汗水造就了贝聿铭的成功。他的作品主要以公共建筑和文教建筑为主，属于现代主义建筑。在建筑材质上，他善用钢材、混凝土、玻璃与石材。其代表作品有法国巴黎罗浮宫扩建工程、美国华盛顿艺廊东厢、中国香港中国银行大厦和苏州博物馆等。正凭借他对建筑史所作的巨大贡献，于1983年，贝聿铭获得普利兹克奖，被誉为"现代建筑的最后大师"。

英吉利海峡隧道何时正式开通

英吉利海峡隧道于1994年5月6日开通，又称海峡隧道、英法海底隧道或欧洲隧道，是目前世界上最长的海底隧道。这条隧道由三条长51千米的平行隧洞组成，总长度153千米，是一条连接英国英伦三岛和欧洲法国的海底隧道。隧道启用后，从伦敦至巴黎，仅需3小时的车程。该隧道每年运载的旅客量达1 800万人次，货运量达800万吨。因此，隧道的建成，大大促进了欧洲一体化的进程，对于整个欧洲的发展都有着划时代的意义

克隆技术是何时问世的

1996年7月5日，英国罗斯林研究所克隆出一只基因结构与供体完全相同的小羊"多利"，标志着克隆技术的问世。克隆是英文"clone"的音译，是利用生物技术由无性生殖产生与原个体有完全相同基因组之后代的过程。科学家把人工遗传操作动物繁殖的过程叫克隆，这一生物技术叫克隆技术，含义是无性繁殖。但是，克隆技术仅限于某些领域的应用研究，如果用于克隆人，则是违背伦理的不道德行为。

克隆羊"多利"

谁连续21年蝉联全球首富

自1995年到2014年，比尔·盖茨连续21年蝉联了世界首富。此排名由《福布斯》全球亿万富翁排行榜产生。威廉·亨利·盖茨，1955年10月28日出生于美国西海岸华盛顿州的西雅图。1975年，他与好

比尔·盖茨

友保罗·艾伦一起创建了微软公司，曾任微软董事长、CEO和首席软件设计师，并持有公司超过8%的普通股，也是公司最大的个人股东。2008年6月27日正式退出微软公司，并把个人财产580亿美元尽数捐到比尔和美琳达·盖茨基金会。2014年9月，《福布斯》美国富豪榜发布，盖茨以810亿美元居首。

你知道伊拉克战争吗

当今世界的主题是和平与发展，然而局部依然残留着战争与暴乱。2003年的伊拉克战争便是典型之一。美国以伊拉克拥有大规模杀伤性武器为借口，不顾多数国家的反对，贸然发动战争。从2003年3月美国入侵伊拉克到2010年全部战斗部队撤出，战争历经7年零5个月。美国发动这场战争的动机是适应能源战略的调整需求，以图控制伊拉克石油。伊拉克战争实质上是美国侵略本性的展露。美国并未获得联合国的同意，悍然发动战争，给伊拉克人民带来了深重的灾难。

谁是"巴比伦雄狮"

萨达姆·本·侯赛因被称为"巴比伦雄狮"。萨达姆（1937—2006年）是伊拉克第五任总统（1979—2003年在位），革命指挥委员会主席，武装部队总司令，阿拉伯复兴党伊拉克地区领导机构总书记(1979—1982年)。他著有《我们建设社会主义的特殊道路》《我们为阿拉伯人和人类而战》《我们要的是一个独立、解放和社会主义的伊拉克》《关于革命、妇女和青年》等著作。2003年3月20日美军入侵伊拉克，12月14日，萨达姆在家乡提克里特被捕。2006年12月30日，伊拉克当地时间上午6点05分，萨达姆因"杜贾尔村案"被处以绞刑

印度洋灾难警示我们什么

人类是强大的，因为人类改变了世界的面貌；人类也是脆弱的，因为无法逃脱自然的惩罚。2004年12月26日，印度洋爆发海啸，给印度尼西亚、斯里兰卡、泰国、印度、马尔代夫等国造成巨大的人员伤亡和财产损失。官方估计死亡人数为15.6万。这可能是世界近200多年来死伤最惨重的海啸灾难。这场灾难带给我们三点警示：第一，应高度重视防灾减灾的体系建设；第二，完善灾难预警应急机制；第三，加强全民防灾意识，居安思危。此次灾难发生后，国际各界给予了东南亚遇难国家及地区以国际救援，体现

了国际人道主义精神。

谁是"反恐急先锋"

乔治·沃克·布什是"反恐急先锋"。布什于1946年出生在美国康涅狄格州。1994年，他出任得克萨斯州州长，1998年他竞选连任，成为该州历史上首位得以连任的州长。2001年1月20日，他成为美国第54届(第43任)总统，2005年1月连任总统成功。2001年9月11日，美国发生"9·11事件"，美国损失惨重，该事件后，小布什果断采取恢复经济的措施，并且在全国范围内发动反恐行动，包括对阿富汗的军事打击，因此被称为"反恐急先锋"。

小泉为何选在10月17日参拜靖国神社

日本首相小泉纯一郎从2000年开始，坚持每年参拜靖国神社，2005年10月17日，小泉再度不顾亚洲人民的感受，一意孤行，前去参拜靖国神社。10月17日，是靖国神社秋季祭祀活动的开始，同时，小泉这个月的外事活动较少，而1月至9月处于世界各国反法西斯战争胜利60周年之际，属于敏感期，也不宜参拜靖国神社的战犯，因此，小泉最后选定在10月17日参拜靖国神社。

日本民众抗议小泉参拜靖国神社

你知道"世博会"吗

2010的上海世博会吸引了世界的眼光，让国人，也让世界更加清晰地看到了各国的科技成就和文化特色。这就是世博会的魅力和功能。参展者向世界各国展示自己独到的文化遗产或科技产品。1851年，英国伦敦在海德公园举行了世界上第一场世博会，主要内容是向世界展现各国文化与工业科技。世博会最初以美术品和传统工艺品的展示为主，后来逐渐变为荟萃科学技术与产业技术的展览会，成为培育产业人才和一般市民的启蒙教育不可多得的一种场所。

你知道"布什家族"吗

布什家族作为主宰美国的豪门世家，在美国历史上可能只有肯尼迪家族能与之相媲美。布什家族曾五次在白宫宣誓：老布什两次当选副总统，一次当选总统，小布什两次当选总统。布什家族最初

年轻时的小布什

兴起于塞缪尔·布什一代，他是钢铁石油大亨，也就是小布什的曾祖父。小布什的祖母出身于金融巨头沃克家族，因此布什家族也可谓是强强联合的结果。布什家族不仅在政治上对美国有着举足轻重的作用，同时，其经济实力也极为雄厚。布什家族的产业包括军工企业、石油业、银行业及体育业。现今，实力卓著的布什家族共有26人。

你知道希拉里·克林顿吗

希拉里·黛安·罗德姆·克林顿，美利坚合众国第67任国务卿，为美利坚合众国第42任总统威廉·杰斐逊·比尔·克林顿夫人。1947年出生在伊利诺伊州的芝加哥市；1975年10

希拉里·克林顿

月，与克林顿结为夫妻。1993年1月20日—2001年1月20日，威廉·杰斐逊·克林顿任美国总统，希拉里因此成为美国第一夫人。2000年，她

SHIJIE LISHI

当选为美国参议院议员，由此，她成为了美国第一位获得公职的第一夫人和纽约州的第一位女性参议员。2008年，她参与竞选美国总统失败。但是于2009年1月21日，希拉里在美国首都华盛顿宣誓就任美利坚合众国第67任国务卿。2016年，希拉里再次竞选美国总统，但是最终输给了唐纳德·特朗普,后者成为美国第45任总统。

什么是"人类命运共同体"

2013年3月23日，中国国家主席习近平在俄罗斯莫斯科国际关系学院首次向世界提出"人类命运共同体"重大倡议，呼吁国际社会树立"你中有我、我中有你"的命运共同体意识。

2015年9月，习近平主席在联合国总部发表题为《携手构建合作共赢新伙伴同心打造人类命运共同体》的讲话，明确指出要"构建以合作共赢为核心的新型国际关系，打造人类命运共同体"。此后到2016年12月，在第二届世界互联网大会、华盛顿核安全峰会、上合组织成员国元首理事会第十六次会议、金砖国家领导人第八次会晤等场合，习近平主席先后提出"构建网络空间命运共同体""核安全命运共同体"等具体理念，使"人类命运共同体"的内容日臻丰富完善。这期间，习近平主席数次演讲赢得了国际社会的一致好评，通过全面阐释和深入解读，"合作共赢""共同安全""共享发展"等论述为全球治理提供了全新的思路与模式，成为国际舆论热议并接受的重要论断。

"人类命运共同体"倡导公平合理的新型国际关系，倡导构建持久和平、普遍安全的世界，倡导全球新型文明观，提倡各国之间包容互鉴、求同存异，积极把握世界未来发展趋势，主动设置"和平发展、共同繁荣"议题，推动国际社会良性互动，为解决人类问题贡献中国智慧和中国方案。